聊斋文化专题 人文卷

曲水书巢忆往
路大荒先生鲜为人知的故事

路方红 著

蒲松龄纪念馆 编

齐鲁书社

·济南·

图书在版编目（CIP）数据

曲水书巢忆往：路大荒先生鲜为人知的故事 / 路方红著；蒲松龄纪念馆编. —— 济南：齐鲁书社，2024.9. —— ISBN 978-7-5333-4830-4

Ⅰ.K825.6

中国国家版本馆CIP数据核字第2024YF8406号

封面摄影　陈凌云
责任编辑　张　超
装帧设计　刘羽珂

曲水书巢忆往
——路大荒先生鲜为人知的故事

QUSHUI SHUCHAO YIWANG LUDAHUANG XIANSHENG XIANWEIRENZHI DE GUSHI

路方红　著　　蒲松龄纪念馆　编

主管单位	山东出版传媒股份有限公司
出版发行	齐鲁书社
社　　址	济南市市中区舜耕路517号
邮　　编	250003
网　　址	www.qlss.com.cn
电子邮箱	qilupress@126.com
营销中心	（0531）82098521　82098519　82098517
印　　刷	山东华立印务有限公司
开　　本	720mm×1020mm　1/16
印　　张	19.75
插　　页	2
字　　数	270千
版　　次	2024年9月第1版
印　　次	2024年9月第1次印刷
标准书号	ISBN 978-7-5333-4830-4
定　　价	98.00元

代序一

城上高楼接大荒

翻阅着面前《曲水书巢忆往——路大荒先生鲜为人知的故事》的书稿，我的脑海中不禁浮现出唐代诗人柳宗元"城上高楼接大荒"的诗句来。随着诗句出现的是这样一幅画面：淄川城里是鳞次栉比的高屋楼厦，越城墙而东，则是一片被煤炭染成乌灰色的辽阔荒原。夕阳西下，风吹草低，井口旁的卷扬机吱吱扭扭地转动着，铁制炭斗往煤堆上倒煤的哐当声不时响起。是的，这里就是淄川历史上著名的大荒地。

空旷的荒原上矗立着原为德国人开办的德华山东矿务公司的淄川煤矿，"一战"德国战败之后则改为中日合办的鲁大公司淄川矿业所。北大井的井架上，卷扬机的毂轮日夜不停地转动着，一斗一斗的煤炭从地下被开掘出来，堆满了大荒地那片原本空旷寂静的原野。

大荒地是淄川近现代历史上一处著名的煤矿景观，它与路大荒先生名号、斋号的由来有关。路方红教授在本书中就此写道：

> 路大荒先生名鸿藻，字丽生，亦作笠生。大荒是其号，又号大荒山人。那"大荒"二字是如何来的？原来在他的故乡淄川，故居不远处有一荒地叫作大荒地。他就将自己的名号称为大荒，将其书斋命名为"大荒堂"。

这里所说的"城上高楼接大荒"还有另一层意义。如果我们把人文社科的研究比作一座城堡，那么在后学诸君的努力之下，今天的聊斋学研究已然成为这座城堡中一幢巍峨高耸的大厦。而如果让我们追溯聊斋学研究的来路，就不能不"城上高楼接大荒"，提到它的奠基者路大荒先生。

大荒先生是大文学家蒲松龄的同乡，也是著名的聊斋学专家、对聊斋学研究起到了奠基作用的前辈学人。

回顾20世纪30年代，聊斋学的研究才刚刚起步。在胡适发表《辨伪举例——蒲松龄的生年考》一文，订正了鲁迅先生提出的蒲松龄"年八十六（一六三〇至一七一五）"说的错误之后，北平《晨报》的《艺圃》专刊曾展开过一场关于蒲松龄生卒年问题的辩论。有化名为"履道"者，以其捏造出来的"史料"作为依据，写出《蒲松龄死年辨》的所谓论文，支持鲁迅提出的蒲松龄卒于八十六岁之说。履道的这一卑劣行径，遭到了胡适、刘阶平等聊斋学研究者的驳斥。胡适为此专门写信给《晨报》所设《艺圃》专刊的主编陈博生，揭露履道《蒲松龄死年辨》一文的学术欺诈行为。

《晨报·艺圃》的这场辩论发生在1935年。在这之前，路大荒先生不仅应胡适之请，两次为其拓印蒲松龄墓前建树的《柳泉蒲先生墓表》拓片，而且自1932年就开始撰写《蒲柳泉先生年谱》。五年之后，在1936年10月上海世界书局出版的《聊斋全集》中，附录了他以数年之功撰写的《蒲柳泉先生年谱》。

此《年谱》凡45页，长达数万字。十几年前，我曾在《路大荒先生对蒲松龄研究的贡献》一文中这样评价大荒先生的《蒲柳泉先生年谱》：

此时学术界对于蒲松龄生平的研究，尚局限于对蒲松龄生卒年的一场辩论上，路先生撰作的《蒲柳泉先生年谱》则勾勒出了蒲松龄一生事迹的大致面貌，这对于蒲松龄生平的研究而言，应该说是一个拓荒性的贡献。

1962年，大荒先生《蒲柳泉先生年谱》的增订本作为他整理的《蒲松龄集》的附录内容出版。增订之后的《蒲柳泉先生年谱》篇幅扩展到四万余字，在此后较长的时间里一直是人们了解蒲松龄生平经历的必读书。此后，蒲松龄生平研究取得了一批新的重要成果。时至今日，蒲松龄的年谱在《蒲柳泉先生年谱》之后已先后出版四种，但"城上高楼接大荒"，大荒先生撰作《蒲柳泉先生年谱》的首创之功是不可也不应该被埋没的。

大荒先生不仅对聊斋学研究有着筚路蓝缕的开创之功，他还数十年如一日地坚持搜集和整理蒲松龄的著作，在世界书局版《聊斋全集》出版26年之后，编订整理了蒲松龄的别集《蒲松龄集》。1936年由上海世界书局出版的《聊斋全集》，因搜求不易，难以得全，加之书局的编辑赵苕狂将《醒世姻缘传》等不能确定为蒲松龄所作的一些作品收入其中，因而存在较多的遗憾。1962年8月由中华书局上海编辑所（即上海古籍出版社的前身）编辑、中华书局出版的《蒲松龄集》，则剔除了《聊斋全集》中那些非蒲松龄的著作，更重要的是经过大荒先生数十年的搜集整理之后，蒲松龄的作品有了大幅度的增加。以《聊斋文集》为例，大荒先生汇集众本，去其重复，共得聊斋文458篇。据笔者统计，此前收录较全的耿士伟编订本《聊斋文集》，收文共275篇，大荒先生的整理本较其多出183篇。后人在此基础上继续搜求辑佚，今得聊斋文已在530篇上下，这一成果是建立在大荒先生编订整理的基础之上的。

综而言之，大荒先生编订整理的《蒲松龄集》是一部集蒲氏著作之大成的别集，搜罗较为全备，代表了当时蒲氏著作整理的最高水平。特别是

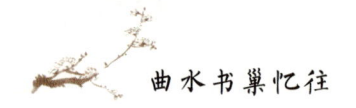

经过后来的"文化大革命",大荒先生当年使用过的部分抄本今已不可得见,这些佚本中的蒲氏作品则依靠《蒲松龄集》的出版而得以存传,这种对祖国文化遗产的保存整理之功可以说是至大至伟的。

路方红教授的《曲水书巢忆往——路大荒先生鲜为人知的故事》一书分为四个部分,较为全面细致地介绍了其祖父大荒先生从事聊斋学研究、文物保护工作,他的重要收藏和交游的情况。

其一"聊斋研究 行其一生终不悔",回顾了大荒先生从事聊斋学研究和整理蒲松龄著作的具体经过。大荒先生发现并重价购得蒲松龄手稿《聊斋文集》之祭文一册,后来又将其捐献给国家,今藏他工作过的山东省图书馆,成为重要的镇馆之宝。他在淄川发现并收购蒲松龄的《鹤轩笔札》手稿,并将其携至北京琉璃厂翠文斋精工装裱,此手稿后来入藏青岛市博物馆,同样成为镇馆之宝。此外,路方红教授还查阅了大量的相关史料,复原了大荒先生受山东省古代文物管理委员会的派遣,修复蒲松龄的故居及墓园的具体过程。

其二"文物保护 保住文脉保住魂",介绍了大荒先生在山东省古代文物管理委员会工作期间,从事省内文物保护工作的情况。如对我国现存最古老的亭阁式单层石塔四门塔的抢救性保护,对今济南市长清区孝堂山东汉石祠的考察与保护,对今济南市长清区灵岩寺的考察与保护,对济南千佛山兴国禅寺的勘察,对淄博市淄川区杨寨古塔的修复,等等。在介绍中,路方红教授不仅引录了大荒先生大量的工作日记,而且附上了她多方搜求到的大荒先生当年写成的考察报告,使读者对这些文物古迹当年的状况和修复的经过有了详尽的了解和认识。

其三"故纸寻踪 穿越时空去寻觅",记录了大荒先生的重要收藏和他与友人所目见的一些重要文物的情况。如王献唐先生在焦山周无专鼎拓片上画梅而成的《岁朝清供图》,此图于1936年除日赠予大荒先生;王献唐先生请人将清吴大澂原藏紫砂壶拓片,自己作题跋而成《吴愙斋石铫墨景》,此图于1947年经王献唐作题跋后赠予大荒先生,至1960年献唐先生病重,大荒先生又在图上插画白梅一枝并书题跋;他如《毛公鼎与山东擦肩而过》记王献唐所叙毛公鼎与山东的因缘始末,大荒先生与许多友人的书籍题跋,特别是蒲松龄手稿《聊斋文集》祭文一册的题跋、题诗,蒲松龄友人张笃庆手写、王士禛评点的《渔洋山人评点昆仑山房诗稿》题跋等等,也都是与聊斋学研究密切相关的重要史料。

其四"嘤鸣友声 志同道合真情在",记录的主要是大荒先生的生活点滴和他与朋友交往的情况。其所记大荒先生的友人有梁漱溟、胡适、溥心畬、高梦周、王宝昌、王献唐、吴仲超、石谷风、王讷、吴天墀、刘芝叟、冯沅君、张伯驹、张恨水、张友鸾、舒芜、侯岱麟、崔介、高子元、关友声、魏启后、黄立荪、黑伯龙、弭菊田、岳祥书、张鹤云、张彦青、赫保真、王小古等,为后人了解大荒先生生平与友朋之间的往来提供了翔实的资料。

大荒先生曾任山东省图书馆副馆长,长期负责馆藏古籍善本的鉴定与整理工作。2009年,值山东省图书馆百年庆典,省图为在馆工作过的三位名人隆重举办"王献唐、屈万里、路大荒学术研讨会",我被会议指定为路大荒先生专题讨论的主持人,因而在会议期间与大荒先生的女孙路方红教授结识。此后,知闻路方红教授一直在收集、考察其祖父大荒先生的生平史料,并在2017年出版了《路大荒传》一书。近日路教授的又一部大著《曲水书巢忆往——路大荒先生鲜为人知的故事》即将付梓,约我撰序。作为聊斋先生和大荒先生的乡人,一个在大荒先生开拓的聊斋学领域从事相关研究四十余年的后辈,我心有惶恐而不敢辞。而且我觉得,无论是《路大荒传》,还是本书的出版,路方红教授所做

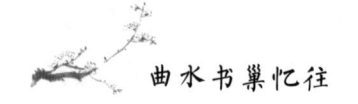

的贡献，对于聊斋学史的研究，对于大荒先生本人的研究，都是十分有意义的事情，因拉杂为序。

淄川后学邹宗良
甲辰初秋于山东大学五宿舍之望云轩

山东大学文学院教授
蒲松龄研究会名誉会长

代序二

历史不远有大荒

　　济南人杰地灵。杜工部在大明湖历下亭写下了"海右此亭古，济南名士多"的千古绝句，并非酒后一时心血来潮。不用说他所知晓的唐以前济南的众多名人，就是他身后至今1200余年，济南依然名人荟萃，灿若繁星。

　　我在撰写《济南乎》时，初步涉猎了济南文化现象中分量极重的名士文化，尽管这并非我所表达的重心。由于该书篇幅不大，也因自己在文化视野、知识储备、写作经验等方面的局限，济南的很多名人都没有提到。2013年《济南乎》增订为《济水之南》时，我便尽可能地减少遗憾，着重增加些老街老巷中发生的名人故事，其中就增加了路大荒的相关内容。

　　当时关于路大荒的研究资料不多，又多为转述，为避免讹传，我经时任济南市考古研究所所长的李铭引荐，结识了路大荒的孙女路方红。她向我讲述了路大荒的很多往事，也纠正了坊间的一些讹传，对我的写作帮助很大，也使拙作《济水之南》中《小桥流水人家》一章变得充实与丰盈。

　　路大荒是淄川人，是蒲松龄的同乡。清代，淄川县隶属济南府；民国时，济南由府改道，淄川县隶属济南道。因此，路大荒和蒲松龄一样，都是地地道道的济南人，也都是响当当的济南名士。蒲松龄进济南府多达30余次，很多次是为参加科举乡试而来，虽屡试不第，但他也自寻其乐，纵情山水，写下了不少歌颂济南的诗文。而路大荒离开家乡来到历下直到他离世，一住就是34年。他后半生所取得的成就与遭受的苦难皆因蒲松龄。

曲水书巢忆往

路大荒从年轻时就致力于蒲松龄研究，堪称蒲学研究第一人。早在1936年日本文求堂就出版了路大荒注释的《聊斋志异外书·磨难记》。1937年底淄川被日军侵占，路大荒逃到山里。日伪知道路大荒藏有蒲松龄手稿，便对其软硬兼施，邀他出山，但他不惧淫威，毅然回绝，遂遭日本人抄家，家宅也遭焚毁，他本人更是遭到通缉。他只好隐姓埋名，带着蒲松龄的相关手稿，于1938年春到了济南，先住秋柳园街，后居曲水亭街，靠做家教、街头卖些字画和古董谋生，生活十分拮据，但他依然坚持着对蒲松龄著作的收集与研究。

自1951年至1972年去世，路大荒与子孙一直居住在曲水亭街10号(今8号)，位于曲水河东岸的四合院里，当年黄宾虹题写的"曲水书巢"一直挂在路大荒的书房里。住得虽拥挤，但三代人感情笃深，书香也代代传续。路大荒在人生旅程的最后五六年虽然遭到不公正对待，但他仍然不忘蒲学研究。他曾给儿子和儿媳立下遗嘱："对我的片纸只字都要好好保存，尤其年谱（指《蒲松龄年谱》）是我的心血凝成的，你们更不能丢，日后随着时间的推移，遇有时机争取出版，还有重订的必要。"路大荒对自己最疼爱的孙女也寄予厚望，身患重病的他曾让路方红找出家中雪藏的《蒲松龄集》，嘱咐她某一页某一段还有些问题要记录下来，以后如能再版，一定要更正过来。

1972年路大荒蒙冤离世，后人们丝毫没有忘记他生前的叮咛与嘱托。路大荒得到平反昭雪后，路方红的父亲和伯父一起整理、再版了路大荒编著的《蒲松龄年谱》，还将路大荒遗存的手稿、日记、随笔、信札等各种原始资料妥善保存，真正做到了片纸只字都未遗弃，并都传到了路方红手中。

路方红学了医，从事的也是医学研究工作，是心血管病及高血压病专家。但她的职业生涯的后半段的业余时间都奉献给了路大荒研究。她给自己的书房取名为"小曲水书巢"，以此铭记路大荒对文化瑰宝倾尽毕生的守护与传承，并将对爷爷的追忆与缅怀化作一种动力，那就是总结爷爷为保护和整理祖国的文化遗产而殚精竭虑的一生，为爷爷立传。经过数年努力，克服重重困难，20万字的《路大荒传》终于在2017年刊行于世，这也是迄今为止唯一一部路大荒传记。

年逾花甲的路方红并没有就此停歇，她笔耕不辍，路大荒研究也愈发深入。近年来，她在报刊上发表了诸多文章，不仅对路大荒的蒲学研究有最新发现与梳理，还对路大荒致力于省内文物古迹的抢救与保护、个人的珍贵收藏与品鉴等都做了新的解读。更为有趣的是，她将路大荒与现代文化名人之间的交集及其尺牍和书画往来进行了钩沉与铺叙，方便人们对学术成就之外的路大荒有更多层面的了解，也让人看到了那个时代文化界所具有的万千气象。此次将她的一系列文章结集出版，不仅是蒲松龄、路大荒研究的又一成果和贡献，也可借此再次告慰路大荒的在天之灵。

路大荒的名字概源于《山海经·大荒经》，大荒是指遥远的时空，而路大荒正向我们走来。

牛国栋
于蜗牛山居

山东省旅游规划设计研究院原院长
山东省文化旅游联谊会副会长
文化旅游学者

目 录

代序一　城上高楼接大荒 ················· 邹宗良　1

代序二　历史不远有大荒 ················· 牛国栋　1

一　聊斋研究　行其一生终不悔

蒲松龄著作研究——终其一生的跋涉 ················· 3
蒲柳泉先生故乡访书记 ················· 13
蒲松龄手稿终献国家 ················· 17
路大荒先生与蒲松龄手稿《鹤轩笔札》 ················· 25
花神——绛妃，你的原型是什么？ ················· 32
石隐园的前世今生 ················· 40
蒲松龄故居及墓园修复始末 ················· 49

二　文物保护　保住文脉保住魂

四门塔的抢救性保护 ················· 63
孝堂山石祠的考察与保护 ················· 73
灵岩寺的勘察与维护 ················· 80
千佛山兴国禅寺的勘察 ················· 89
淄川杨寨古塔的修复 ················· 97
淄博赵执信故居勘察与维护报告 ················· 106

路大荒在工地现场收集文物 …… 115
笔落归山河　齐鲁唱凯歌 …… 119

三　故纸寻踪　穿越时空去寻觅

路大荒斋号的流变，是他明志修身的表白 …… 127
焦山《周无专鼎岁朝清供图》 …… 134
亦贫亦病与坡宜——《吴愙斋石铫墨景》图背后的故事 …… 140
毛公鼎与山东擦肩而过 …… 145
跋文、写画——古籍版本中一道亮丽的风景 …… 152
《陈簠斋藏玺印陶文封泥精品册》的传奇收藏 …… 163
大荒山人身外长物——曼生壶拓片赏析及背后的故事 …… 168
合浦珠还——明代周府造佛像的失而复得 …… 178

四　嘤鸣友声　志同道合真情在

梦回草堂 …… 185
路大荒先生与秋柳园街18号 …… 200
王献唐与路大荒——山左三杰两相知 …… 209
路大荒先生与红色文物专家吴仲超 …… 217
石谷风先生与山东的情谊 …… 225
王讷先生与路大荒 …… 233
济南名士多——一幅李清照画像里的故事 …… 243
《大荒友好》册页的故事 …… 250
卧游图 …… 291

后　记 …… 301

壹

聊斋研究

行其一生终不悔

蒲松龄著作研究——终其一生的跋涉

蒲松龄著作研究，是爷爷路大荒先生为之奋斗一生的事业，也是他终其一生的跋涉。

路大荒先生7岁时，祖父送他去私塾读书，启蒙老师是蒲松龄的同族后裔老秀才蒲国政先生。蒙师除循例念启蒙课本外，课余常常讲三老祖（蒲松龄排行第三）的轶事。路大荒先生颇受教益，如了解《问天词》不是蒲松龄的作品，而是蒲立德写的；《聊斋志异·席方平》故事里面有"二郎神判"，展示了席方

路大荒先生像

平与贪官斗争威武不屈的精神。他还念诵蒲松龄的一些诗词文章和《聊斋志异》选篇。他也随手抄录爱好的聊斋俚曲小段，底本都是家藏的。这些都引起了年幼的路大荒先生对蒲学的极大兴趣，为他后来从事蒲学研究埋下了种子。

20世纪初，在蒲松龄去世二百年后的淄川一带，仍有不少人家藏

有蒲氏遗著的稿本或抄本，也流传着一些关于蒲松龄的传说。路大荒先生凭着他对蒲氏著作的热爱与执着，开始了对蒲松龄作品的搜集与整理。他曾在《整理蒲松龄诗文杂著俚曲的经过》中说："我自幼年时代，每听到长者讲说聊斋故事，与盲人说唱他写下的'俚曲'，都感到有很浓厚的兴趣。及年龄稍长，遂事搜集蒲氏的遗著。"他先后得到淄川天山阁主人、清咸丰戊午科举人王敬铸辑《聊斋遗文》、《般阳诗萃》抄本、聊斋外书俚曲九种，还有《聊斋文集》同治己巳抄本及旧抄本附录的四六文集。更珍贵的是，他得到了蒲氏手稿《聊斋文集》一册。获得的这些资料尽管为数不多，却为路大荒先生的蒲学研究奠定了基础。

蒲松龄手书《聊斋文集》稿本，是路大荒先生最重要的收藏，共一册四十六页，每半页十行，每行二十七八字不等。原文全用行书书写。蒲氏书艺高深，写来字迹娟秀，潇洒奔放，而且古拙多姿，别具一格。文中很少有改动的地方，当是他晚年经过修订后誊清的稿本。路大荒先生购得蒲氏手稿的情景，曾详细地记录在《贷钱典衣购〈聊斋文集手稿〉记》中。

路大荒先生为访求蒲氏遗著，常奔波于淄川城乡，或远到周村、章丘等地，访亲问友或浏览书市，有价购者，有亲友赠送者。如淄川王东生老先生见他有志于蒲学研究，就把自藏的三册蒲松龄诗集赠给他。路大荒先生亦用借抄的方法积累资料。从淄川天山阁主人王敬铸及其弟王敬铎家借书抄写，其中就有其编辑《聊斋全集》所用的底本，如《聊斋遗集》及《聊斋文集》（同治己巳抄本）等书。又从同邑冯荻秋编《般阳诗萃》中选辑蒲松龄诗作，抄写成册。

路大荒先生的姻伯王沧佩见他有志于蒲学研究，便将先人王敬铸所藏《聊斋遗文》送给了他，《聊斋遗文》共计12卷276篇，这是一次巨大的收获。遇到相关碑刻载文，先生则拓印并装裱保存。

路先生收藏的资料，遇有来索借者，多慨然应允，或抄赠、或借阅而不独占。先生曾把张元撰写的《柳泉蒲先生墓表》拓片寄赠胡适，胡适为此墓表写一跋文并发表在《益世报·读书周刊》上。于是四方友好来求索拓片者甚众。先生不辞辛苦，一一答复。中华人民共

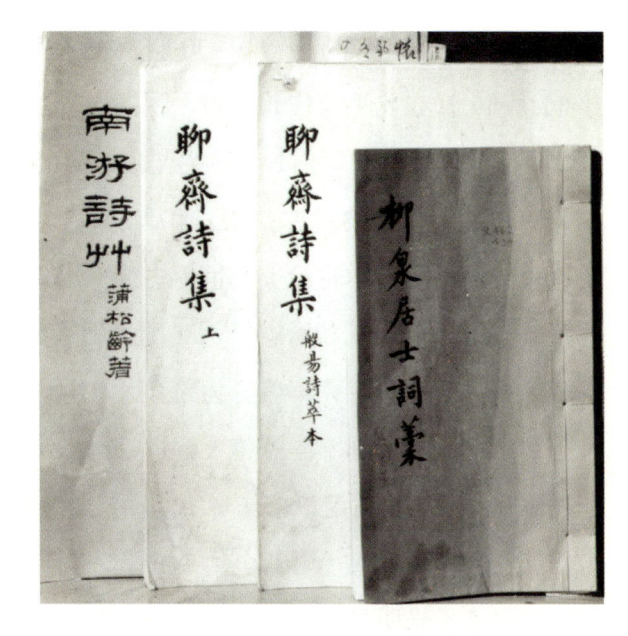

聊斋诗词集部分抄本

和国成立前已收集《聊斋遗文》等290余种。还有诗355首、俚曲10种。编辑《聊斋全集》所用的资料保存到中华人民共和国成立后的，尚有17种39册。在抗日战争时期散佚者，已难计其数。

日本学者平井雅尾先生20世纪初以牙医的身份来到中国，随即对蒲松龄著作产生了浓厚的兴趣，开始了对蒲松龄著作的收集及研究。他在蒲学研究中与路大荒先生过从甚密。平井先生在所撰《聊斋研究》的《关于聊斋遗稿》一文中云："幸而淄川县图书馆长兼体育会长路大荒君与余交谊有年，盖路君为当地稀有笃学之士，且为松龄翁同邑之后学，对于聊斋之研究造诣尤深。故聊斋遗稿之收藏甚夥，余承其启发之处颇多，路君所藏聊斋遗稿承其厚意，由余抄写完毕者不下数十万字。……路君与胡适氏为知己之交，路君为当地研究聊斋之第一人。"

在《聊斋全集》出版前，路大荒先生已在报刊上发表了一些蒲学研究论文。1933年日本东京文求堂出版了他注释的《聊斋外书·磨难曲》，

1934年在上海《国闻周报》第30期发表《蒲松龄先生遗著补考》，同年12月17日在北平《华北日报·图书周刊》发表《蒲柳泉先生故乡访书日记》，因而引起国内外学术界与出版界的注意。

1936年，经文物考古专家王献唐先生引荐，路大荒先生把编写的蒲氏遗著与年谱的稿本寄给上海世界书局。书局编辑赵苕狂在付印前未与他商量，就把稿本与《聊斋志异》及《醒世姻缘传》汇合为一部四册的巨著，书名为《聊斋全集》，编著者为路大荒、赵苕狂。路大荒先生对这种编排是预料不到的，亦不同意将《醒世姻缘》编入《聊斋全集》。因为他经过研究考证，已肯定该书作者不是蒲松龄。赵苕狂是依据胡适的推论，当作蒲氏著作而编入《聊斋全集》的。一直到1955年，路大荒先生在9月4日北京《光明日报》的《文学遗产》副刊上发表文章《聊斋全集中的〈醒世姻缘〉与〈鼓词集〉的作者问题》，才得以说明原委。瑕不掩瑜，《聊斋全集》第一、二两册所收的年谱与诗文、杂著、俚曲等，仍受到读者的好评。

《聊斋全集》出版前，曾有几种蒲松龄诗文集刊本发行，如1893年耿士伟编《聊斋先生遗集》，1908年扶轮社由耿本抽印而成的《聊斋词集》，1929年北京朴社刊行的马立勋编《聊斋白话韵文》等，辑录多者仅40余篇。《聊斋全集》所辑则多达60万字，而且集各种体裁于一书，因而读者认为该全集是使用方便且内容丰富的蒲氏遗著，为蒲学研究拓宽了道路。

1936年版《聊斋全集》共收文290余篇、诗355首、俚曲10种，并附有路大荒先生编著的《蒲柳泉先生年谱》，是当时蒲松龄作品出版史上规模最大、内容最多的一个版本，它的问世在国内外产生了广泛的影响，标志着蒲学研究有了一个新的起点，从而奠定了路大荒先生在蒲学研究中的坚实地位。李士钊先生后来撰文写道："这个集子（《聊斋

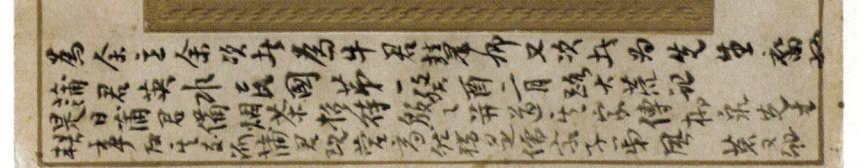

抗战前路大荒与友人在蒲氏墓前合影

全集》）的印行，在当时是蒲氏去世后二百多年间的空前盛举……确是一桩前人所未有过的事。"

　　《蒲柳泉先生年谱》亦是路大荒先生研究蒲松龄生平及其著述的重要著作，第一次发表于《聊斋全集》的附录中。《年谱》依时序阐述与论证蒲松龄生平及其著作，谱文前述祖籍迁次，后附《蒲氏世系表》及行述、墓表等相关资料。在《凡例》中，先说明编撰主旨："古云诵其诗，读其文，不知其人可乎？"可见《年谱》是为阅读蒲氏著作而编。因而，《年谱》全文的突出特点是以阐述蒲氏的著作为主，据实论证一诗一文的写作时间与地点、动机与背景、相关人物与事件。"凡关于蒲先生事实之人物与当时事迹一概载入，事实据碑记、蒲先生诗文或志书等类，绝不采用流行之浮词。"为此，在《年谱》中，先生大量引用各类文献，包括明清史传、地方志书、族谱年谱、聊斋诗文、信札，以及相关人物的各类著作。《年谱》以时间为序，以著作为纲，实际上已成为蒲氏主要著作编年目录。而目录之学向称读书治学入门之学，路大荒先生在目录学上造诣颇深，又是古籍版本鉴定专家，《年谱》也清楚地反映出这一特点。

　　关于《年谱》的写作始于何时，甚难推断。而对成稿时间的说法也不一致，有

《蒲柳泉先生年谱》初稿

的说始于 1932 年，有的说在 1933 年到 1934 年间，有的说约始于 20 年代。现存的《年谱》第三稿稿本可以提供成稿的准确时间，在此本封面上有先生的亲笔题签："蒲柳泉先生年谱　第三次改定稿　廿五年六月三十日"。廿五年即 1936 年。封面上还有其亲笔题写的"目录五页　世系三页""二万五千字"。

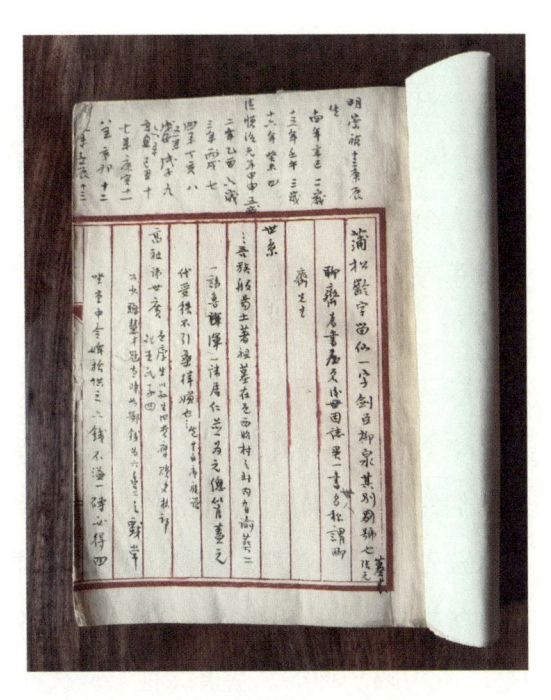

抗日战争时期，路大荒

《蒲柳泉先生年谱》手稿

《蒲柳泉先生年谱》部分手稿

先生为了躲避日本人，隐居在济南秋柳园，尽管失去了经济来源，生活困苦，但他仍继续着蒲氏著作的收集整理与研究。先生在《戊寅历下杂记》（1938）中，记述了身处困境中的蒲学研究情况："这年重九前一日，同友人李振华，罗锦章同逛曲水亭街上的旧书肆访书，忽然发现聚古斋书肆里有《聊斋文集》六册，而索价甚昂，但囊空空如也，何能获之，即借归，灯下抄其篇目及首卷序题三篇，末卷诗四首，俟异日与我烬余者一校。抄毕，时钟已报三响矣。"

中华人民共和国成立后，在各级领导的支持下，在全国文博单位及专家们的鼎力帮助下，路大荒先生又开始系统整理蒲松龄集。1962年，路大荒先生已经67岁，积半个世纪的辛勤劳动，123万字的《蒲松龄集》由中华书局出版了。包括诗929首，词102阕，骈文和散文458篇，俚曲13种（缺一种），杂著二种（缺三种），戏三出。至此，蒲松龄的著作除《聊斋志异》及失传作品外，几乎全部收集在内了。这是路大荒先生毕生搜集、发掘、整理、研究蒲松龄著作的巨大成果，更是中国古典文学研究工作中的一件大事。它为国内外蒲学研究奠定了基础，充实了中国乃至世界文学宝库，路大荒先生无疑做出了具有历史意义的重大贡献！

路大荒先生《蒲松龄集》的出版在国内外引起了强烈的反响，它将蒲学研究推向一个新的纪元。

路大荒先生在《蒲松龄集》出版后，并不认为这部书是完善的，如他在自存的一册第1版第2次印刷的《蒲松龄集》下册末页用朱笔写下题记："……在整理校勘方面仍有很大的缺点，在搜集上，诗还有几百首没有见到，杂著、俚曲亦均各有缺，今后当再努力。"中华书局在1963年6月又出了增订本，先生一次增加了七千字。

在十年动乱时期，路大荒先生尽管受到不公正对待，被打为"资产

路大荒先生在省图书库

阶级反动学术权威"，但心底仍然念念不忘他的蒲学研究。

那是在1966年秋天，大家都忙于"闹革命"，我也已经失学在家。患有高血压、脑卒中的爷爷经过多次被批斗，已卧床不起。我像往常一样坐在爷爷的书桌前看些闲书。爷爷忽然叫我，让我将放在老式门上边台子上的1963年版《蒲松龄集》找出来，并翻到××页，又像自言自语地对我说，第××行第××字之前替我再写上几个字，这个地方漏掉了，将来如果再版，一定要加上。

路大荒先生撰写的《蒲松龄年谱》，在1980年以前，一直以《蒲柳泉先生年谱》为名，作为附录编入《聊斋全集》和《蒲松龄集》，并无单行本问世。山东人民出版社原编辑，后来主持齐鲁书社编辑工作的赵炳南先生及其他同志对路大荒先生的蒲学研究一直给予鼓励与支持，

并为蒲学研究成果的出版提供方便。60年代前后，他们曾亲自到路大荒先生家访问并听取意见，其中就酝酿过为方便读者而出版《蒲松龄年谱》单行本的计划。但之后中断了十余年，直到1980年8月才由齐鲁书社出版题名为《蒲松龄年谱》的第1版，1986年8月又出版了第2版。

1986年4月，上海古籍出版社又出版了《蒲松龄集》新一版，这时距路大荒先生去世已经十余年了。

半个多世纪又过去了，路大荒先生的《蒲松龄集》和《蒲松龄年谱》仍然是蒲学研究的重要文献，为今后的蒲学研究者提供了不可或缺的宝贵资料。

蒲柳泉先生故乡访书记

路大荒先生曾于1934年12月17日在北平《华北日报·图书周刊》发表《蒲柳泉先生故乡访书记》一文，因年代久远，其内容不得而知。近整理祖父资料，发现我四伯父曾于1998年恭抄祖父民国二十一年（1932）《笔记》，内有该篇文章，现全文抄录，以飨读者。

> 吾乡在清季初叶闻人辈出，如高念东（珩）、唐豹岩（梦赉）、张历友（笃庆）、蒲柳泉、孙笠山、毕载绩诸先生皆为一代名流，著述颇富，而蒲柳泉《志异》一书尤为人所称道。余年来困守井乡日搜索乡贤遗著为事。遂于九月十日餐后即约孟俊生先生奔赴蒲家庄，

路大荒先生像

《蒲柳泉先生故乡访书记》

至该庄先进入一烟店,由店伙持名刺请蒲印川先生过谈。幸蒲先生即出晤面,余与孟君同蒲印川先生故为相识。余即述来意,蒲先生慨然允诺,惟所藏者或在书箧,或分安放各房,非顷刻尚可取阅,俟中秋节后定期约通知来观。余与孟俊生先生遂辞谢返城。

蒲印川先生至十一月九日始来信出约。余即于次日前往,蒲君在家中候接。到庄即蒙蒲君延至家中,室内净几明窗,颇雅静可爱。少顷,蒲君即篋中取书,包装垒垒,亦极见珍藏之意;启视之古色盎然,望之狂喜。

计:旧抄文集二册(婚启一,序、策一)

《鹤轩笔札》四册:

一册:面叶书签"鹤轩笔札"(下注)庚戌十月初三日起至年终,第一页钤有印记三方(上端长方者朱文鲛山樵水,下方方印一朱文"松龄"。方印一"柳泉居士")。

一册:书签"鹤轩笔札"(下注)辛亥正月起五月止。第三页首行有"辛亥草"三字,至十七页又有签"高邮稿三月二十八日到任"一行。

上二册均为柳泉先生手稿。

一册:首页己酉腊月望后至庚戌三月终。

一册：正月至十月。内有《寄候蒲留仙书》（书中所云已纪录《蒲柳泉先生年谱》中）。

上两册无蒲柳泉先生笔迹，字体亦颇不一律。

注：孙蕙康熙八年宰宝应，十四年离任，蒲柳泉先生曾入其幕。鹤轩是孙树百衙中之斋号，此书必先藏于孙氏，后归蒲氏也。

《观象玩占》三册，第一册有先生自跋。

《手书会天意》一册，首页有先生自序。

以上四册间有他人批注，然亦不知出自谁手。

《家政汇编》一册，有先生自跋。

《蒲氏家谱》一册，有先生自序。惟纸□不能阅读，余即劝其另装。

《婚嫁全书》一册，无序跋。第一页首行，有"新人杂忌"四字。余旧藏文集中有《〈婚嫁全书〉序》，盖此册无序跋疑残本也。

以上各书均为先生手稿本。

《祝由科》四册，无序跋，亦先生手录。

《东谷文集》稿本一册，旧抄本三册。旧抄本内有邑人孙济奎、新城耿士伟等批。其中有关柳泉先生著述者，余即手录之：（一）致王孝廉洪谋书；（二）呈吴县公文二件附批。

以上是我的父亲路大荒先生的《笔记》（封面：民国二十一年一月十三日立）手稿全文，1998年2月路士湘恭抄于济南市中心区建材学院爱女应琴贤婿冯柏祚家（我自1997.11.19乘车去的，于1998年2月16日回家）。

以上蒲氏手稿计八册（《笔札》二册，《家政》《家谱》《婚嫁》计三册，《祝由科》四册），皆为宝贵的文学遗产，亦是研究蒲氏的珍贵资料，今公诸同好，共勉之。

从文章中可以看出，路大荒此次访书收获颇丰。他不但买到了旧抄文集、《家政汇编》、《观象玩占》及《手书会天意》等手稿，还将此次出现的《婚嫁全书》与自藏的资料进行对照，称"盖此册无序跋疑残本也"，亦将旧抄本中关于柳泉先生著述者手录之。

值得注意的是，此次访书中，路大荒先生首次发现了《鹤轩笔札》四册，并予以鉴定，认为前两册系蒲松龄先生手迹无疑，而另外两册"无蒲柳泉先生笔迹，字体亦颇不一律"。

但路大荒先生此次并未将《鹤轩笔札》收入囊中，我考虑原因有二，首先最主要的应该是经济原因。路大荒先生多年来一直在搜集蒲松龄的遗著及手稿，花费了大量财力，不惜散尽家财，经济上经常捉襟见肘。其次，彼时他最主要的目标是收集蒲氏著作，而《鹤轩笔札》是蒲松龄先生在宝应做幕僚时的工作琐记，虽是先生亲手所写，但非其作品，所以只能忍痛放弃了。

但是《鹤轩笔札》手稿肯定在他心目中占据了重要位置。这才有了20世纪50年代此手稿再次出现时，路大荒先生及时向领导汇报，果断为国家购得蒲松龄手稿这一段佳话。

路大荒先生穷尽毕生精力从事蒲松龄著作研究，收藏蒲氏著作遗稿、各种版本抄稿颇丰。后经战乱、运动等，散逸甚多，所幸先生最珍爱的蒲松龄文集手稿等重要文献早已捐献给国家，甚感欣慰。此文将20世纪30年代路大荒先生搜集蒲氏手稿的场景栩栩如生地展现在读者面前，使大家能够一睹他辨识蒲氏真迹的风采。

蒲松龄手稿终献国家

路大荒先生从青年时代起,就献身于蒲松龄著作的整理与研究,尤其对蒲氏手稿的收集,几乎穷尽毕生的精力与财力。中华人民共和国成立前已收集《聊斋遗文》、《祭文》手稿、《聊斋文集》同治己巳抄本等珍贵资料290余种。其中最为珍贵的,应属蒲松龄亲笔撰写的《聊斋文集》,这也是路大荒先生抗战初期颠沛流离时所携带的蒲氏手稿中的一部分。

在1936年7月9日的日记中,路大荒先生详细地记录了他搜寻蒲松龄文集手稿的详细过程:

> 今岁三月下旬,因救灾事赴蒲家庄。闻蒲君章禄云:其族人某,有《聊斋文集手稿》一册求售诸[人],已经某外人,已出重价,尚未成交。得讯之下,惊喜交加。又因售者守密,未及一睹,怅怅返寒斋,思之痛切,匆匆又赴济南。即函恳友人孟俊生先生谋获。逾月,得俊生讯云:已取来易价,然意须余鉴真伪也。越日,俊生即携之来济,与余面商。披读尽属祭文,并附挽联,兼附一戏联,丹铅涂抹,字体潇洒,古趣盎然,仿佛犹见先生俯〔伏〕案挥毫也。那忍释手,即商妥留收之。张茂功为稿贷钱典衣物,以偿其价。得

路大荒日记

奇英之可宝，感良友之多情，不能寐者，又数宵矣。即又托刘君熙庭属聚文主人彭君辑五为我装潢，重金勿惜。然在闻号令角声之中，资斧告罄之时，尚恋之一书，人间尚有如我之痴耶乎！然能聊慰所嗜，何顾世人之笑讪也。丙子七月九日，淄川后学路大荒敬志。

1937年日本帝国主义制造七七事变，悍然发动全面侵华战争。中华儿女奋起抗战，大荒先生赴杭州航空学校学习，学成后回淄川县担任防空防护工作。

1937年12月27日，日寇攻陷淄川县城。当时日本帝国主义对中华文化资源实行的是掠夺政策，由于大荒先生对蒲氏著作的研究在抗战前已蜚声海内外，并曾在日本发表过学术论文，尤其是《聊斋全集》出版后，人们都知道路家有不少藏书，包括十分珍贵的蒲松龄手稿，这些都成为日本人的重点掠夺对象。敌伪给大荒先生开出所谓的"优厚条件"，封官晋爵，邀其出山，但均遭到他的严词拒绝。日本人恼羞成怒，遂对其进行通缉，限期归案。大荒先生的祖屋被日寇严密搜查，他们不仅把没有来得及转移带走的文物字画、古籍善本统统掠走，临走前还一把火将房屋烧毁。路大荒先生恨之入骨，对火烧家园的事情一直耿耿于怀，他曾刻有一枚图章"大荒烬余"，对战火中失去的古籍书画以示祭奠，对浴火后存留的部分以示珍重。

日本鬼子的搜查越来越残酷，在淄川城门上贴上了通缉大荒先生的告示。此刻，大荒先生觉得在淄川已经太不安全了，打定主意向济南转移，他在离家前对手稿等贵重书籍做了周密安排。他将蒲松龄《聊斋文集》手稿及其他手稿等珍贵古籍藏在身上，先转经博山秘藏于表弟高梦周家的夹壁墙中，又将另外一些珍贵的蒲松龄著作的抄本藏在其学生张某的岳父田明广老人家的墙壁里。

火烧路家后，日寇仍四处搜查先生的藏书，捕风捉影地追查到田明广老人，田老拒不承认有路家的藏书，竟被日寇枪杀而亡。此后，大荒先生每每见到田老代存的藏书，就悲愤难止，总想着只有在蒲学研究上做出成绩，才能不辜负田老的深重恩情。大荒先生认为1962年《蒲松龄集》的出版，田明广老人应居首功。

1939年12月27日，路大荒先生已经隐居济南两年了，他的表弟高梦周先生从博山来济南看他，还秘密带来了蒲松龄《聊斋文集》手稿，完璧归赵，毫发无损地交到了大荒先生手中。大荒先生难得地露出了由衷的笑容，二人把臂畅谈甚快！

路大荒先生曾在日记中感慨地写道：

> 株守书卷如蠹鱼，天牌地牌侬不爱，破瓦烂铜心所珍。典衣缩食收书画，人笑我痴痴又痴，老妻劝我置田宅，弱女索我买绢丝。一见古玩都不顾，数年佣书买文抄，积得满屋尽废纸。去岁三月一劫火，化为烟尘皆乌矣。心如刀割奈若何？肠欲断。当时即是一身殉。思高堂尚有白发亲；再浮一大白即作了，物先故我也算好。至今只身来燕市，厂甸书肆时常走；如过屠门一大嚼，不得含肉也快口。今已老矣性不改，思量还是读书好，但求烽火早日息，深山结成一草庐；一灯一砚度晚岁，多读人间未见书。吁嗟乎，人生一切如幻影，何必日日坐愁城。达人知命通无忧，今我放歌且饮酒。寄食亲友困如我，朝朝抚古三摩娑。家有高堂即为福，键户研求笑公侯。挚〔掷〕笔再饮一杯酒，一杯酒〔浊〕酒入喉口。

此乃路大荒先生"平生贫贱乐"的缩影。该诗发自肺腑，向往和平，企盼早日将日寇赶出中国，体现了先生特立独行，遵从古训"不事王侯，高尚其事",保持爱国主义的民族气节,以及对蒲学研究的执着情怀。也是从那时起,《聊斋文集》手稿再也没有离开路大荒先生身边。

这本《聊斋文集》是目前国内仅存的蒲松龄手稿之一。该集主要收录蒲氏撰写的祭文、挽联之类文辞。蒲松龄先生是我国清代著名的文学家,除撰有脍炙人口的《聊斋志异》外,尤以引、疏、序、书启、婚启和拟表为最多,虽骈散各体具备,然多是应酬之作,并非精心结撰的文字。蒲氏自己也曾说:"吾邑名公巨手……远迩以文事相烦者,仍不少也。寒暑呻吟,极不可耐!以故凡有所作,集而成册,敢曰持此以问世哉?置诸案头,作应付之粉本耳。"尽管如此,由于蒲松龄才华出众,偶尔点缀,即便寻常制作,也受到时人和后人的称赞。清初文学家王士禛对聊斋文评价较高,认为他"不斤斤宗法震川,而古折奥峭,又非拟王、李而得之,卓乎成家,其可传于后无疑也"。蒲松龄先生的挚友济南朱缃先生对其更是推崇备至:"今批读先生文,苍润特出,秀拔天半,而又不费支撑,天然夷旷,固已大奇;及细按之,则又精细透削,呈岚耸翠,非复人间有。"

《聊斋文集》手稿,共一册四十六页,每半页十行,每行二十七八字不等,原文全用行书撰写。蒲氏书艺高深,写来字迹娟秀,潇洒奔放,而且古拙多姿,别具一格。文

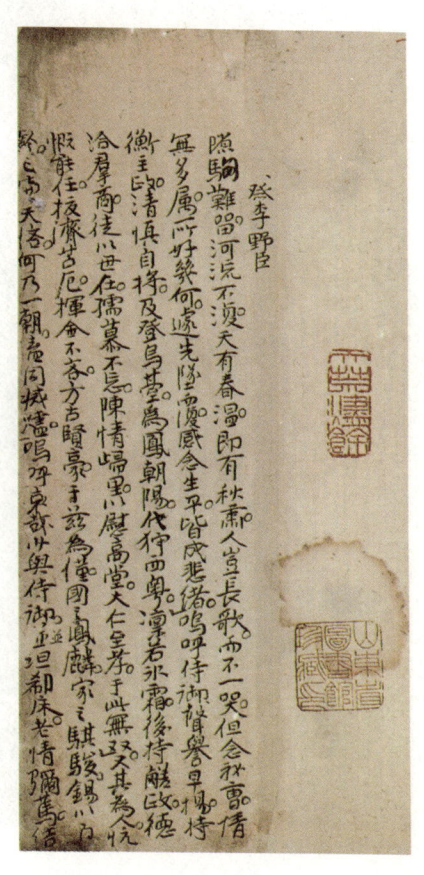

《聊斋文集》手稿

中很少有改动的地方，当是他晚年经过修订而誊清的稿本。此稿本传至蒲氏后裔五世孙时还有记载："今所存者，只有贺序一册、序疏碑文一册、婚启一册、祭文一册，皆先曾祖所手订。"（见蒲庭橘《〈聊斋文集〉志》）后来由于战乱，历尽沧桑，幸未损毁，至民国初年，才辗转到了路大荒先生手中，先生自然倍加珍惜，妥为保存。曾有一位日本古董商人，得知先生藏有聊斋文稿，几番托人愿出重价收买，都被先生严词拒绝，使我中华民族珍贵文献不致沦落海外。中华人民共和国成立前后，路大荒先生曾多次出示手稿，邀请著名文学家、书画家、版本学家题诗绘画。

《聊斋文集手稿》书影

《聊斋著书图》

　　该书套签"聊斋文集手稿",为张元济先生楷书所题;封签"聊斋文集手稿",是王献唐先生撰写的。书的首页有《聊斋著书图》一幅,乃是近代国画家溥儒先生所绘。《聊斋文集》手稿共收祭文42篇,挽

联十余首，从原稿可以清楚地看出，哪些是蒲氏本人用的，哪些是代人执笔的。大荒先生在编辑《蒲松龄集》时，曾对祭文中的部分篇名做了修改，如"祭李野臣"，大荒先生改题作"代毕刺史祭李侍御野臣文"，想必是经过考证后才加以修改的。

1962年，花费了路大荒先生大半生心血的《蒲松龄集》出版了，他毕生的夙愿实现了！先生在欣喜之余，做出了一个对于他的一生来讲非常重要的决定：将《聊斋文集》手稿及相关的珍贵文献捐献给国家。这体现了大荒先生作为一个爱国主义者的高风亮节；对这一中华民族的瑰宝来说，也是最好最圆满的结局。

目前《聊斋文集》手稿完好地珍藏在大荒先生曾经工作过的山东省图书馆，是该馆的镇馆之宝之一。

原载 2021 年 5 月 31 日《济南时报·温故》

路大荒先生与蒲松龄手稿《鹤轩笔札》

蒲松龄先生是我国清代著名文学家，他一生著述颇富，除撰有脍炙人口的短篇小说集《聊斋志异》外，还有词稿、笔札、杂文等。其文以引、疏、序、书启、婚启和拟表为最多，但因其家贫无力梓行，手稿散失严重，现存者寥若晨星。目前已知的仅有辽宁省图书馆存半部《聊斋志异》和《农桑经·草虫篇》（即《聊斋杂记》）、山东省图书馆存《聊斋文集》祭文一册、中国国家博物馆存《聊斋词稿》、蒲松龄纪念馆藏《拟表》九篇、日本东京庆应义塾大学存《聊斋遗文》，《鹤轩笔札》则存于青岛市博物馆。每一册留存下来的手稿背后，都有着千回百转的经历，今天我们就来讲讲《鹤轩笔札》手稿背后的故事。

路大荒先生是我国 20 世纪著名的蒲松龄研究专家，以收藏及过目蒲氏手稿最多而为业界所公认。20 世纪 50 年代，路大荒先生在山东省古代文物管理委员会工作期间，主持修复蒲松龄故居。在淄川期间，他慧眼识珠，为国家收购了蒲松龄手稿《鹤轩笔札》。今天我们就拨开历史的迷雾，尽可能地将这一过程展现在读者面前。

《鹤轩笔札》共四册，前两册为蒲松龄手书，收录了蒲松龄南游江苏宝应、高邮期间，即康熙九年十月至康熙十年五月的八个月中，代其

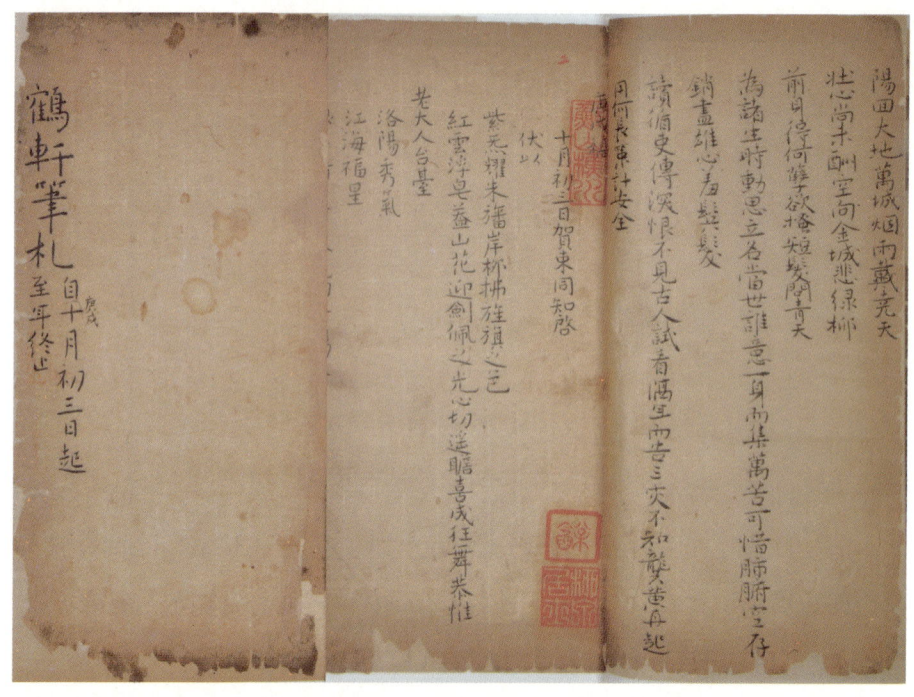

《鹤轩笔札》手稿

幕主孙蕙撰写的书启、谕告等公文文稿，以及酬答函札等共80篇。这两册《鹤轩笔札》手稿的发现，对蒲松龄著作的整理、校订和蒲氏生平、思想的研究，有着不可替代的重要价值。

从路大荒先生的日记中得知，1956年夏，大荒先生为修复蒲松龄故居赴淄，遇到了一位姓李的先生做介绍人要出售四册古书，这就是蒲松龄《鹤轩笔札》手稿。书衣上有蒲松龄先生题签："鹤轩笔札自十月初三日起至年终止""鹤轩笔札辛亥正月起五月止"，显示写作时间自康熙九年十月至康熙十年五月。这两册手稿的第一册页二的右下角还钤有两枚印章：一为阳文"松龄"二字，一为阴文"柳泉居士"四字。路大荒先生通过认真细致鉴定，得出这套手抄本的前两册确系蒲松龄亲笔所写的结论。后两册笔迹非一人所写，应是蒲松龄的继任者的笔札。

《鹤轩笔札》对研究蒲松龄的生平有着重要的史料价值。目前已发现的蒲松龄手稿，多与他的文学创作有关，像《鹤轩笔札》这样以公文为主的仅此一种。

《鹤轩笔札》主要以行楷体书写，筋骨开张无内敛之势，有颜体的风格，同时又字形略扁，有三国时期著名书法家钟繇的感觉，气韵不俗，展现了蒲松龄的书法造诣。

路大荒先生彼时在山东省古代文物管理委员会工作，已经是国家工作人员，他认为此时发现蒲松龄手稿这种重要文献应该及时向领导报告，由国家出面收购，而不应私人购买收藏。于是他回到济南后及时向时任山东省文化局局长的王统照先生汇报此事，并商定以40元的价格购得此手稿。他在日记中写道："14日回济。17日见王局长，留聊斋墨迹两册，又抄本二册，言明出价四十元……"路大荒先生为国家购得此手稿后亦十分珍重，亲自将手稿带至北京，在琉璃厂萃文斋精工修复，并增加了布函套。经过此次修复，《鹤轩笔札》至今品相良好。

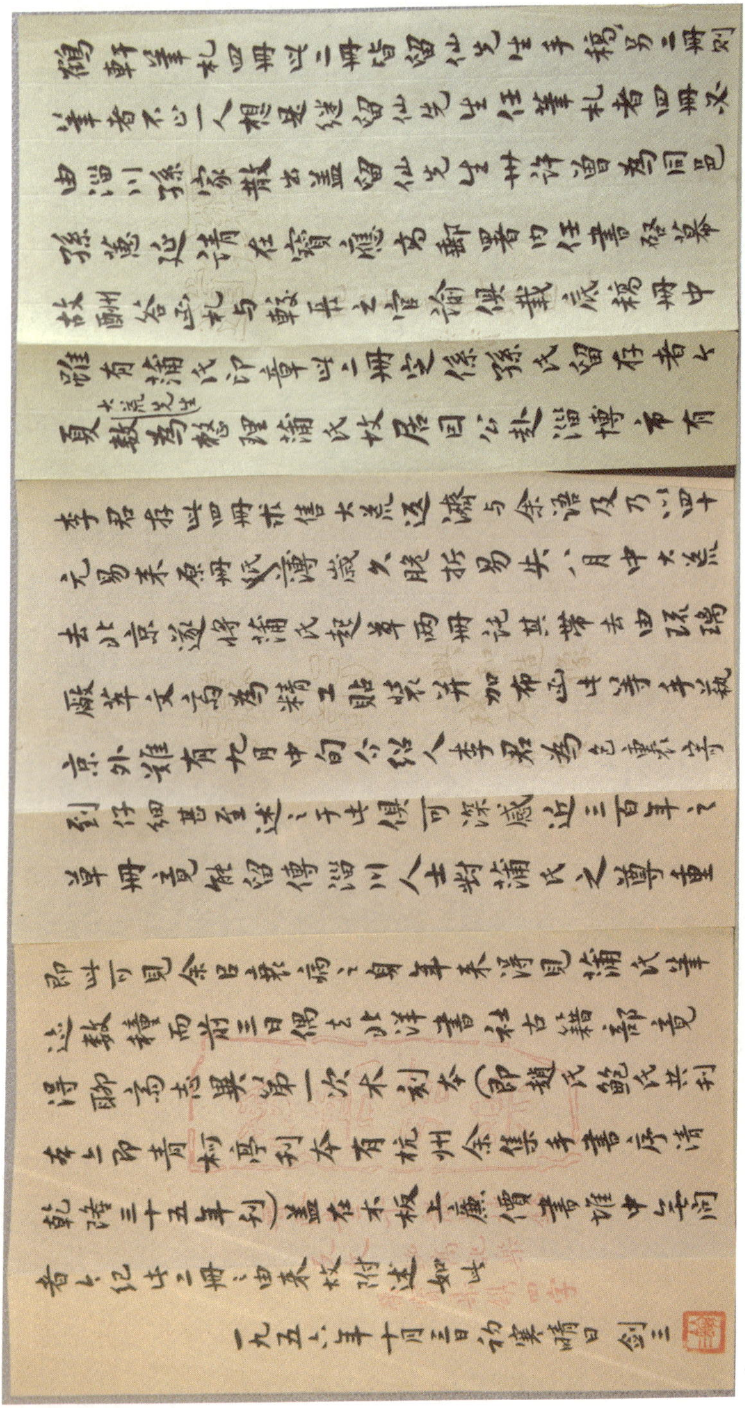

王统照谈《鹤轩笔札》购藏经过

王统照先生看到此手稿后，曾写下一段跋文，记述路大荒先生与《鹤轩笔札》的情况：

> 《鹤轩笔札》四册，此二册皆留仙先生手稿。另二册则笔者不止一人，想是继留仙先生任笔札者。四册必由淄川孙家散出。盖留仙先生卅许，曾为同邑孙蕙延请，在宝应、高邮署内任书启幕。故酬答函札与较长之官谕，俱载底稿册中，虽有蒲氏印章，此二册定系孙氏留存者。今夏，大荒先生数为整理蒲氏故居，因公赴淄博市。有李君存此四册求售，大荒返济与余语及，乃以四十元易来。原册纸薄，岁久脆折易失。八月中，大荒去北京，遂将蒲氏起草两册，托其带去，由琉璃厂萃文斋为精工贴装，并加布函。此等手艺，京外难有。九月中旬，介绍人李君为包裹寄到，仔细甚至。述之于此，俱可深感。近三百年之草册，竟能留传，淄川人士对蒲氏之尊重，即此可见。余以衰病之身，年来得见蒲氏笔迹数种，而前三日偶去北洋书社古籍部，竟得《聊斋志异》第一次木刻本（即赵氏、鲍氏共刊本，亦即青柯亭刊本，有杭州余集手书序，清乾隆三十五年刊），盖在木板上廉价书堆中无问者。今纪此二册之由来，故附述如此。
>
> 　　　　　　　　一九五六年十月三日初寒晴日　剑三

路大荒先生为国家购得《鹤轩笔札》手稿后，理论上它应该留在省城文化部门。但不可思议的是，它在动乱时期竟阴差阳错地出现在青岛，其中详情已无人知晓。笔者经过走访、请教青岛文博界前辈，得知《鹤轩笔札》手稿是通过青岛市财政局拨交青岛市博物馆的，而青岛市财政局是发还查抄文物的行政部门。于是我大胆推测了《鹤轩笔札》的流转经历。

1956年夏季，路大荒先生为国家收购了《鹤轩笔札》手稿后，交给了时任省文化局局长的王统照先生。王统照先生作为著名文学家，自然对这一蒲氏手稿倍加关注，并予以研究。此时王先生已经疾病缠身，大多时间居住在青岛市市南区观海二路49号疗养。他极有可能将手稿带到青岛，在养病期间为《鹤轩笔札》认真写下了长达四百余字的跋，详细介绍了发现它的经过，为后人留下了可靠的第一手资料。《鹤轩笔札》手稿前两册与王统照先生亲笔跋文同时出现在青岛也给这一推测提供了佐证。

1957年6月，王统照先生带病参加第一届全国人民代表大会第四次会议，在中南海怀仁堂聆听周恩来总理作《政府工作报告》时心脏病猝发，被送入医院。同年11月29日，王统照先生不幸病逝于济南，享年60岁。

由于王先生疾病猝发，走得仓促，《鹤轩笔札》手稿极有可能就留在了青岛。后十年动乱骤起，青岛市的查抄物资大都堆到了青岛天后宫、天主教堂等仓库中。动乱中后期文物陆续发还，剩余部分就交到了青岛市财政局，将文物、古籍等分类交给有关单位。

幸运的是，这两本珍贵的蒲松龄手稿回到了青岛市财政局。虽然作为主管青岛财政工作的行政部门很难发现《鹤轩笔札》手稿真正的文物价值，但是它作为一本古书，没有被轻易处理掉，而是在1971年12月30日由青岛市财政局作价2元钱拨交青岛市博物馆保存。蒲松龄《鹤轩笔札》这一珍贵手稿经过长期漂泊没有损毁，并与王统照先生为它悉心书写的跋文一起又回到了国家文博单位，令人欣慰。

青岛市博物馆旧址

  藏于青岛市博物馆的蒲松龄《鹤轩笔札》手稿于2014年1月参加了由文化部与国家文物局主办、国家图书馆承办的"古籍普查重要发现暨第四批国家珍贵古籍特展",并入选第四批《国家珍贵古籍名录》,目前是青岛市博物馆的镇馆之宝之一。

原载2021年10月25日《济南时报·温故》

花神——绛妃，你的原型是什么？

蒲松龄先生是我国清代杰出的文学家，被后人称为"世界短篇小说之王"。他的《聊斋志异》是中国成就最高的文言短篇小说集，它不仅集志怪传奇小说之大成，使短篇小说的艺术水平达到空前高度，而且同李杜诗、《红楼梦》等名著构成中国文学史上绵延不断的高峰。清乾隆三十一年（1766）出版了《聊斋志异》第一部刻印本"青柯亭本"，此后多家竞相翻印。该书不仅是中国文学宝库中的一朵奇葩，也是世界文库里的东方瑰宝。蒲松龄与莫泊桑、契诃夫、欧·亨利等国外短篇小说巨匠相比，也毫不逊色。

《聊斋志异》中有数篇以"花神"为主人公的作品，如《葛巾》《黄英》《香玉》《绛妃》等。所谓花神，或曰"树妖花神"，不过是作者为了寄托自己的理想而幻想出来的人物。作者通过《葛巾》中的紫牡丹花神、《黄英》中的菊花神、《香玉》中的白牡丹花神的自主爱情，大胆地表达了他对民主、自由的向往与追求。她们都是爱情故事的主人公，作者蒲松龄通过起伏有致的情节和酣畅淋漓的笔墨，塑造了封建时代三个卓尔不群的妇女形象。

《绛妃》是以上四篇以"花神"为主人公的作品之一。袁世硕先生在《蒲松龄研究》2005 年第 1 期《游戏·逗才·寓意——说〈绛妃〉》一文中说："《绛妃》，青柯亭刻本《聊斋志异》改题《花神》，大约是编刊者怕有人望文生义，如'绛'可以附会为明朝皇家之姓'朱'，惹出文字之祸。"

《绛妃》中的绛妃是作者塑造的一个坚强、独立的花神形象。绛妃"合家细弱，依栖于此，屡被封家婢子，横见摧残"。封家女子即风神。屡遭风神摧残的花神绛妃与她的众仆从没有逃避，而是选择凭借自己的力量与风神背城一战，为自己争取生存的权利。

《绛妃》中的"封氏"，名义上指的是大风，实际上暗示着社会上的一切黑暗势力。这些女子有时刻被摧残的危险，这样写更明了地揭示了故事的寓意。可贵的是，尽管处在恶劣的环境中，但她们依旧敢于挣脱封建枷锁，力图主宰自己的命运。

《绛妃》与其他三篇不同，开头写道："癸亥岁，余馆于毕刺史公之绰然堂。公家花木最盛，暇辄从公杖履，得恣游赏。"康熙二十二年，蒲松龄在毕际有先生家中教书，住在"绰然堂"。毕家花木众多，闲暇时蒲松龄就随着毕际有在园中漫游，有机会尽情观赏。一天游览之后，身体疲倦，十分想睡觉，就脱下鞋子上了床，不久睡着做了一个梦，梦见两个年轻女子，服饰鲜艳华丽，走近请求说："有事托您帮忙，委屈您的大驾去一趟。"问："是谁叫我去？"两个女子回答说："是绛妃啊。"迷迷糊糊地不知她们说的是谁，就匆匆地跟着她们走了。虽是写梦，蒲松龄却郑重其事、清清楚楚地写明时间（癸亥岁即康熙二十二年，1683）、地点（绰然堂）、人物（余，即蒲松龄自己）。在这个梦境里，花神要"背城借一"向"封家婢子"（风神）宣战，"余"文思泉涌，写成一篇讨风神檄文。情节非常简单，大量篇幅是代绛妃写的檄文，洋洋洒洒，写风的历史、风的肆虐，运用虞帝、宋玉、刘邦、汉武故事，

说明"风"如何邀帝王之宠捞取资本起家，日渐放纵肆暴。用一系列典故，写风的狂妄无比和暴虐之甚，如用《秋声赋》和《茅屋为秋风所破歌》，控诉风使群花朝荣夕悴，备受荼毒，号召"兴草木之兵""洗千年粉黛之冤""销万古风流之恨"。用梦的形式创作檄文刺贪刺虐，何尝不是蒲松龄创作的又一《聊斋自志》。

《绛妃》的写作地点在绰然堂，描写的场景应该是宅院后面的"石隐园"。此园是在明代崇祯年间由户部尚书毕自严构筑的大花园。后来这个大花园荒废了，由其子毕际有重新建了个规模稍小的园子，仍叫石隐园。石隐园中藤萝缠绕，翠竹森森，月季盛开，绣球烂漫，海棠花开万朵，牡丹灿似朝霞，木瓜香气四溢……

蒲松龄于康熙十八年（1679）到淄川西铺村毕际有家教书，整整在毕家待了三十年。蒲松龄在文章中曾多次谈到石隐园，遇到暑热不堪，他就移居"山光绕屋树阴浓，爽气萧森类早冬"的石隐园中，在"效樊堂"或"霞绮轩"读书写作。他把弟子带进园中上课，在《读书石隐园，两餐仍赴旧斋》一诗中，他写师生共同享受石隐园中的清凉："今年合谋抱卷逃，竟扫庭榭诛新茅。花树喜我至，浓荫绕屋声萧萧；山禽喜我至，凌晨格磔鸣松梢。两餐往还足二里，归去汗浃如流水。如流水，何妨哉！解襟习习清风来。"从中可见当年石隐园五彩斑斓的绚丽与沁人肺腑的清凉。

那么石隐园中的绛妃，她的原型是什么呢？

笔者在撰写《路大荒传》时，整日钻在一堆堆故纸信笺中，从历史的遗留与缝隙中，寻找有价值的资料。在父亲留给我的一个陈旧的牛皮纸袋子中，我找到了一些早已泛黄的老照片。这些都是爷爷留下的，它们穿过了战火，躲过了十年浩劫，来到了我的面前。其中一张引起了我的注意。

聊斋蒲留仙先生花神菌云癸亥岁余馆于绛雪堂
石豪花木最盛云此园旧绛雪堂花园玉兰花
木尚繁推黄杨树株大伍儕當年故物

图摄于淄川民国第一壬申

黄杨树老照片

这是一张20世纪初有着精美封套的老照片，封套下方的椭圆形红色印章分上下三行写着"淄川；霁光像馆；育英街"。看来，这家照相馆在当时还是很有名气的。翻开封面，轻轻打开覆在照片上的一层薄薄的绵纸，一张泛黄的老照片映入我的眼帘。画面中间是一棵高耸入云的黄杨树，比起它的高，树身还是比较纤细的。它位于一片园林之中，郁郁葱葱、婀娜多姿。照片封套三面都写满了文字："聊斋蒲留仙先生《花神》篇云"，"癸亥岁，余馆于毕刺史公之绰然堂，公家花木最盛"云云，此园即绰然堂花园，至今花木尚繁。惟黄杨树极大，系当年故物。国桢摄于淄川民国第一壬申。"

绛妃的原型极有可能是这棵黄杨树。黄杨树属于灌木或小乔木，树叶终年常绿，寿命长，枝条柔软，若是养护得当，生长100年是没有问题的。它对生长环境要求不高，耐热耐寒，可经受夏日暴晒和−20℃的严寒。亦可生长在土壤贫瘠的荒岛上或岩石缝里。黄杨树生长非常缓慢，一般要40～50年才能长到3～5米高，直径也不足10厘米。"千年黄杨寿为矮，更难求得天然枝"，由于黄杨树生长非常缓慢，故称之为"千年矮"。照片上的这棵黄杨树，推测在蒲松龄先生创作《聊斋志异》的清代康熙年间，已经是年代久远且引人注目了。而在这张照片上，这棵属于小乔木的黄杨树高耸入云，确实卓尔不凡，距蒲松龄先生写《绛妃》，又过去了三百多年。

树妖花神是《聊斋志异》中非常动人的一类形象，蒲松龄先生在山东民间崇信树妖花神的民俗的基础上，赋予了这些精灵以全新的形象与深刻的文化内涵。他既保留了我国民间崇拜民俗的痕迹，又从文学的视角对民俗进行加工改造，使民俗中的植物特性、神异性与作者着意表现的人性和谐统一，实现了文学与民俗的互动与融合。那么这棵生长长达数百年或更久的黄杨树，是否早已达到成为树妖花神的条件了？绛妃"合家细弱"，描写的不正是黄杨树枝条柔软的形象吗？而绛妃对"封氏"的反抗，也是黄杨树不畏恶劣环境、抵御"大风"的真实写照。

据史料记载，照片上的这棵黄杨树毁于抗战时期的战火。黄杨树本身就生长缓慢，作为蒲松龄先生笔下的树怪，她在《绛妃》这篇伟大的小说问世以后，又穿越了三百多年的历史，生存到了 20 世纪 30 年代，实属不易。但令人痛惜的是，她最终没有躲过 20 世纪那场惨烈的日寇侵华战争，毁于日寇的炮火下。我们现在只能从这张珍贵的老照片中一睹她的风姿了。

原载 2022 年 2 月 14 日《济南时报·温故》

附：《绛妃》原文

癸亥岁，余馆于毕刺史公之绰然堂。公家花木最盛，暇辄从公杖履，得恣游赏。一日，眺览既归，倦极思寝，解屦登床。梦二女郎，被服艳丽，近请曰："有所奉托，敢屈移玉。"余愕然起，问："谁相见召？"曰："绛妃耳。"恍惚不解所谓，遽从之去。俄睹殿阁，高接云汉。下有石阶，层层而上，约尽百余级，始至颠头。见朱门洞敞，又有二三丽者，趋入通客。无何，诣一殿外，金钩碧箔，光明射眼。内一女人降阶出，环佩锵然，状若贵嫔。方思展拜，妃便先言："敬屈先生，理须首谢。"呼左右以毡贴地，若将行礼。余惶悚无以为地，因启曰："草莽微贱，得辱宠召，已有余荣。况敢分庭抗礼，益臣之罪，折臣之福！"妃命撤毯设宴，对筵相向。酒数行，余辞曰："臣饮少辄醉，惧有愆仪。教命云何？幸释疑虑。"妃不言，但以巨杯促饮。余屡请命。乃言："妾，花神也。

合家细弱，依栖于此，屡被封家婢子，横见摧残。今欲背城借一，烦君属檄草耳。"余惶然起奏："臣学陋不文，恐负重托；但承宠命，敢不竭肝鬲之愚。"妃喜，即殿上赐笔札。诸丽者拭案拂座，磨墨濡毫。又一垂髫人，折纸为范，置腕下。略写一两句，便二三辈叠背相窥。余素迟钝，此时觉文思若涌。少间，稿脱，争持去，启呈绛妃。妃展阅一过，颇谓不疵，遂复送余归。醒而忆之，情事宛然。但檄词强半遗忘，因足而成之：

谨按封氏：飞扬成性，忌嫉为心。济恶以才，妒同醉骨；射人于暗，奸类含沙。昔虞帝受其狐媚，英、皇不足解忧，反借渠以解愠；楚王蒙其蛊惑，贤才未能称意，惟得彼以称雄。沛上英雄，云飞而思猛士；茂陵天子，秋高而念佳人。从此怙宠日恣，因而肆狂无忌。怒号万窍，响碎玉于王宫；溯湃中宵，弄寒声于秋树。倐向山林丛里，假虎之威；时于滟滪堆中，生江之浪。且也，帘钩频动，发高阁之清商；檐铁忽敲，破离人之幽梦。寻帷下榻，反同入幕之宾；排闼登堂，竟作翻书之客。不曾于生平识面，直开门户而来；若非是掌上留裙，几掠妃子而去。吐虹丝于碧落，乃敢因月成阑；翻柳浪于青郊，谬说为花寄信。赋归田者，归途才就，飘飘吹薜荔之衣；登高台者，高兴方浓，轻轻落茱萸之帽。蓬梗卷兮上下，三秋之羊角抟空；筝声入乎云霄，百尺之鸢丝断系。不奉太后之召，欲速花开；未绝坐客之缨，竟吹灯灭。甚则扬尘播土，吹平李贺之山；叫雨呼云，卷破杜陵之屋。冯夷起而击鼓，少女进而吹笙。荡漾以来，草皆成偃；吼奔而至，瓦欲为飞。未施抟水之威，浮水江豚时出拜；陡出障天之势，书天雁字不成行。助马当之轻帆，彼有取尔；牵瑶台之翠帐，于意云何？至于海鸟有灵，尚依鲁门以避；但使行人无恙，愿唤尤郎以归。古有贤豪，乘而破者万里；世无高士，御以行者几人？驾炮车之狂云，遂以夜郎自大；恃贪狼之逆气，漫以河伯为尊。姊妹俱受其摧残，汇族悉为其蹂躏。纷红骇绿，掩苒何穷？擘柳鸣条，萧骚无际。雨零金谷，缀为藉客之裀；露冷华林，去作沾泥之絮。埋香瘗玉，残妆卸而翻飞；朱榭雕栏，杂佩纷其零落。减春光于旦夕，万点正飘愁；觅残红于西东，五更非错恨。翩跹江汉女，弓鞋漫踏春园；寂寞玉楼人，珠勒徒嘶芳草。斯时也：伤春者有难乎为情之怨，寻胜者作无可奈何之歌。尔乃趾高气扬，发无端之踔厉；摧蒙振落，动不已之珊珊。伤哉绿树犹存，嫋嫋者绕墙自落；久矣朱旛不竖，娟娟者賣涕谁怜？堕溷沾篱，毕芳魂于一日；朝荣夕悴，免荼毒以何年？怨罗裳之易开，骂空闻于子夜；讼狂伯之肆虐，章未报于天庭。诞告芳邻，学作蛾眉之阵；凡属同气，群兴草木之兵。莫言蒲柳无能，但须藩篱有志。且看莺俦燕侣，公覆夺爱之仇；请与蝶友蜂交，共发同心之誓。兰桡桂楫，可教战于昆明；桑盖柳旌，用观兵于上苑。东篱处士，亦出茅庐；大树将军，应怀义愤。杀其气焰，洗千年粉黛之冤；歼尔豪强，销万古风流之恨！

曲水书巢忆往

石隐园的前世今生

石隐园是明末清初淄川县西铺村毕氏家族的私家花园，位于原毕府故居的后院，系明末户部尚书毕自严所建。

毕自严于明万历二十年（1592）考中进士，经过近三十年的拼搏奋斗，官至户部尚书，赐太子太保衔，位极人臣。毕自严在任户部尚书之前的天启年间，由于拒绝阉党魏忠贤的拉拢利用，受魏党排挤，曾一度罢官归里。毕自严深知官场凶险，复官无望之际，只好做了颐养天年、了却残生的打算。于是，他穷其毕生积蓄，在西铺村大兴土木，修建石隐园。他羡慕园中奇石的坚强品格，不怕磨难，不惧威吓，同时表明自己以园中奇石为友、归隐林下的高尚志趣。简言之，毕自严所谓石隐，就是要像奇石一样隐于乡间林下，不羡慕高官，不羡慕仙人。"不知有汉，无论魏晋"，只愿所言所行合乎自己的心性，做一个性情率真、心态乐观的人。

毕自严从江南花重金搜罗、购买了当时著名的十大灵石置于园内，它们是玄象、灵璧、魁星、月窟、菡萏、凤翔、垂云、太朴、秋鹰、峨豸。个个尽态极巧，饶有幽趣，号为十友，如高士一样隐居在这里，故名石隐园。他还在园中广植花木藤萝，引村北泌水河入园，修建人工湖舣塘，溪水逶迤曲折绕假山,穿竹林,四季潺潺。春天,牡丹芍药争相烂漫；夏天,老藤绕屋,龙蛇出没；秋天,桂花飘香,硕果累累：好一个世外隐园。

毕自严为官清廉,一生酷爱读书,在此修建万卷楼,藏书达数十万册。万卷楼高三层,立于毕府后石隐园中。楼前楹联"万卷藏书宜子孙,十年种树起风云",系状元王寿朋所题。在毕自严去世后三十多年,这些书终于派上用场。蒲松龄进入毕府,教书之余的闲暇时光,多半在藏书楼勤学苦练,不但创作出惊世骇俗的《聊斋志异》,还写出上百万字的诗词、俚曲等作品,所以,有人认为没有毕家提供的条件,就不可能出现伟大的作家蒲松龄。

毕自严逝于崇祯十年（1637）,六年之后明朝灭亡。此后毕家逐渐走下坡路,但他的二儿子毕际有受其父"恩荫",入清后,官至南通州知州。康熙初年,由于受到一件冤案的牵连,罢官归里。这时候,石隐园已经衰败荒废,毕际有把园子缩小为十亩,保持原有风格。池塘水榭、亭台楼阁、曲径豆棚、南桥北花一应俱全,山东的文人雅士争相到石隐园来休闲度假。

此时的石隐园,亦是十分讲究的私家园林。枕山造池,沿池立亭。银杏绿荫绕榭,春来海棠嫣红。翠竹千竿围墙,芍药满径留香。蒲松龄先生在毕府设帐教书时,常在园中授课、读书与写作。他在诗中写道："石隐园中石色斑,白云尽日锁花关。疏栏傍水群峰绕,芳草回廊小径弯。"（《次韵毕刺史归田》）他同少东家毕盛钜为金兰之交,与几个学生共几而餐,宛如慈父伴顽童。他们动辄抢吃的丑态,也被蒲翁生动地写入《绰然堂会食赋》中："相何品兮堪用,齐噪动兮仓皇。"

石隐园中积石为山景,磊落嶙峋。众石参差散布,奇态怪状,象形命名,不可胜纪。十大灵石中的丈人石,秀俏高耸,足为一园领袖。蒲松龄曾赋诗赞咏丈人石,即魁星石。诗曰："丈人何傲睨,高眠傍修竹

南宫具袍笏，毋乃太边幅。千载遇狂生，横足加其腹。"

蒲松龄先生在石隐园中与石朝夕相伴，执教之余，爱石、写石、咏石，浸染于灵石的美感之中。他颇爱园中的众多赏石，称最喜爱的十方赏石为"十友"，依其形神赋诗取悦，诗云："石隐园中远心亭，门对青山四五层。凤翔双鹰飞禽样，九象峨豸走兽形。太朴垂云生得好，菡萏月窟最玲珑。宋朝魁星石灵璧，万世流传十友名。"

蒲松龄先生更是在《聊斋志异》中专门以痴人爱石为题材，写了一篇小说《石清虚》。此篇也是蒲松龄爱石藏石的真实写照和佐证。小说主要讲述主人公邢云飞爱石成癖，在垂钓中偶得一方佳石，他如获异珍，谨慎收藏。不料此事被某势豪和尚书得知，先是势豪明目张胆强抢掠夺，再是尚书设局陷害，卑鄙夺石；后经贼人屡盗，历经磨难，邢云飞以死殉石。

石隐园旧照

细细品味《石清虚》，不难体会蒲松龄先生寄寓其中的人生理想和艺术情怀。在他笔下，奇石也成了写鬼写妖、刺贪刺虐、惩恶扬善的创作素材。蒲松龄先生明写石，实写人。《石清虚》借石叙情，既歌颂了邢云飞人品之高尚，又鞭挞了封建恶霸之残忍，深刻揭示了封建社会的罪恶本质，同时也抒发了他对人生遭遇的孤愤，寄寓了对知己的渴求。

清中叶后，毕氏家族逐渐败落，房屋年久失修，石隐园也随之衰败。园中河道淤塞，湖面不见，各种奇花异树为荒草所淹没，那些珍贵的奇石也被掩埋在荒草淤泥之中。

我的祖父路大荒先生曾保留有毕氏石隐园20世纪30年代初期的资料照片。从照片上可以看到，石隐园内杂草丛生，树木仍很茂密。毕氏后人仍然喜爱奇石，振衣阁前的蝴蝶松生机盎然，松下摆放着数块奇石，虽小如盆景，但仍如雕如塑，妙趣横生。其中一张有着精美封套的老照片引起了我的注意。这是一张摄于1932年的"丈人石"照片，它的背景不是石隐园，而是段墙皮脱落、斑驳不堪的墙面。照片的三面都写满了文字："明户部尚书毕少保自严故第后有石隐园，此石名丈人石，矗立如故，然已由园址而改为祠堂，非复昔年风景。民国廿一年春摄于淄川 国桢志时年五十又一。"

从照片及文字中我们得知，此时的石隐园早已败落，作为奇石之魁首的丈人石，也从石隐园中被搬至祠堂院内，像一位耄耋老人，立于濒临坍塌的祠堂院墙旁。

时间的车轮呼啸而过，近半个世纪的光阴逝去。一篇题为《1979年秋探访蒲松龄坐馆之西铺》的文章中写道：

> 我们出门，绕到另一个院子看明代皇帝追赠毕自严的"太子太保"石碑，然后坐车去石隐园，也就是当年毕府后花园。

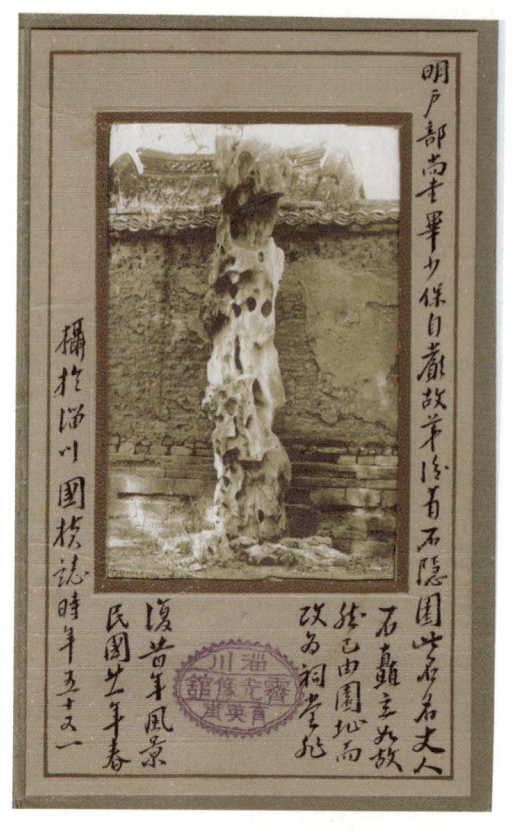

"丈人石"老照片

石隐园迎门是蒲松龄写过的"丈人石",高约三米。不远处有块奇形怪状的石头,上大下小、如锥而立,叫"单英石"。当年石隐园有许多太湖石,蒲松龄在《和毕盛钜〈石隐园杂咏〉》中写道:"参差众峰出,万窍鸣天籁。"那几块有名堂的太湖石如海岳石、蛙鸣石,已被蒲松龄故居搬走,还有许多太湖石埋在草丛中。有的在发挥余热:人民公社社员将太湖石充作猪圈根基,几头肥猪在太湖石边吃饲料。

1679年—1979年,我对毕府遗址的现场调查,距蒲松龄到毕府坐馆,恰好三百年。时光是何等锋利的镰刀?当年毕府甲第如云、花园优雅。毕府主人及西宾(家庭教师)蒲松龄,大概做梦也想不到:"昔日尚书花园,今成社员猪圈!"

四十余年又过去了。今年初春时节,在淄川区文联李红蕾主席及电视台赵明台长的邀请下,我们一同到毕自严故居(蒲松龄书馆)参观。由于毕府驻地于1970年划归周村区,她们也一直没有抽出时间去参观,此行正合了两人的心愿。

毕自严故居前些年已经修缮完毕，2006年被公布为省级重点文物保护单位，现已恢复"绰然堂""振衣阁""万卷楼"及家庙等主要建筑。振衣阁门前的"蝴蝶松"早已枯死，庆幸在政府的重视下，将主要树干与树枝进行了保护性处理，远远望去，"蝴蝶松"虽无松枝、松针，但它的形还在，它的魂还在，这也能够悦目游人、抚慰后人了。

在毕自严故居展览馆杨馆长及文昌湖区文旅局韦科长的陪同下，一圈参观下来，我收获颇多。但并未看到想象中的毕府后花园"石隐园"。咨询杨馆长，她似有难言之隐，只是回答道她还有重要的客人面谈，请我们出故居大门，沿路向后走去，自行参观吧。

我们一行四人按照杨馆长的指引，向毕府后面走去。我们没有发现想象中的石隐园，而是来到了一片杂乱的村居，蜿蜒的小路，枝枝杈杈地走向每一家的院落。路边可以看到几块不太大的石头，酷似太湖石，但旁边堆满了砖头、石块等杂物。我们几人正在迷茫之时，后面一位老农骑着农用三轮车过来。我们连忙与老农打招呼，咨询石隐园在哪里。老农笑呵呵地对我们说："你们站着的这个地方就是石隐园啊！看，你旁边的这两三块石头就是

振衣阁前的"蝴蝶松"

石隐园遗留的花石头。"老农又领我们拐了个弯,在一块较大的空地上,指着地上躺着的一块巨石说:"这就是当年石隐园内有名的奇石'秋鹰石',可惜现在已经倒在地上,有些地方已经破损了。"我仔细地观看着这块鼎鼎有名的奇石,上面堆了些去年收割来的玉米秸秆,石头下面堆满了土块瓦砾,一派侯门小姐流落风尘的落魄景象。老农说:"昔日的石隐园土地早已分配到各家,建起了村民的院落,各家院落中的石头也归各家所有。你们看到的那几块小的奇石,就是村民盖房子时嫌碍事,搬到院墙外的。石隐园中众多的石头,这么多年来,有的被砸成石子,用于建筑、铺路了,有的被运走烧石灰了,就剩下你们看到的这几块,散落在路旁,无人问津。前些年建纪念馆,有人要拉走,遭到村民的阻拦,说是各家分配宅基地时,已经归于各家,如果公家拉走,也要有个说法。这事也就没有下文了。"

20世纪60年代村民在秋鹰石前合影

老农非常热心，他又带着我们几人来到一座崭新的院落旁，指着院落里一块高大的石头说："这就是石隐园中的丈人石，这个院落是村里刚刚修复的毕氏纪念馆。"我望着这块石头，总觉得与我手里照片上的丈人石相比少点什么。我急忙拿出1932年拍摄的那张"丈人石"照片给老农看，他马上认出这就是原来的丈人石，而院内的这块石头缺少了头部的一部分。老农说："丈人石头部的那一部分不知什么时候已经摔掉，很是可惜。村里建纪念馆时，将丈人石从原来老院墙的南面搬到北面，将其安放在村纪念馆院内，也是利于保护。"

流年似水，世事沧桑。"旧时王谢堂前燕，飞入寻常百姓家。"旧时毕府石隐园内尽态极巧、饶有幽趣的奇石，几百年后，也不过是散落村间路旁堆放秸秆的石头而已。不知毕府主人及蒲松龄先生如泉下有知，会发出怎样的感慨。

参观毕府归来，大家总觉得不是很尽兴，或者说心存遗憾。改革开放四十余年了，祖国大地欣逢盛世，正大踏步地走在民族复兴的道路上。如果我们当地政府能够把工作做得再细致一点，将毕自严故居修复得再完善一点，恢复毕氏后花园"石隐园"的本来面貌，

已残缺的"丈人石"

使这座极具特色的历史名园能够重放异彩，这样既能够弘扬祖国传统文化，又能够使这处有文化、又有内涵的旅游景点吸引更多的游人参观游览，进一步振兴当地经济，这何尝不是一件利国利民的好事呢。

原载《聊斋园》2022 年第 3 期

蒲松龄故居及墓园修复始末

山东省淄博市淄川区城东约 8 里，至今还保留着一个明清建筑风格的古老村落。这个偏僻不易被人发现的村落，却因一部《聊斋志异》饮誉海内外而名声大振，这就是清代著名文学家、"世界短篇小说之王"蒲松龄先生的诞生地——蒲家庄。

在蒲家庄的中部，蒲松龄先生的故居就坐落在一座普通的农家院落里。故居正房为砖石土坯结构、木棂门窗的普通民房。故居大门前有几株古槐，绿荫成片，在炎热的夏季，显得格外清凉。郭沫若先生 1962 年题写的"蒲松龄故居"金字门匾，高悬于故居大门之上。

蒲松龄先生生活在清代初期，距今已经三百余年了。在这漫长的岁月里，蒲先生的农家故居，曾经发生了哪些变故？又是怎样穿过时代的沧桑，拨开历史的迷雾，来到了我们的面前，向我们无声地诉说着这位伟大先贤的过往？在蒲松龄故居修复的背后，又有着怎样的故事呢？

20 世纪 50 年代初期，中华人民共和国成立不久，战争的硝烟刚刚散去，祖国大地百废待兴，党和政府对于我国灿烂的古代文明极其重视，中宣部决定对我国浩如烟海的古代名著进行系统整理与发掘。在此背景下，1953 年山东省古代文物管理委员会决定派时任省文管会专职委员、

蒲松龄著作研究专家、我的祖父路大荒先生与当时在山东省文联工作的陶钝先生一起前往淄川蒲家庄做相关调查，准备征集蒲松龄著作版本、手稿、佚文和相关遗物，并成立蒲松龄故居筹建委员会，着手故居的重建工作。蒲松龄故居的修复重建是路大荒先生的夙愿，在党和政府的支持下即将实现，路大荒先生志在必成。

蒲松龄故居旧址因其九世嫡孙蒲文魁参加了抗日游击队，房屋被日寇焚毁，蒲文魁携全家迁往东北，北屋仅剩残垣断壁。这次故居的修复重建可以说是从零开始。

修复工作是从蒲松龄故居及墓地的确立入手的。从路大荒先生当年的日记中可以看出，当时的工作是相当严谨的：

> 二月十二日，（1）北屋三间，东西屋二间，小西屋一间（厢房），栏一间。（2）林东西50步，南北50步。墓东北向（地约二亩），到蒲家看林宅。（3）蒲英弟，其云、年秀、文宣、文琪、文润等人管理委员会。
>
> 廿二日陶钝同志来访，即交他蒲松龄画像摄影、论文稿一件。
>
> 廿五日早见陶钝同志，并见王局长谈修林墓、修葺、抄遗等费。

路大荒先生首先确立了故居的房屋范围，确定了蒲松龄墓地的大约方位及占地面积。并与陶钝同志及时面见时任山东省文化局局长的王统照先生，汇报了修建故居及墓地的进展，以及上述工程所需要的费用。

那么蒲松龄故居及墓地的修复工作，具体是怎么进行的，又经历了哪些曲折呢？今年夏季笔者偶得流出的似是20世纪50年代初期山东省文管会的一些文字资料，在这些泛黄的纸张中，有一份1954年路大荒先生关于奉派淄川整修蒲松龄故居及林墓的工作报告手稿，此稿为草稿，字迹较为潦草，且不太完整，尤其删改及添加的部分，字迹难以辨认，只能粗得梗概，但仍可从中一窥当年整修故居及墓地的真实情况。

派赴协助淄川整修蒲松龄故居墓碑碑亭等工作报告

（1）时间

我于七月廿五日派赴淄川，到县后即与县文教科联系，并先后赴蒲家庄详细勘查。于八日由县文教科主持，会同区乡村负责干部及蒲氏后裔声望素著者，于八月九日在蒲家庄会议，组成整修委员会。分别推选出各部负责人员，即开始备料等工作。于八月十五日开始（施工时间），即按原计划图样逐步整修，修至十一月五日，始将全部工程完竣。

（2）工程的要求

我到县后，联系当前任务，即传达了领导上指示要点。

在工程开始即与领工同志屡次座谈，总以省快好为工程中总的方向。形式方面力求原始，避免现时影响。整修范围：墓碑、碑亭。系属连，原无碑亭围着保护。修一座方形四角、四门用石基、砖墙瓦顶亭。

故宅方面，大门一间，上顶历年久远，即将倾圮，即照原状复修。北堂屋三间上瓦顶和门窗被日寇焚毁，即照原状修复。东屋二间，系属羊房，以因年久失修，渗漏不堪，亦即整修。西房二间，原有住户一家，已由其村中负责同志动员迁出，并支讫补助费伍拾万元。大门内有小角门一座，因历年久远，上顶砌坍塌，即加整修，所有垣墙均已整修勾抹刷新，门窗户扉均已上油漆，在总的方面可谓焕然一新。大门故居匾额墨地金字，亦极壮观瞻。

路大荒关于整修蒲松龄故居墓碑碑亭等工作报告的手稿

（3）群众反映

在初步施工，有部分群众看到我布置计划狭小，大不满意，以为当修的极伟大的一座庙宇才合心意。经我们和村干讲明整修故居需求和意义和政策，以至全部工程接近完竣的时候，群众才都欢欣鼓舞，说这才是我们的三老祖，故居和庙宇是不同的。

工作中所得到经验，因为着我个人不善词令，不会交际，和年龄的高大，往往被青年人憎恶，又因县文教科工作很忙，因此与科较少的密切联系，至今文教科长大为不满，这纯是我个人当深刻的检讨地，并可为将来工作很为教训……

从此报告中可以看出，路大荒先生与陶钝同志到达淄川后，即与县文教科、区和村负责干部，以及蒲氏后裔声望素著者在蒲家庄组成整修委员会，分别推选出各负责人员，按部就班地开展故居及墓地的整修工作。

在故居的修复中，部分群众持有不同意见，认为应该修葺为一座宏伟的庙宇样建筑。经路大荒先生与村干部及群众再三讲明整修蒲松龄故居的需求、意义和政策，最终蒲松龄故居以贴近清代的原始面貌呈现在人们面前。在全部工程接近竣工的时候，群众们欢欣鼓舞地说，这才是他们三老祖的故居

20世纪50年代修复的故居东大门

20世纪50年代修复的故居正房"聊斋"

（蒲松龄当年在家族中排行老三）。

故居的房屋和墓地上的碑亭竣工以后，路大荒先生在地方政府的配合下，在时为省文化馆工作人员、著名画家张彦青先生的协助下，开始征集相关文物资料，转入第二个工作阶段——陈列布置。许多蒲氏后人对征集工作非常热心，在征集蒲松龄遗留文物资料情况的群众会上，大家提供了不少蒲氏手稿、传抄稿及蒲氏各种著作抄本、刻本的线索，这些多半是留在博山、淄川县特别是蒲家庄附近的群众手中。会后他们根据线索分头到各地群众中去征集，并由政府付钱以合理的价格收购下来。蒲松龄画像就是在这次调查征集中，由蒲松龄先生次子的后人、蒲松龄八世孙蒲人镐之子蒲英谭捐献的。蒲松龄先生使用过的端砚为蒲氏后代蒲文琪所收藏，在这次征集中蒲文琪先生也将端砚慨然捐出。现在蒲松龄纪念馆展出的陈列品，许多都是群众世代保存的珍贵文物，可以看出他们对蒲氏著作的热爱和珍惜。

蒲松龄故居的北屋，也就是传说中的"聊斋"，是按照清朝初期山东乡村读书人的住室陈设予以复原的。因为蒲松龄一生大部分的时光是在西铺村毕自严家教书度过的，所以室内的许多文物是路大荒先生与张彦青先生从西铺毕家后人处征集来的。路大荒先生在那里召开了知情人的干部群众会，根据群众提供的线索，收购了一部分明代旧家具和文物，估计这些家具可能与蒲松龄同年代，甚至可能是蒲氏生前见过或用过的，照比市价偏高的价钱，由政府付钱收购下来。计有绰然堂的大匾额一块、绰然堂木楹联一对、绰然堂旧藏灵璧石一块、小几桌一张、杌子一对。还购得振衣阁中条几一张、冯起宸绘竹子雕花太师床一具、书桌一张，蒲松龄先生题咏过的蛙鸣石等奇石也赫然在列。这些文物目前仍然陈列在蒲松龄纪念馆中，是馆内的珍贵文物。

20世纪50年代修复的故居"聊斋"内景

其余两间卧房，则陈列蒲氏的墨迹手稿和著作的各种版本等。这些刻本、抄本及国内外译本，除了从群众中征集的部分，还有一部分是路大荒先生从他自己的书房里搬来的。他曾多次谈起，创建蒲松龄故居是他的一个夙愿，放在故居比放在他的书房里更放心，更有意义，他早已把蒲氏研究当作他的生命的一部分了。

路大荒先生亲自撰写了"聊斋"匾额，悬挂在北屋中。这块匾额现

已成为蒲松龄故居的标志，随着蒲松龄著作在电影和电视等各种媒体上的传播而名扬海内外。

1955年，路大荒先生请王献唐先生题写了"蒲松龄先生故居"匾额，并亲自带回淄川，悬挂在修复后的东大门门楼上。第二年，蒲松龄故居对外开放。

王献唐题写的故居匾额

在山东省档案馆中，还静静地放置着"山东省文化局关于路大荒同志奉派淄川整修蒲松龄故居及林墓的函"，上面的文字清晰可见：

  本会路大荒同志前以奉派淄川整修蒲松龄故居及林墓，现已工竣，于十一月廿三日回会，该同志业将整修中的工作情况提出报告，兹将原报告抄送二份，送请审阅备查。

此致

山东省文化局
山东省人民政府文物管理委员会

半个多世纪的风云呼啸而过，目前这位清代杰出文学家的故居和墓园又是怎样的状况呢？

1977年蒲松龄故居被公布为山东省文物保护单位，1980年乘着改革开放的东风，蒲松龄故居扩建为蒲松龄纪念馆，对故居、柳泉、墓园进行了修葺、扩建。新扩建的蒲松龄纪念馆征用附近的民宅，改建了著作版本、书画题咏展室，以及资料室、接待室、办公室，增设了南大门，使故居的管理日趋完善。

当我们走近蒲松龄先生故宅，首先映入眼帘的是高悬于故居南大门之上的郭沫若先生1962年初冬题写的"蒲松龄故居"金字门匾。穿门北折是一正两厢的庭院，其中正房三间，东西厢房各两间，仍为1954年复建。修复时正房两侧所栽下的桧柏已青翠入云，老石榴树花开正红。庭院南墙下，是一小片竹林。蒲先生一生喜竹爱竹，其家谱就是以竹字开头："竹立一庭，尚国人英，文章先业，忠厚家声……"

故居正房仍保持着50年代修复时的模样，房内路大荒先生手书的"聊斋"匾额迎门高悬，匾下悬挂着蒲松龄74岁时请江南著名画家朱湘鳞为其画的肖像，画像两旁是1962年郭沫若手书的楹联："写鬼写妖高人一等，刺贪刺虐入骨三分。"房内的陈列与50年代初相比没有太大的变化，画像下方的条几上，灵璧石、三星石、木瘿炉、蛙鸣石呈一字摆开，这些都是蒲松龄先生在毕际有家设帐教书时毕家之物。室内摆放着蒲松龄先生生前用过的端砚、手炉，以及绰然堂匾。在毕家教书时用过的床、桌、

椅、几、橱、架也在室内井井有条地摆放着。

蒲松龄纪念馆在故居的周围又征集了几座院落，形成了一座坐北朝南、幽静古朴、前后四进的院落。院内月门花墙，错落有致；山石水池，相映成趣。游人至此，不禁赞不绝口。

蒲松龄墓园系蒲氏老林，墓地四周用砖石砌墙，园内松柏古木荫翳，内有古墓几十座。1980年，蒲氏始祖蒲璋之墓碑也移存墓园中。蒲松龄墓在墓园北侧，封土高约两米，墓穴呈头向西南、足向东北之势。墓前立清雍正三年（1725）同邑后学张元撰《柳泉蒲先生墓表》。虽然1954年修建的四角碑亭将墓碑妥善地保护起来，但在十年浩劫中墓碑仍难逃被砸的命运，目前立在碑亭中的是后来仿刻的墓碑。1979年又在亭前立沈雁冰撰《蒲松龄柳泉先生之墓》碑，使蒲松龄墓地的体系更加完善。

目前蒲松龄纪念馆占地面积有5000多平方米，设有五个展厅，新建的陈列室展示着蒲氏家谱、手迹及其多种著述，以及英、俄、日、法等外文版本和中外蒲学研究专家的多种论著。聊斋正房后为6间书画展室，展出了当代文化名人如顾颉刚、老舍、田汉、臧克家、丰子恺、李苦禅、俞剑华、李桦、戴敦邦等名家为故居所作书画、题咏，共藏有名人书画300余幅。蒲松龄纪念馆现有馆藏文物、文献资料15000多件，包括蒲松龄生前的文物和各种版本的《聊斋志异》，以及蒲学研究的论文、专著等。

蒲松龄纪念馆还拥有《蒲松龄研究》学术期刊，该期刊系中国人文社会科学核心期刊，国内外蒲学研究的最新进展在这里云集、公布。蒲松龄纪念馆俨然是一处蒲氏故居、著作的展示地，现当代文化名人、书法家、画家为故居所作书画、题词的展览地，以及国际国内蒲氏著作整理研究中心。

2006年5月25日，蒲松龄故居被国务院公布为全国重点文物保护单位。蒲松龄故居作为一处初具规模的蒲学研究基地和驰名中外的旅游景点，受到了国内外学者及众多游客的青睐，更成为当地旅游事业的一张显赫名片，名扬海内外。

原载《聊斋园》2022年第4期

贰 文物保护

保住文脉保住魂

四门塔的抢救性保护

四门塔位于泰山之阴，历史文化名城济南市南郊30公里的柳埠。这里山清水秀，文物荟萃，民风淳朴。远古时期，我们的祖先便在这块美丽的土地上劳动生息。四门塔旁曾出土过新石器时代大汶口文化的石斧，还发现过战国时期齐长城遗址。魏晋南北朝以来，佛教在我国广泛传播，公元4世纪后半叶，这里建起了一处佛教中心——朗公寺，即后来的神通寺，是山东最早的寺庙。

神通寺初创时名曰朗公寺，创始人是朗公和尚（京兆人，俗姓李）。在当时统治者的支持下，达到"上下诸院十有余所，长廊延袤千有余间，三度废教，无敢撤"的规模。隋开皇三年（583）文帝杨坚敕令更名为神通寺。神通寺历经1600多年，几度兴废，至今尚保存下来众多闻名中外的珍贵文物，如四门塔、龙虎塔、千佛崖造像、唐台基、墓塔林、历代碑刻等，成为我们研究佛教文化、雕刻艺术、建筑艺术丰富的实物宝库。

华夏第一石塔——四门塔——是我国现存最古老的亭阁式单层石塔。该塔建于隋大业七年（611），距今已有1400多年了。四门塔是中国现存最早、保存最完整的单层亭阁式石塔，也是中国最早发现舍利的

地方。通高 15.04 米，每边长 7.4 米，四面各有一半圆形拱门，檐部挑出，叠涩五层。塔顶用 23 行石板层层收缩叠筑，成四角攒尖方锥形，顶端由露盘、山花、蕉叶、相轮构成塔刹。塔室中心有石砌方形塔心柱，上有 16 根三角形石梁。塔中心的石柱四面各有一尊石雕佛像，皆螺髻、盘膝、朝门而坐。四门塔 1961 年被国务院公布为首批全国重点文物保护单位，四门塔后有参天古柏，重围合抱。主干上分九枝，称九顶松，至今两千多年仍生机勃勃、郁郁葱葱。老树古塔相映成趣、秀丽壮观。附近重峦叠嶂，幽谷清泉，令人交口称赞、流连忘返。

四门塔

四门塔附近还有一座盛唐艺术奇葩——龙虎塔，因塔身雕有龙虎而得名，砖石结构，高 10.8 米，方形。塔身由四块石板筑成，雕有四大天王、迦叶和阿难、佛、菩萨、飞天、龙虎、云等。每面石板中央各开一宝珠券门，塔身内方形石柱上各雕盘龙、佛像、飞天等。塔檐用砖砌筑，仿木结构重檐，檐下有双跳华拱承托，上置覆莲、项轮，宝顶为塔刹。龙虎塔整座建筑造型优美、刻工精细、富丽堂皇，显示了盛唐雕刻艺术之精华，是我国稀有的古建筑。龙虎塔1988年被国务院公布为第三批全国重点文物保护单位。

九顶松

四门塔历经1400多年的风雨沧桑——朝代更迭、战争与天灾，到了20世纪50年代初，已经伤痕累累。塔身已经开裂，内部的石梁也已倾斜，随时都有倒塌的危险。当时正处于中华人民共和国成立初期，百废待兴，经费非常紧张，且四门塔位于荒郊野外，条件异常简陋。刚刚调到山东省古代文物管理委员会工作不久的路大荒先生，奉上级的指示，到四门塔做抢救性保护工作。他亲自带领工人们，克服种种困难，因陋就简，在当时人迹罕见的荒野外开始施工。

根据有限的资料，我们得知，路大荒先生亲自带领工人们在四门塔旁生火，打铁施工。围绕塔身外墙加了三条铁箍，将它箍了起来。他们在塔内用石柱顶住快要掉落的三角石梁，为将来全面修复四门塔奠定了基础。但具体的考察及修复过程，我们知之甚少。

2019年11月，山东省图书馆为配合王献唐先生铜像揭幕仪式，举办了一次"暇园清芬——鲁图先贤文献珍品展"小型文物展览。在这次展出中，济南青年收藏家张经伟的一件展品引起了我的关注。这是两份年代久远的文件：一件是路大荒先生亲笔写的关于抢修四门塔情况的报告；一件是山东省人民政府文物管理委员会关于柳埠四门塔抢修情况报告的复写件底稿。两份内容基本一致，只是路大荒先生的报告中"本会派我照现时情况估工抢修"这句话，在文管会的报告中被改为"本会派路大荒同志照现时情况估工抢修"。以下是报告原文：

柳埠四门塔抢修情况报告

（一）四门塔状况

塔在历城县第八区柳埠乡东北五里许之山麓上，系用石筑成。因历年久远，塔身四周均有裂纹，四个门的顶券石均已断裂，塔内券梁亦多断裂，石造像四躯的面部、手部已均被毁坏，塔顶杂树丛生。

（二）抢修经过

本会派我照现时情况估工抢修，塔内用石柱十二条，石梁四架，把券梁顶好，东西南三门全用石料砌成方花垒好，北门用石框石券垒好，加添木料朱油楗门一具，造像台座均已整修完好，工毕即用铁锁把门封闭，备有钥匙二把，一交柳埠乡八区公所，一带回本会。塔身外部加铁箍三道，塔基北面，用灰石砌至滴水檐外，以固根基。

内外裂纹均用灰勾抹，塔顶杂树悉为拔除。

在四门塔旁边有古松一株，即邑志所载之九顶松，根下旧有用石砌的台基，在敌伪时期被破坏，在附近又有传为唐代建筑龙虎塔一座，内外石雕佛像极为精美，惟是近年以来被人把雕像毁坏。我们根据现况，把古松台基照样垒好，并把龙虎塔四个塔门用砖灰堵塞，防止继续被人毁坏。又在四门塔附近捡拾陶鬲足一块，残石器一块，残蚌片二块，带会研究。

（三）附陈意见

四门塔即在神通神寺残址，除四门、龙虎两塔而外，宋金元明石塔碑碣尚有多种，有宋绍圣间石塔一座，上有元延祐年间时人墨笔题名，尤可宝贵。在近之千佛崖唐显庆间造像多种及柳埠乡约五里之九塔寺，山上唐天宝造像多种和唐代砖塔并塔内塑像、塔身宋大观、金天会题名均有文化上重大价值，拟请上级转知历城县，对群众进行爱国教育，对古代文物加以重视。

路大荒　十二月十八日
山东省人民政府文物管理委员会
一九五三年十二月十九日

从这两份报告中，我们看到了20世纪50年代初期文物专家们在当时极其艰苦的条件下，亲临现场，带领工人们排除困难抢修四门塔的情景。还了解到，路大荒先生1953年12月18日将报告提交给文管会后，根据路大荒先生报告的内容，山东省文管会的正式报告第二天即已拟出，可见当时的行政效率之高。

同时，我们从报告上得知，路大荒先生在此次抢修四门塔的过程中，

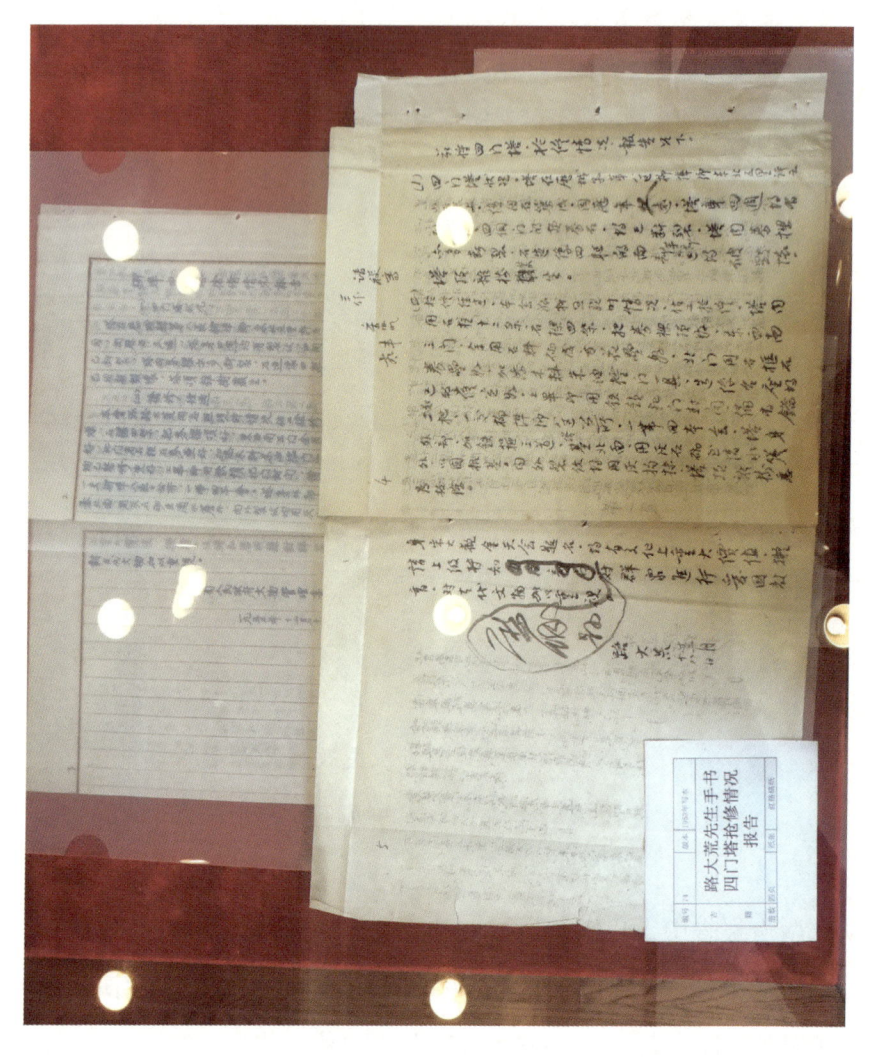

路大荒先生手书四门塔抢修情况报告

还对塔旁古松，即邑志所载之九顶松台基进行了维修保护，该古松时至今日仍生机勃勃、郁郁葱葱。

在抢修过程中，路大荒先生还对神通寺遗址周边的文物进行了考察研究，发现唐代建筑龙虎塔内外石雕佛像极为精美，可惜损毁严重。在当时资金极为匮乏的情况下，他们将龙虎塔四个塔门用砖灰堵塞，防止继续被人毁坏，为龙虎塔今后的整体保护与维修打下了坚实的基础。鉴于四门塔周围丰富的唐宋古塔、元明清碑刻、塔林及唐千佛崖等众多文物"有文化上重大价值"，但在当时的历史条件下，国家还拿不出充足的经费给予全面保护，路大荒先生在报告中提出"对群众进行爱国教育，对古代文物加以重视"，体现了一位老文物专家对祖国传统文化的挚爱之心。

2021年，是中国共产党成立100周年，也是四门塔被公布为全国重点文物保护单位60周年。为全面回顾四门塔风景区文物保护取得的成果，向建党100周年献礼，由济南市南部山区管理委员会生态保护局、四门塔风景区服务中心主办的"庆祝建党100周年四门塔文物保护成果图片展"于6月12日开展。

由于年代久远，1953年抢修四门塔的相关资料非常少，在这次展出的图片中，有两张拍的正是当年留下的墨迹，弥足珍贵。经过岁月的侵蚀，有些字已模糊不清，经有关专家仔细辨认，应是王献唐先生的笔迹："一九五三年冬，山东省文物管理委员会派路大荒监修塔柱梁门，越二年与王兰斋、王思礼、王献唐同。"

王献唐先生是我国著名文史学家，亦是50年代山东省古代文物管理委员会副主任，王兰斋、王思礼均为山东省古代文物管理委员会委员。应该是他们在四门塔抢修完毕后视察此地时留下的墨迹。四门塔文管所张泽刚告诉"新黄河"记者钱欢青，这是此前他在检查四门塔内佛像时

王献唐先生题记

发现的，墨迹题在四门塔北佛像底座东侧条石下方，很难被发现，这也是这一墨迹首次"露面"，是1953年那次抢修的珍贵史料。

王献唐先生题记在图中右侧佛像底座下

张鹤云（1923—2008），山东省著名画家及教育家，曾任山东师范大学教授、山东画院艺术顾问，也是路大荒先生的忘年好友。他在50年代末期曾赠予路大荒先生他精心绘制的一幅国画，并赋诗一首："昆嵛山前归暮鸦，胜迹犹存四门塔。蔓草荒烟凭吊者，唯有一二考古家。"将路大荒先生四门塔文物考察、修复的情景淋漓尽致地表现出来。

望着这两份陈旧的工作报告，以及当年题写在四门塔石梁内的墨迹的珍贵照片，欣赏着张鹤云先生的画作，时间的车轮又转动了近70载，50年代初期路大荒先生带领工人们抢救性保护四门塔的情景还历历在

目。每当我们在这盛世中华的美好时光中，或家庭旅游、或好友相伴，倘徉在美丽的神通寺风景名胜区，尽情欣赏着古老的四门塔、精美绝伦的龙虎塔时，大家还会想起中华人民共和国成立初期那些文物专家们为祖国文化遗产付出的艰苦努力吗？正是在我国一代代文物保护工作者的不懈努力下，这些珍贵的历史文化遗产才得以代代延续，以它最美好的形象展现在大众面前。

原载 2021 年 9 月 13 日《济南时报·温故》

孝堂山石祠的考察与保护

孝堂山郭氏墓石祠,是孝子郭氏墓地附属之祠堂,位于山东省济南市长清区孝里西南22公里的孝里铺村南孝堂山山顶。孝堂山在春秋战国时称巫山,《左传·襄公十八年》载"齐侯登巫山以望晋师",说的

孝堂山郭氏墓石祠

就是这座山。东汉初年在山上建石室后,世人谓之孝子堂,遂将此山称为孝堂山。依据其祠内题记记载,祠堂大致建造于东汉初年(1世纪左右),是我国现存最早的地面石筑石刻房屋建筑。

孝堂山郭氏墓石祠用青石仿照汉代民居建筑形式并缩小比例砌成。其内石壁和石梁上遍布精美的线刻图画,屋顶为单檐悬山式,由石板接成,石板上雕有屋脊、瓦垄、连檐等构件的形象。石壁上的题刻和后来的题词,在文献与书法研究上均有一定的价值。相关画像石是研究中国汉代历史、社会生活的宝贵资料。

郦道元《水经注》对郭氏墓石祠已有记载,称之为"孝子堂";北齐时,人们已经普遍认为该墓是郭巨之墓;唐代开始在祠堂周围修建庙宇;北宋赵明诚的《金石录》对此也有著录。

明隆庆二年(1568)孝堂山郭氏墓石祠进行重修,并立下《重修孝堂山庙记》一碑。

清乾隆三十四年(1769)曾经大修祠堂附属庙宇,并立修庙碑一座,庙堂为八殿两廊之规模。清同治九年(1870),孝堂山郭氏墓石祠再次进行重修,并立《重修孝堂山庙记》石碑一座。

清光绪三十三年(1907)六月十四日,一位叫沙畹的法国汉学家来到了孝堂山,对郭氏墓石祠进行了拍摄,留下了当时的一些资料照片。

民国五年(1916),日本人关野贞来此考察并首次发表祠堂的实测图。

中华人民共和国成立后,祖国大地百废待兴。在山东省政府的直接领导下,山东省古代文物管理委员会启动了山东各地文物古迹的调查及保护工作,其中就包括泰山、三孔、齐长城、孝堂山、四门塔、蓬莱阁等省内一系列重要文物古迹。我的祖父路大荒先生作为省文管会委员之一,主持或参与了以上众多文物古迹的调查与维护。今根据现存的一些资料，谈一下孝堂山郭氏墓石祠的调查与保护情况。

1953年，路大荒先生在山东省古代文物管理委员会的领导下，多次到长清孝堂山考察郭氏墓石祠，此时的郭氏墓石祠经过千百年的朝代更替与战乱，早已面目全非。清代重修的祠堂附属庙宇也已倒塌，庆幸的是我国现存最早的这座地面石筑石刻房屋建筑尚在。它裸露在荒山上任凭风吹雨淋，一派凄凉破败景象。

路大荒先生在赴孝堂山考察时的日记中写道：

一九五二年七月廿四日赴孝堂山，返回，廿五日赴孝堂。石室高一公尺七，脊八公寸长四公尺，宽三公尺……

路大荒先生考察孝堂山石室后写出《孝堂山石室资料》一文，全文如下：

孝堂山石室资料

平原湿阴邵善君永建四年……来过此堂，由此可知，石室建于永建四年（129年）以前。

从总平面布置上看，石室建在墓前，似为当年用以供奉死者"神主"之所，或即类似后世所谓"享堂"者。石室南向，平面作长方形，长边为面宽，共分二间（这点与目前所发现的几处早期墓地"石室"相同），或曰双数属阴，故以二间以为阴宅。室内靠北有石台（长通面宽），高14公分，或即为摆设"神主"或偶像之处。整个建筑为石造，结构简单。下有石台基，以承托全室，亦即形成室内石地面。东山墙为上下两块石板砌成，墙厚13公分。西墙为一块石板凿成，厚14.5公分，后墙为左右并立的两块石板拼成，厚17公

分。正面当中立八角石柱，其截面对边长为 27.5 公分，柱头呈檐斗形式，下为简单方形柱础（略为俯斗状）、八角柱座。径宽 70 公分之门坎条石上，条石高出地面 7 公分。此中央柱之左右近高墙处各有一较细之八角柱及矩形柱（东柱截面：20 乘 37 公分；西柱截面：21.5 乘 27.5 公分）。以上五柱共承托一截面呈五边形（29 乘 42.5 公分矩形梁抹去一角）的石过梁。中央柱并支承一横向五角形石板大梁之一端，梁之另一端由后墙支承。此中间石板梁与东西山墙共负顶盖石板。顶盖共由 6 块组成（其中仅有二块为原石物），分作前后两坡形式，坡度约为 1/6，东西，厦檐（即清式所谓悬山式），靠正脊部分出厦少，而近前后檐处出厦多。

"石室"在造型上是模仿木构形式，如八角柱（反映了当时木柱的一般加工情况）、檐斗，园橼（橼头有卷杀），以及屋面的筒板瓦（瓦当刻作蕨纹）等等，皆反映当时木构建筑的做法和形式。所以这座建筑物对我们研究汉时代的一般木构建筑，有着极重要的参考价值。

"石室"外表面以石料加工之剁斧痕迹为装饰，呈简单之三角形几何图案（室外西山满刻陇东王感孝颂）。室内东西北三面，以及板梁上都满刻画像，其题材有庖厨，有百戏，有狩猎，有争战，有刑罚，并见有象及骆驼的形象，刻画均极逼真。此处尚有桥梁建筑等物，实为研究东汉社会的宝贵资料。

此文不仅在石室建成时间上进行了严谨的考证，更是对石室的造型、测量，以及墙面装饰、画像题材等做了详尽的描述与记载。这是自 1907 年法国汉学家对郭氏墓石祠进行拍摄、1916 年日本人关野贞来此考察并发表祠堂的实测图以来，我国考古专家首次对郭氏墓石祠进行的详细考

孝堂山石室资料

平原湿阴邵善君永建四年……来过此堂由此可知,石室建于永建四年(124年)以前

从其平面布置上看,石室建在墓前,似为当年用以供奉死者"神灵"之所,或即类似后世所谓"享堂"者。石室南向。平面作长方形,长近为面宽,其分二间(近点5日前方发现的几处早期墓地"石室"相同,或曰双鼓阙,石牡之间以为阴宅。室内靠北有石台(长近面宽)高14公分,或即为摆设"神主"或偶像处。整个建筑为不造,结构简单,不省石台基,以承托全室(应即形成室内石地面。东山墙为上下两坯石版砌成,墙厚13公分。西墙为一坯不披,墓成厚16.5公分,北墙为左右并立的两坯不披,拼成,厚19公分,南墙为左

路大荒《孝堂山石室资料》手稿

察与论证。

大荒先生曾在1959年亲笔写下《在建国十年来山东省的建筑成就收集资料参考提纲——建筑教育、科研及在建维修等方面的汇报》,可惜经过了半个多世纪,只保留下其中的一小部分。路大荒先生在修复孝堂山石室部分写道:

> 长清孝堂山汉石室,原有覆室,经国民党破坏了。经我们重建覆室,以资保护。(有照片,如不在处内,可能在博物馆)

鉴于孝堂山郭氏墓石祠在我国建筑学史上的地位,为了保护这一珍贵历史文物,在这次考察的基础上,山东省文管会决定在石祠外修建复室和围墙对其进行保护,目前在重修的正殿后墙上,仍可以看到镶嵌在墙面里的一块石壁,上面用苍劲的隶书刻下"汉石室 一九五三年重建复室"。

1961年,孝堂山郭氏墓石祠西侧立了"孝堂山郭氏墓石祠"大理石碑,被国务院公布为第一批全国重点文物保护单位。

路大荒先生对这次孝堂山郭氏墓石祠的考察与保护非常重视,在这期间,他在一本册页上挥毫作孝堂山山水素描一幅。在画面的左侧,孝堂山山顶郭氏墓石祠巍然屹立,山脚树林中农舍隐隐可见,远方似有芦苇白帆,整个画面给人一种飘然世外的空灵意境。在画面的右上角题有:

> 吾东长清县孝堂山石室为国内仅存汉代之建筑也,余访两次,今图之。时癸巳猫日。

时至今日,孝堂山郭氏墓石祠作为全国重点文物保护单位,得到了非常完善的保护。随着改革开放的深入，此地成为著名的旅游景点。许多学者、画家如罗哲文、刘海粟等纷纷题写匾额，使其逐渐名扬海内外。

路大荒绘孝堂山石室图

每当夜深人静时，我翻看着祖父亲笔写下的关于孝堂山考察的资料，欣赏着他的孝堂山画作，不由得为祖父自豪，为他作为一代代孝堂山郭氏墓石祠保护者中的一员而感到自豪。

原载 2023 年 3 月 27 日《济南时报·温故》

曲水书巢忆往

灵岩寺的勘察与维护

中国叫灵岩寺的寺院有很多，但唯独济南灵岩寺跻身于中国四大名刹。灵岩寺始建于东晋，兴于北魏，盛于唐宋，距今已有1600多年的历史。它位于山东省济南市西南泰山北麓长清区万德街道灵岩峪方山之阳，东晋时，佛图澄的高足僧朗在此建寺。北魏太武帝太平真君七年（446）灭法，灵岩寺佛事遂废，至孝明帝正光年间（520—525）再兴。正光元年（520）法定禅师来此游方，爱其泉石，重建寺院，遂逐渐兴旺。唐、宋、元、明各代为寺院盛期，最盛时有僧侣500余人，殿宇50余座，形成规模宏大的古建筑群，直至清乾隆十四年（1749），仍有殿宇36座，亭阁18座，无一不显示出古代劳动人民的聪明才智和高超的雕刻技艺。

灵岩寺历史悠久，佛教底蕴丰厚，唐代李吉甫在《十道图》中，把灵岩寺与浙江天台山的国清寺、江苏南京的栖霞寺和湖北江陵的玉泉寺誉为"域内四绝"。宋代济南府从事卞育赞道："屈指数四绝，四绝中最幽。此景冠天下，不独奇东州。"灵岩寺现为世界自然与文化遗产泰山的重要组成部分，是全国重点文物保护单位、国家级风景名胜区。

灵岩寺峰峦奇秀，风光旖旎，以风景幽深、泉石秀丽著称于世。寺周群山环抱，深奥幽邃，柏檀叠秀、泉甘茶香，古迹荟萃、佛音袅绕，构成一幅绚丽多彩的画卷。这里不仅有高耸入云的辟支塔和传说奇特的铁袈裟，亦有隋唐时期的般舟殿、宋代的彩色泥塑罗汉像，更有"甘露澄泉""镜池春晓""明孔雪晴"等胜景别具情趣。故明代文学家王世贞有"灵岩是泰山背最幽绝处，游泰山不灵岩不成游也"之说。

灵岩寺远眺

在灵岩寺我们不仅能够欣赏到千佛殿内 40 尊栩栩如生的彩色泥塑罗汉像，还能欣赏到千年古塔辟支塔上精湛的石雕人物。而规模巨大、数量众多的墓塔墓碑在其他寺院也是不常见的。其中最为引人入胜的是宋代彩色泥塑罗汉，历来为观者和专家们赞誉不绝。

灵岩寺披着 1600 年的风霜，几经兴废，更是历经了千百年的朝代更替与战乱纷争。20 世纪 50 年代初期，大殿已经是房檐倾斜、梁檩腐朽，呈现出一派破败的景象。那么彼时的灵岩寺究竟处于怎样的状况呢？

笔者近日偶然接触到似是 50 年代山东省古代文物管理委员会的一批资料，其中有一份是我的祖父路大荒先生亲笔撰写的《勘查灵岩寺千

佛殿辟支塔情况报告》草稿，该草稿虽较潦草，但比较详细地描述了灵岩寺千佛殿及辟支塔的现状，提出了当及时抢救修复并加以保护的意见。

以下是报告全文：

勘查灵岩寺千佛殿辟［支］塔情况报告

千佛殿建于宋代，明万历间重修，清代已有补修之处。现存的殿基还是宋代遗产。殿南向大山式记七间，全面积七九〇.六平方公尺，高约十四公尺。原用绿琉璃瓦，因屡次补修，现已大半换成为灰瓦。外部用五彩合锡油漆，四周牵檐挑角，各有风铃玲珑辉煌，表现了高度艺术建筑和劳动人民智慧成就。殿内有宋塑罗汉像四十尊，为国内著名的塑像。兹能勘查该殿因年［久］失修，四周牵檐望板、上层斗拱、托檐、枋檩亦大半腐朽。四角梁皆已脱榫，因此有下垂现象。东南、东北两角尤甚。内檩亦多有腐朽之处，殿顶筒瓦大半脱动，以致渗漏多处，当及时抢救翻修复原才似好，以便保护古代建筑和著名塑像。

我们的意见，需及时翻修，最低限度必须把殿顶全部构材维持暂时。

辟支塔志查，自唐天宝中建，宋嘉祐时重修，元明已补修。

自宋代八角形基围三十四公尺半（五分），高五十公尺，全用澄泥砖砌成，共计大约上顶另用铁铸成。塔尖约十公尺，各级门窗檐角亦数用砖琢斗拱，在建筑上表现了古代劳动人民的伟大力量和智慧。内有宋元祐间题名及后代题名多处，亦是征得的历史悠久、人民的爱好。但因年代久远，各级外檐亦多塌陷，□树荆棘丛生，上层尤甚。最顶层现已枝株生满，根已延及下层，至基层的门板早已乌有，我们为了保护古代伟大的建筑，应当及时修整和慎重的加以保护。

文物保护　保住文脉保住魂

路大荒灵岩寺勘察报告手稿

在路大荒先生1950年的日记中,也可以看到考察灵岩寺的内容:

灵岩罗汉像当存四十个,大致完好。四面小佛像存十分之七八,正面大像及山塑无损失。在大殿西台上有铜佛一尊。海内第一名塑。(碑题灵岩千佛殿造像,民国十一年新会梁壁声题。)
灵岩主持淳华七十五岁,现五个僧人。
大殿东北角、西北角已渐坏,有漏水处。

在另一段日记中,路大荒先生写道:

泰安、曲阜、邹县、灵岩,检查各地工作。
滕县、曲阜、泰安急需修缮,切实预算二份。
审定泰安、曲阜文物。
滕县、滋阳贾使君碑。
灵岩且系。
经费四月份开始。

从这几段日记中可以看出,路大荒先生此时的工作是相当忙碌的。这一时期他穿梭在鲁中、鲁南一带,夜以继日地为山东省文物勘察和保护积极地工作着。尽管中华人民共和国成立之初百废待兴,国家经费异常紧张,但路大荒先生对灵岩寺、泰安、曲阜、滕县等地急需修缮的文物做了切实可行的预算申请,并得到省政府的资金支持,经费拟从四月份开始陆续到位。这体现了党和政府对我国文物事业的重视,更是这些宝贵文物得以延续下去的福音。

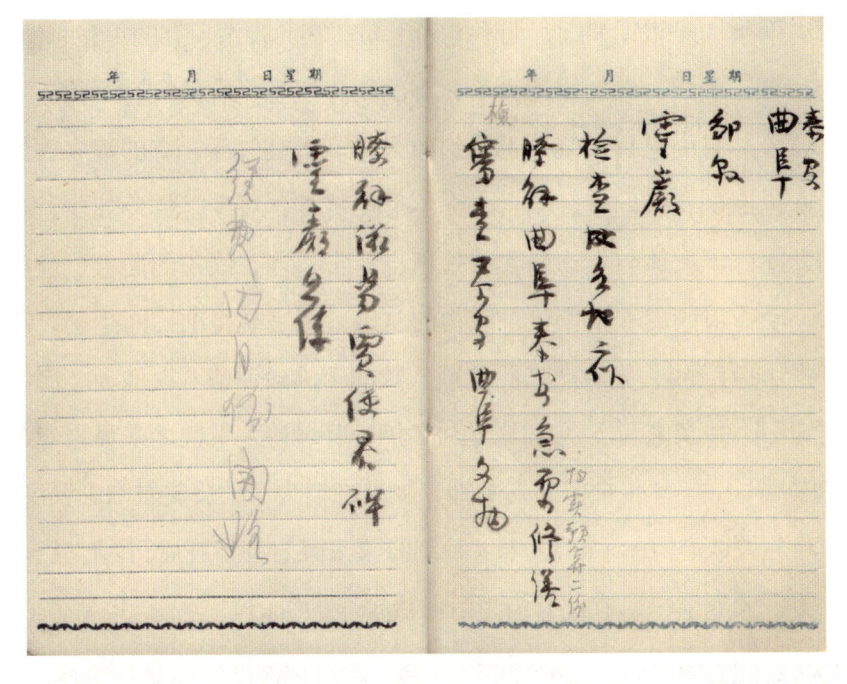

路大荒20世纪50年代日记

公开的资料显示，1950年山东省政府不但对灵岩寺进行了初步修缮，并专款拨了5000斤小米，制作千佛殿罗汉像的玻璃保护橱，使"海内第一名塑"切实得到了保护。

如今的千佛殿，单檐庑殿顶，举折平缓，出檐深远。檐下置疏朗宏大的斗拱，木棱彩绘华丽，檐角长伸高耸，有展翅欲飞之势。前檐下立有八根石柱，柱础皆雕刻有龙、凤、花、叶、水波及莲瓣、宝装荷花等纹样，雕工精美，凸显唐宋之风。

千佛殿最为广大游客和专家们所称道的是四十尊彩色泥塑罗汉像。古代艺术家们在塑造这些罗汉像时，打破传统的佛教造像模式，侧重于写实，具有浓郁的世俗气息和现实生活情趣，以形写神，以神表情，以情现心，重在展现每尊罗汉的个性与特点，刻画罗汉的内心世界，使之真实、生动，更接近生活。观其形态，或端恭、或拄杖、或合掌、或跌坐，

85

或口讲手指、或侧耳细听，无不准确生动。察其神情，有的勇猛、愠怒，有的和善、老成，有的据理力争，有的闭眸沉思，有的笑容可掬，有的俯首低吟，有的纵目远眺，无不细致入微。看其气质，有的清姿秀骨，有的寒伧潦倒，有的雍容华贵，无不形象传神，可谓是栩栩如生，呼之欲动。此外，人体与衣饰的关系处理也非常得当，线条的曲直、虚实与起伏，动作瞬间的衣褶变化，织物的质感，都表现得准确而生动，节奏感极强。1912年，梁启超来此游览，赞誉千佛殿泥塑罗汉像为"海内第一名塑"，并亲笔写下了碑碣。1987年，著名诗人贺敬之来灵岩寺参观千佛殿后写下了"传神何妨真画神，神来之笔为写人。灵岩四十罗汉像，个个唤起可谈心"的诗句。艺术大师刘海粟来灵岩寺参观后，挥笔写下"灵岩泥塑，天下第一，有血有肉，活灵活现"的赞语。

千佛殿罗汉

文物保护　保住文脉保住魂

辟支塔

如今的辟支塔，早已是灵岩寺的标志性建筑，它一改当年杂树丛生、破败不堪的样子，以挺立山涧、高耸入云的形象，迎接着八方来客。辟支塔是一座八角九层楼阁式砖塔，塔基为石筑八角，上有浮雕，镌刻着古印度孔雀王朝阿育王皈依佛门等故事。塔身为青砖砌就，各层皆施腰檐，下三层为双檐，二至四层檐下置平座。塔檐与塔径自下而上逐层递减，收分得体。塔内一至四层设塔心柱，内辟券洞，砌有台阶，可拾级而上。塔身上置铁质塔刹，由覆钵露盘、相轮、宝盖、圆光、仰月、宝珠组成，自宝盖下垂八根铁链，由第九层塔檐角上的八尊铁质金刚承接，在塔内延续到地下，起避雷作用。辟支塔气势雄伟、造型美观、结构复杂、比例适当，宋代文学家曾巩有诗赞曰："法定禅房临峭谷，辟支灵塔冠层峦。"

近年来，灵岩寺的文物保护、旅游发展有了长足的进步，作为全国重点文物保护单位和国家级风景名胜区，它已成为国内外知名的旅游目的地，每年都有百万计的国内外游客来灵岩寺或观光游览、寻古访幽，或登山健体、体察自然，或避暑消夏、商务会谈。

置身于这座海内名刹，欣赏着这古迹荟萃、佛音袅绕的佛家宝寺时，您还会记起百废待兴的年代里，我国文物保护专家们在极其艰苦的工作环境里，为之付出的努力吗？

原载 2023 年 2 月 20 日《济南时报·人文》

文物保护　保住文脉保住魂

千佛山兴国禅寺的勘察

兴国禅寺位于济南市区南部的千佛山公园内。因为山上有数不清的佛像,所以称之为千佛山。千佛山风景优美,层峦叠嶂,苍秀深幽,是济南市著名的游览胜地,与趵突泉、大明湖三大景观并为享誉中外的济南三大名胜,而兴国禅寺则是千佛山的主体建筑,是千佛山的代表性寺庙。

千佛山远眺

兴国禅寺从唐代建立到当代逾千年的历史，经历了风风雨雨的时代变迁，也经历了寺庙的兴盛与衰败，它更像是一个历史的见证者，阅尽了人间的繁华与沧桑。

隋唐时期，山东佛教昌盛，这里的悬崖峭壁上雕凿了众多佛像，又建千佛寺，故名"千佛山"。其中唐贞观年间（627—649）建造的兴国禅寺规模最大，被称为千佛山首刹。宋代时，兴国禅寺又加以扩建。元末明初，因连年战乱，寺院"殿堂蓁芜，无存一砖一瓦"。明成化四年（1468），苏贤捐资重建。大雄宝殿、天王殿及僧寮、库房等全部予以重修，殿内塑释迦牟尼、地藏王菩萨、十八罗汉、四大天王等像。明朝刘敕的《咏兴国寺》一诗生动地描绘了山色古寺的幽美："数里城南寺，松深曲径幽。片湖明落日，孤嶂插清流。云绕山僧室，苔侵石佛头。洞中多法水，为客洗烦愁。"清朝嘉庆至咸丰年间（1796—1861）又加以修葺，并增建观音殿等建筑。现存寺庙主要是明清时期的格局和规模。

兴国禅寺依山而建，共有七座殿堂，分四进院落，禅院深邃幽静，殿宇雄伟壮观，殿堂分布错落有致。整座寺庙迤逦山腰，古朴庄严。这

千佛山大门牌坊

四个禅院习称"东庙"和"西寺"。东庙原是一座佛、道、儒各教混杂的院落，现为兴国禅寺的禅院，院内有大舜庙、文昌阁、鲁班祠和碑廊等。西寺是兴国禅寺的主要部分。从西盘路拾级而上，经过古木掩映的唐槐亭、"齐烟九点"坊，穿过"云径禅关"坊，迎面就是兴国禅寺的山门。山门朝西，门楼上的黑色大理石上雕刻着中国佛教协会原会长、书法家赵朴初先生题写的"兴国禅寺"四个苍劲端庄的金色大字。大门两侧石刻有一副对联："暮鼓晨钟，惊醒世间名利客；经声佛号，唤回苦海梦迷人。"为清末秀才杨兆庆所书。意思是说，人世间追求功名利禄的人会被寺院早晨的钟声和晚上的鼓声所惊醒，抛弃名利欲望，而在人海中苦苦追寻的人也会被经声佛号唤回来。这是一副典型的劝世联，其中蕴涵的哲理，可谓发人深省，引人深思。

兴国禅寺旧照片

寺内最吸引人的是南崖的千佛崖，这里有九个石窟，是隋开皇七年至二十年间（587—600）刘茂景所造的佛教凿石造像，还有一部分是唐

代贞观年间的造像,尚能看出全貌的有130余尊。这些佛像,镂刻精湛,刀法纯熟,线条流畅,体态丰腴,栩栩如生。有的身着锦衣,有的手拈莲花,有的凝神蹙眉,有的结跏趺坐,有的合掌禅定,神态各异,惟妙惟肖,是研究隋唐石刻艺术的重要史料。其中极乐洞中的佛像最为宏伟。洞内有佛像20余尊,正面石壁上刻有西方三圣,中间阿弥陀佛像高3米,跏趺而坐,左右侍立观世音、大势至二大士像,各高2.5米,三圣佛神态安详自如,雕工精细,线条优美,是隋代石刻精品。龙泉洞内有水深3米的泉水,有悬岩浮雕佛像20余尊。

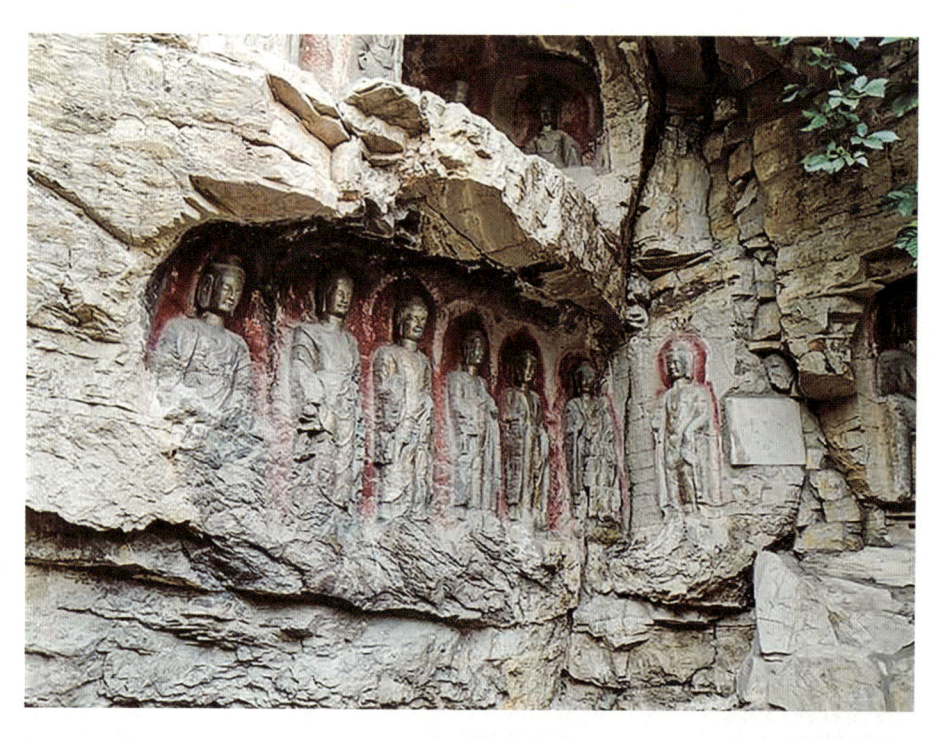

千佛崖

中华人民共和国成立初期,兴国禅寺及遍及千佛山的众多佛像历经多年的炮火与战乱,在民不聊生的大环境下,早已满目疮痍,庙宇濒临倒塌,许多佛像被毁,令人痛惜。

那么千佛山兴国禅寺当时具体是怎样的状态呢？笔者偶然发现了一些年代久远的资料，其中就有中华人民共和国成立初期路大荒先生作为山东省古代文物管理委员会委员，与郑亦桥委员一起勘察千佛山兴国寺的报告。这份报告虽然言简意赅，但给我们这些后来人提供了第一手资料。报告全文如下：

调查千佛山兴国寺古迹报告

兴国寺旧名千佛寺，在千佛山上，距市约五里许。隋开皇间镌佛像六十余躯于千佛山山阴之石壁。唐代因以起建佛寺，半依山壁。后世增修敞亭曲榭，连甍接宇，为济南名胜之冠。解放济南战争时，寺中殿宇多被摧毁，仅前院正殿尚属完整。多处塑像亦大半破坏，惟石壁间之隋开皇秋建之佛像尚无大损坏。第经年既久，损手毁足者历被后世以泥补修，涂彩施色庸俗不堪。较所存之完整者，真有天渊之别。惜完整者当不及半数。开皇十三年大像主吴□造像记及开皇十年李景崇造像记文字无大漫漶。全寺建筑多为清重修与增修，似无可记述。特将隋代依石壁新造佛像分别选摄影片带会备考。至于龙洞、佛峪两处，照例不许前往，故未能调查。

郑亦桥
路大荒

从报告中可以看出，中华人民共和国成立初期的兴国禅寺，庙宇建筑多为清重修，一些建筑毁于战火，寺内塑像大半损坏，但石壁上隋唐时期镌刻的佛像尚无大的损坏。

目前只发现这份兴国禅寺调查报告，并没有发现50年代初期的修缮记录。笔者考虑可能的原因有三：

路大荒千佛山兴国寺调查报告手稿

一是因年代久远，大多数资料或仍存在有关机构的档案中，中华人民共和国成立初期兴国禅寺的修缮情况还没有披露。

二是当时的兴国禅寺建筑虽有损毁，但最重要的石壁隋唐造像等尚无大的损坏。

三是作为地面文物的兴国禅寺，重修于清晚期，与四门塔、孝堂山郭氏墓石祠等相比，在文物价值及修复的紧急程度等方面，略有逊色。加之中华人民共和国成立初期百废待兴，国家还不富裕，兴国禅寺没有被纳入早期的修缮计划之中。

不过，相关资料显示，1959年政府成立了千佛山公园，兴国禅寺作为著名的千年古刹及千佛山公园的核心景区，以修缮一新的面貌出现在公众面前。人民群众在闲暇之余，又多了一个空气清新、风景优美的游览之地。

十年动乱之中，兴国禅寺遭遇了前所未有的劫难。一众红卫兵到山上"破四旧"，将众僧全部撵出了寺庙，并对镌刻在石壁上的一百余尊佛像进行了破坏。因为石壁高耸，红卫兵们主要是将佛像头部毁得面目全非。极乐洞内的西方三圣及龙泉洞壁上的众多佛像也遭到了不同程度的破坏，令人不由得痛惜万分。

彼时的路大荒先生作为"资产阶级反动学术权威""牛鬼蛇神"被打倒、批斗。尽管处境恶劣，但他听说千佛山上的佛像被砸、文物被毁时，也是暗暗地痛惜不已。但在当时那种大环境下，他也无能为力。

改革开放后，济南市政府于1979年3月拨专款用于千佛山兴国禅寺的修复。尤其对石壁上历经千年的古老佛像的修复，文物修复专业人员更是本着"修旧如旧"的原则，使这些佛教瑰宝和极具文史价值的珍贵文物恢复原貌，再度生辉，又栩栩如生地展现在人们的面前。

如今这座历经千年的千佛山兴国古刹，在改革开放的年代里焕发着

勃勃生机。整个寺院殿宇亭廊，错落有致，苍松翠柏，储绿泄润，钟声盈耳，香烟缭绕，大有深山古刹之妙趣。1983年国务院公布兴国禅寺为全国143家重点寺院之一。1987年开始修复钟楼、鼓楼及大雄宝殿，现已全部竣工。殿内佛像也得到修整，恢复原貌。它作为佛教文化的圣地，法脉流长，圣迹祥和，迎接着四面八方的参拜者。

寺内还开设了法物流通处、茶水供应处，为广大群众和来宾服务。每逢九月九重阳节，济南人民都有来千佛山登高赏秋的习俗，他们自然也要进庙拜佛、参观游览。兴国禅寺俨然成为众多佛教信徒心中的圣地和广大老百姓的必游之地。

原载2023年4月17日《济南时报·温故》

淄川杨寨古塔的修复

淄川历史上曾为州、为郡、为路，自西汉文帝（前179—前157）时设县以来，两千年间人文荟萃，佛教也曾经数度兴盛，留下了众多遗迹供后世瞻仰。明清时期淄川县八大景之一的"禅林峻塔"，就是佛教建筑成为一方形胜的例证。

塔是中国悠久文明史的载体之一，也是中国建筑文化的璀璨明珠，凝结着古人的杰出智慧。在淄川区杨寨村就有一座七层八角的仿楼阁式古塔。明嘉靖《淄川县志》记载："龙山寺，故址在县治北，有塔七级。"清乾隆《淄川县志》记载："宝塔寺，旧名龙山寺，元大德六年僧录果朗道行碑，邑北二十里杨家寨东。"《淄川高氏家谱》记载：高氏四世高宽好义乐施，见弘治十四年重修宝塔寺碑记。康熙三年淄川高氏十世高司寇（高珩）重修，高珩题宝塔寺元时碑诗曰："苦信残编定是痴，古碑题字岂吾欺。分明曾改般阳府，今史方舆奈未知。"

1920年，淄川县境内尚有寺38处、禅院2处、庵6处，其中规模较大而有名气者，除上述宝塔寺外，还有淄川西部的青云寺、华严寺、三台寺等。而杨寨古塔则是淄川地区保存至今的唯一的佛教古塔。杨寨古塔位于孝妇河中游西岸的杨寨村。据地方志记载，杨寨建村约在唐末或宋代，初以杨姓立村，名曰杨家寨，1955年改称杨寨。

据考证，杨寨古塔的造型及建筑风格，与江苏连云港的宋代海青寺阿育王塔非常相似；其寺院配置，与辽金时所建山西应县佛宫寺释迦塔、内蒙古庆州白塔一致。时至今天，青灰色的杨寨古塔已经俯瞰过十个世纪的风云变幻。

杨寨古塔是一座七层八角的仿楼阁式建筑，石砌底座，砖筑塔身，高度约18米，底座周长21.9米，塔身下部周长13.8米，造型古朴雄浑，落落大方。清乾隆《淄川县志》有"邑塔高峻无逾于此者"的记载。塔的各层周长与高度均不相等，基本规律是周长自下而上依次递减，层高也逐渐降低。塔身为空心，有砖梯可达古塔的最高层，最上边三层与最下层均有石佛一尊。整个古塔坐落在坚实的石质基座上，基座南面有台阶直通主门。古塔第一层的东西南北四面各有一个拱状券门，其中南向主门门楣上嵌有石刻匾额一块，上镌"阿弥陀佛"四个大字，落款为"康熙三年丁未季夏吉旦沈荃敬书"。沈荃是江苏松江府人，字贞蕤，号绎堂，别号充斋，顺治进士，累官至詹事府詹事，兼翰林院侍读学士，工于书法。因松江府亦称云间，故旧志称：石刻"阿弥陀佛"四字，云间沈探花荃笔。

杨寨古塔

塔的第二、五、六、七层亦设券门，各层的东南、西南、东北、西北四面设置了假窗，以求塔体的美感。相传古时候的宝塔寺，是一座以七级宝塔为中心的长方形大院落。院内院旁遍植苍松翠柏、四时花卉，肃穆庄严且风光宜人。古塔自寺院中拔地而起，在十数里外即可望见，十分壮观。

塔的正门南对寺院山门，山门两侧耸立着四大金刚，均由当地盛产的青石雕琢而成。走进山门，有一条直通塔下的覆顶长廊，长廊两边遍布茂密的花草。塔后是雄伟的宝塔寺大殿，画栋雕梁，龙飞凤舞。大殿门两旁竖立着以赑屃为底座的高大石碑，上刻宝塔寺的修建经过。一口大钟悬挂在寺内一株高高的松树上，每天传出悠远的钟声。寺中诸多僧人诵经作法，一年四季善男信女络绎不绝，殿中廊下香火旺盛，烟雾缭绕。

古塔"阿弥陀佛"匾额

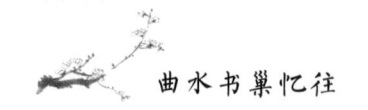

古人建造佛塔，意在安放僧人舍利和佛教经典，当是先有僧众与寺院，后有宝塔，而杨寨古塔的建造是一特例。当地村民自古就有"先有塔后有寺"之说。杨寨地处古代淄川北部边缘的孝妇河畔，一条贯通南北的大道正从附近通过，战略位置十分重要。北宋朝廷积贫积弱，战乱频仍，严峻的形势使这一地带具有了军事意义。于是建造高塔，登高望远以掌握敌情。和平年代又建筑寺院，住僧供佛。当地村民口口相传，有此一说。

还有一说，杨寨古塔是为辟邪、镇水患而建的。因过去孝妇河畔是典型的平原，每逢雨季，常被洪水淹没，当地百姓受水灾之患，故修塔一座，以此驱邪，镇压水患。自有了宝塔后，杨寨及附近村庄从来没被淹过，宝塔上面掉落的砖块也从来没伤过人，这就是宝塔的神奇所在。

时光荏苒，古塔穿越近千年的沧桑，尤其经过近代数十年的战乱与炮火，据说及至中华人民共和国成立时，杨寨古塔已经是檐宇残缺、刹顶塌陷，一派衰微破败的景象。但古塔当时具体处于什么状况，尚没有文字记载。中华人民共和国成立后，山东省古代文物管理委员会在山东省人民政府的直接领导下，对全省辖区内的重要文物进行了认真细致的调查，并对损毁严重的文物古迹拨专款进行修缮保护。1954年我的祖父路大荒先生作为省文管会专职委员，被专派到淄川协助当地进行杨寨古塔的整修工作。因年代久远，具体整修情况未见详细叙述。只是在路大荒先生的日记中，还可以一窥杨寨古塔当年的破败景象，以及简要的修塔流程。

11日 到会报告秘书室，杨家寨预算草图交宋秘书。

赴文化局报告李科长，未在科中，负责同志谈修建经过。

……………

文物保护　保住文脉保住魂

9.早十点抵济南。
10.开会报告与王老徐
  老明商见陆引李跃如
11.开会报告灵岩寺
  塔宗寨取采草图
  与宋伽亡
  赴文化局报告委样
  去采文物办负责令
  志读日修建住过
12.赴寿阳

佛墓旁废之习庞之势
基一二两南西均有
刻鏠基大菩萨塔
墓下四方均堵塞内
部写法检查上顶
起向有佛一尊
无损损破或修或折以
速为妙另有危险越冬
恐大风雨时会生灾
止祸

14.访灵岩寺定辟支
塔宗寨时

15.与王经名商全名寨
西边字挖得仓志
诸八角新七级第二级南
  边围
拉七级吉拓 第七级西边
被炮弹打一房屋差钱
东边来的炮弹二级向
西北低斜至四级又向西

16.与肩绍彭诸之
塔修复计划
17.4星期日天阴
18.赴蒲家峪与张
金志尼云令小会之
考究上拨款 (50000元
会別善碑事检查
19.考实验之报告一份
考辟支心尊志一份

路大荒日记

14日 访高绍武，约定赴杨家寨时。

15日 塔八角形（见图），七级，第二级有拱，七级有拱，第七级西边被炮弹打一窟窿，是从东边来的炮弹，二级向西北倾斜至四级，又向西倾甚，有岌岌可危之势。第一、二两〔级〕东、南、西均有裂缝甚大，基座坏甚。下四门均堵塞，内部无法检查。上顶北向有佛一座。

区校均感或修或拆以速为妙，免有危险，类如遇大风雨时，先个生员迁移。

16日 访高绍武谈古塔修建计划。

…………

18日 赴蒲家庄与韩同志（泥工今日完工，房客已拨款50000元）同到墓碑亭检查。

从路大荒先生的日记中可以看出，勘察古塔现状与蒲松龄故居的修复工作是同步进行的。由于都位于淄川区内，也便于他同时往来于两处重要的古建修复工地。

古塔的修复工作也是迫在眉睫，由于年久失修，加之战争中炮弹的轰击，"二级向西北倾斜至四级，又向西倾甚，有岌岌可危之势。第一二两东南西均有裂缝甚大，基座墙甚……区校均感或修或拆以速为妙，免有危险"。那么，杨寨古塔具体是怎样修复的呢？

今年夏季我偶遇20世纪50年代省文管会的零星资料，竟发现路大荒先生赴淄博整修杨寨古塔的报告，即整理如下，给这次整修工作提供可靠的历史资料。

赴淄博市杨家寨区协助整修古塔工作报告

我于月二日派赴淄博市杨家寨区协助整修古塔。因中途遇雨，于四日始达到该区，当即与文教科接洽并传达了文化局的指示和要求。现该区以李副区长等十一人组成临时领导委员会，已于七月三十日开始施工，已拟有计划书，共需二十五个施工日，对安全方面尤为重视。我与文教科负责同志座谈了施工的经过。又同赴工地（在杨家寨村内）现场勘查，工师高绍武、柳汝杰等均常川住在工地，认真负责，现已将加修保护基座工程完成，全用石料砌成，甚是坚固。但打成毛固，配修古建不甚调协，惟在底基尚无大碍。我与高绍武先后座谈了上级的要求，是以保持原样为原则，并讨论了工程中的重要环节（如加铁箍等）对安全方面尤当注意。我以工作时间上的限制，不能久住工地，于十日回济。并约以后在工程工作中，时加联系，以便把此项工作搞好。特此报告。

附杨家寨区所拟修补文教寺古塔计划一份

路大荒

八月十七日

从这份工作报告中可以得知，当时的古塔修护是在当地政府的大力配合下，省里派路大荒先生到古塔现场勘察及指导工作，并派专业工程师常驻工地具体施工。日记及汇报中所提到的高绍武先生就是古建筑修复的工程师。省里专家和工程技术人员，以及淄博市杨家寨区有关领导和专业人员共同努力，对古塔采取了切实有效的保护措施，本着古塔按旧制修复、修旧如旧的原则，将古塔修复成功，使其重新焕发青春，继续屹立在鲁中大地上。

杨寨古塔1984年被定为淄博市文物保护单位。1999年由省政府拨

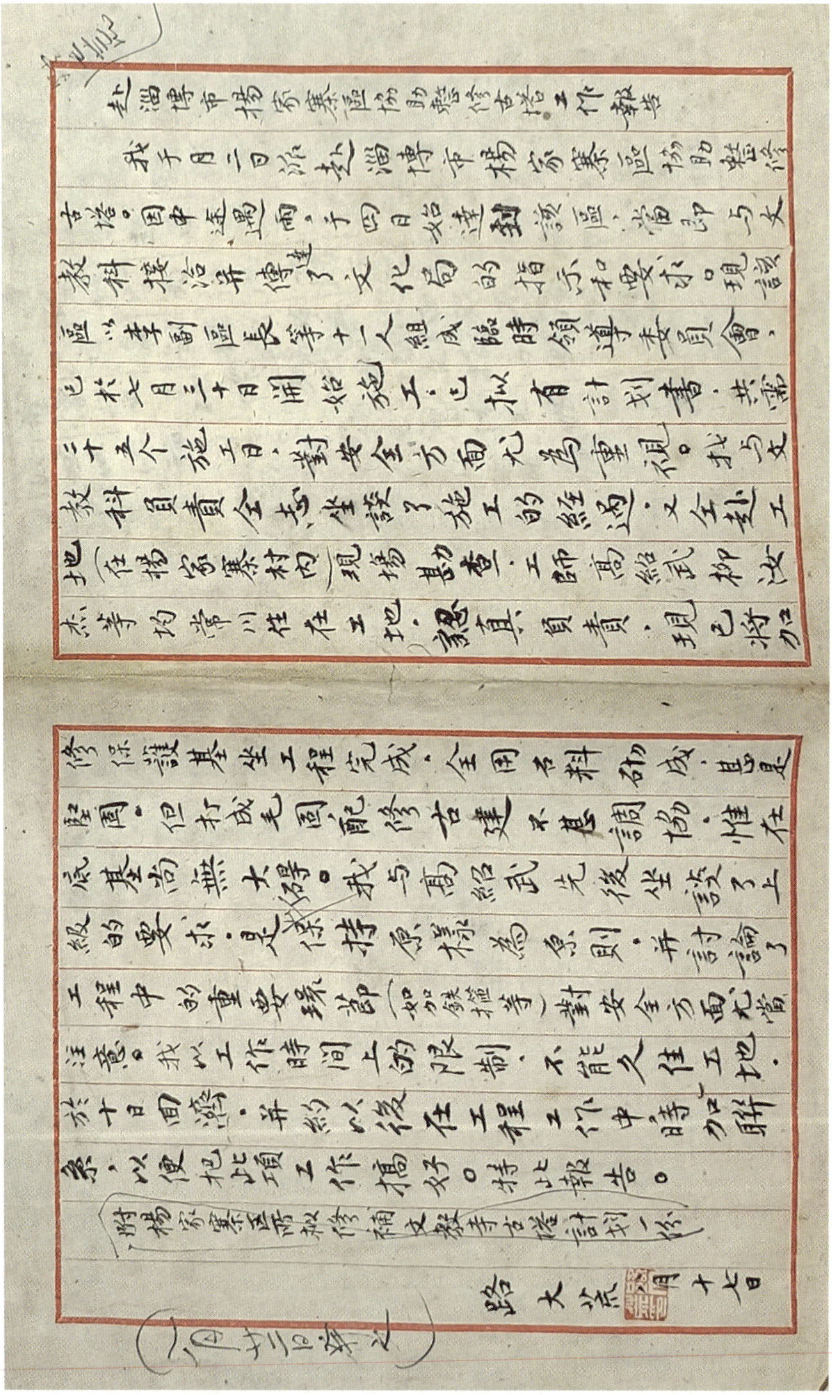

去淄博市杨家寨区物勘修古塔工作报告

我于四日三日游赴淄博市杨家寨区物勘修古塔，四日始达，即与文教科接洽并传了文化局的指示和要求，现该区已于六月间区长率十人组成临时领导委员会，并于七月三十日开始施工，已有计划书共筹三十五个施工日，对安全方面尤为重视，又文教科派全县最好技师五名，经烟焘主持其事；负责现场指挥，李峒区长任施工总负责，杨家寨村的现场工作杰李物书沣任在地。

修饰护基坐工程完成，全部材料均是……（content continues）

……时间……以便此项工作搞好。特此报告。

路大荒 [印] 四月十七日

文物保护　保住文脉保住魂

杨寨古塔

款又进行了一次大的维修保护，2006年由山东省人民政府定为省级文物保护单位。淄博地区这座唯一的千年古塔重放异彩，成为鲁中一带的重要标志。

时至今天，青灰色的杨寨古塔耸立在现代新村民居中，十数里外即可望见，雄浑壮观。塔的前面立着一块石碑，上面刻有修建经过。登塔远眺，可见杨寨全貌。周边山峦起伏，林木郁葱，高楼林立，堪称胜焉。

原载2022年7月8日《济南时报·温故》

淄博赵执信故居勘察与维护报告

赵执信（1662—1744），清代诗人、诗论家，字伸符，号秋谷，晚号饴山老人、知如老人。山东省淄博市博山人。十四岁中秀才，十七岁中举人，十八岁中进士，后任右春坊右赞善兼翰林院检讨。二十八岁时因在佟皇后丧葬期间观看洪昇所作《长生殿》，被劾革职。此后五十余年不再出仕，徜徉林壑间。

童年的赵执信表现出了过人的天才，九岁写的文章就"以奇语惊其长老"。赵执信当时所作的是《海棠赋》，以遣词优雅、颇富意蕴，为同乡秘书院大学士兼吏部尚书孙廷铨所赏识。孙廷铨对他倍加称道，认为日后必成大器。赵执信十七岁中山东乡试第二名举人，主考官是以善择人才而闻名的翰林编修翁叔元，他对赵执信颇为欣赏，"以得人自庆"。后来亲自把自己的儿子翁海光送到赵执信门下。对这次所录取的"山东乡墨"，朝廷也非常满意。当时，"长安中盛称齐鲁文空前绝后，海内诸选家翕然推许之"。十八岁，赵执信中会试第六名，殿试二甲进士，选翰林院庶吉士，散馆授编修。二十三岁就担任了山西乡试正考官，乡试结束后回归故里，途经冷泉关、晋城等地，翻越太行山，在这期间，他创作的诗有44首，收入《并门集》。二十五岁升右春坊右赞善兼翰林院检讨，同时还任《明史》纂修官，参与修撰《大清会典》。

康熙二十四年（1685）至二十八年（1689），赵执信在这期间创作的诗集定名为《闲斋集》，收录诗歌46首。其中的五言古诗《赠李生》通过给李生的临别赠言表达了作者对官场生活的厌倦和对未来政治风波的预感。在五言律诗《蝉》中，他描绘了蝉的生活清苦、孤寂和环境险恶，实际上是在写自己。一代诗宗王渔洋也心折其才，并与他相互酬答。曾写诗赞道："松花谡谡吹玉缸，挥毫三峡流春江。未论文雅世无辈，风貌阮何谁一双。"

康熙二十八年，即赵执信二十八岁时，发生了"《长生殿》剧祸案"。在这个暴露统治集团内部矛盾和南北党争的案件中，赵执信成为被排陷的主要对象。这年八月中旬，赵执信被该剧的作者、友人洪昇邀请观演《长生殿》传奇。由于这次宴饮观剧是在康熙佟皇后病逝尚未除服的"国恤"期间举行的，给事中黄六鸿乘机弹劾。赵执信面临不测之罪，不顾个人安危，到考功处声明说"赵某当座，他人无与"。后以"国恤张乐大不敬"的罪名被革职除名，结束了他在北京的十年仕宦生涯。当时京城有人对赵执信的才华和遭遇发出了"秋谷才华迥绝俦，少年科第尽风流。可怜一曲长生殿，断送功名到白头"的感叹。赵执信被罢官后，同年初冬离开京城返家时写下了《出都》诗："事往浑如梦，忧来岂有端。罢官怜酒失，去国觉天寒。北阙烟中远，西山马首宽。十年一挥手，今日别长安。"

雍正三年（1725），六十三岁的赵执信结束了他的漫游生活，返回故里。次年，退居怡园。雍正十一年（1733）冬，赵执信病目致盲，不能复见文字，但诗歌创作仍然不断，他在乾隆九年（1744）秋的《题幼子庆赋稿》中写道："余盲目病废十二载于兹矣。"在这十二年间，他的诗歌、文章全是口述，由其子执笔记录，直到是年十一月以八十三岁

高龄卒于故里。

赵执信不仅是一位著名的现实主义诗人,还提出了一套较为完整的诗歌理论。他主张"诗之中须有人在",反对脱离现实,无病呻吟;主张"诗之外须有事在",强调诗歌的现实意义和教育作用;主张"文意为主,以言语为役",要求形式服从内容,语言为内容服务;主张作家"各从其所近",自由选择艺术风格。反对用"神韵"的唯一尺度去衡量作品的好坏;反对京派主义倾向,培养真正的新生力量;反对赏识善于谄媚逢迎的庸人,要选择有真才实学的"佳士"等一系列主张和见解。在当时的诗坛上,王士禛的"神韵说"风靡一时,而在创作上与之抗衡、在理论上与之辩驳的唯有赵执信。赵、王二人之所以由原来相互唱和、彼此欣赏发展到相互诟厉,关键就在于他们的诗歌理论不同,各执一端,互不相让。

中国社会科学院任道斌教授给了赵执信一个更为中肯的评价:"虽然执信一生潦倒以终,但在漫长而坎坷的生活道路上,他自强不息,勤奋创作,为后人留下一千多首诗歌和多篇散文、诗论,能在形式主义诗风盛行、'神韵说'泛滥的清初诗坛上独树一帜,以现实主义的笔触去揭露封建社会的残酷与黑暗,并表现自己不与世沉浮的抗争精神,丰富了清初的诗坛,为当时的文学发展增添了绚丽的色彩。"

资料显示,位于淄博市博山区中心路东首17号院内的赵执信故居,始建于明末清初,为其曾祖父赵振业所创。亦有文章说始建于清康熙二十四年,是赵执信的祖父赵进美所建。原是一座有三进院落,建房50余间、占地1362平方米的仕宦家园,民国初年更建范公祠时,在故居沿河故道上筑西屋五间。中华人民共和国成立后,故居已颓圮,或辟为居民住宅,或由一些学校、机关单位占用。赵执信故居后来的具体情况,因目前的资料互有出入,并无定论。

文物保护　保住文脉保住魂

赵执信故居旧照

笔者在偶然的情况下，得到了20世纪50年代初期山东省古代文物管理委员会的一些资料。在这些资料中有一份用别针别在一起的几页手稿。封面写着：调查淄博市（怡园）、修整蒲松龄故居墓碑、调查灵岩寺千佛殿辟支塔 工作报告稿（路大荒）。想必这些是我的祖父路大荒先生任山东省文管会委员期间做的几项工作的相关资料。从"调查淄博市（怡园）"的调查报告中，我们可以一窥当年赵执信故居的真实状况，以及省文管会提出的具体修复意见。

以下是调查报告全文：

赵秋谷别墅原名怡园，俗名北亭子，在淄博市东关外路北，相传为明末赵进美创修，清初诗人赵执信著书于此，现大部分房屋为小学、党校占用，主要房屋如清音阁、北大厅则为淄博市文化馆住用。学校用房都系新近建筑，无甚艺术价值，惟清音阁及阁前养鱼池系

赵执信故居勘察报告手稿（一）

前代遗物，急需抢修以存古迹。

一、清音阁：系两层建筑，上层三间，高五米零五分，石柱瓦顶，歇山重檐八角，四面有窗，两面有门，现在房顶渗漏，荒草丛生其上，门窗残缺；下层三间，高三米零十一分，面积六十三平方公尺，四面石壁，三面有门，水由北面庭中经石桥上，栏杆下，流入阁上，绕阁一周，泻入莲花盆，注鱼池中。现桥上、阁上水经过处都渗漏，不急缮修，将有坍塌之虞。

二、养鱼池：池在清音阁下南旁，作长方形，面积八十平方公尺，四周用灰石砌成。砌成之池壁高出水面二尺余，池旁有石莲花盆，受阁上流下之水，转注池中。现盆已倾圮，池壁已倒塌，去年淄博市文化馆已呈准修理该池，预算六百四十万元，因岁暮款子冻结，未动工。

以上清音阁、养鱼池照原样抢修需用人民币五千万元。

文物保护　保住文脉保住魂

赵秋谷别墅原名怡园，俗名北亭子，在淄博市东同外路北，相传为明末赵进美创作，清初诗人赵执信著书于此。现大部分房屋为小学、党校使用，主要房屋如清音阁，北大厅则为淄博市文化馆佔用，学校用房都係近建筑，无甚艺术价值，惟清音阁及阁前养鱼池係前代遗物，急需抢修以存古蹟。

一、清音阁：係西曾建筑，上曾三间，高五米零五分，石柱瓦顶歇山重簷八角，四面有窗，两面有门，现立房顶渗漏，荒草丛生其上，门窗残缺，下曾三间，高三米零十分，面积六十三平方公尺，四面石壁，三面有门，水由北面庭中经石桥上，栏杆下，流入阁上，绕阁一週，流入莲花盆，注鱼池中，现桥上阁上水径过宽都渗漏，不急整修，将有坍塌之虞。

二、养鱼池：池在清音阁下南旁，作长方形，面积廿平方公尺，四週用灰

赵执信故居勘察报告手稿（二）

赵秋谷别墅建筑物调查表

原来名称	现名	间数	面积	备注
清音阁	文化馆储藏室	3	63平方公尺	
养鱼池			80	面积数都系平方工尺
北大厅	文化馆图书室	3	98	51年由洞宾祠改作图书室
西厅	文化馆办公室	3	49	
厢房	文化馆宿舍	7	62	
平房	怡园小学校舍	20		
楼房	同上	6		上下两层
平房	党校宿舍	13		
合计		55		

从这份报告中可以看出，到中华人民共和国成立初期，赵执信故居的建筑早已面目全非，主要房屋如清音阁、北大厅为淄博市文化馆住用。其他学校用房均系后来所建，并没有维修价值，惟清音阁及阁前养鱼池系前代遗物，急需抢修以存古迹。本次调查中，虽然清音阁房顶已长满荒草、门窗残缺，但调查人员仍然将建筑仔细测量完毕，并对养鱼池现状及流向进行了详细的描述。最主要的是，尽管当时经费异常紧张，调查报告上仍做出了需要紧急抢救的详细预算，为今后的抢救维修工作奠定了基础。

1994年3月，博山区人民政府决定重修赵执信故居，不知何故，起名"因园"，没有用"怡园"这一名字。网上相关文章显示，这次修复特请山东建筑工程学院张建华副教授依规划设计，并根据史料记载和现代遗址，复修了磺庵、览秋台，重建了听泉榭、衔月亭、深约堂、长廊、石砌成，砌成之池壁高出水面二尺馀，池旁有石莲花盆，受阁上流下之水，转注池中，现盆已倾圮，池壁已倒塌，去年淄博市文化馆已呈准修理该池，预算六百四十万元，因岁暮欺子冻结，未动工。

以上清音阁、养鱼池照原样抢修需用人民币伍千万元。

赵秋谷别墅建筑物调查表

原来名称	现名	间数	面积（平方尺）	备注
清音阁	文化馆储藏室	3	63	
养鱼池			80	面积数部份平方尺
北大厅	文化馆图书室	3	98	51年由洞宾祠改作图书室
西厅	文化馆办公室	3	49	
厢房	文化馆宿舍	7	60	
平房	怡园傧校食		20	
楼房	仝上		6	上下两层
平房	党校宿舍	13		
合计			55	

赵执信故居勘察报告手稿（三）

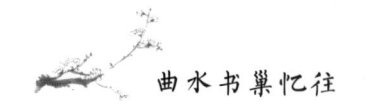

摩崖石刻等。在这些修复的景点中，并没有看到报告中提到的清音阁、北大厅等名称，使人有点遗憾和不解。

不管怎样，在这改革开放的盛世里，赵执信故居的修复，不但是后人对三百多年前这位现实主义诗人的礼敬，也是对他应用诗歌这种形式揭露封建社会的残酷与黑暗，表现不与世沉浮的抗争精神的肯定。

时至今日，赵执信故居以其环境优雅舒怡，已经成为广大市民休闲养性的好去处。如若我的祖父及其他当年调查怡园的前辈们得知，也会含笑九泉的。

2022 年 7 月 30 日

路大荒在工地现场收集文物

20世纪50年代，随着战争的硝烟散尽，在党和政府的领导下，人民群众掀起了建设新中国的热潮，各地农村基本水利建设正紧锣密鼓地进行着。随着这些基本建设的深入，一些深埋地下的古墓文物也相继出土，迫切需要从事考古及古代文物保护与研究的专业人员进行文物辨识、保护及研究工作。笔者近日偶然发现一份路大荒先生在古管会期间，赴长清县河堤工程现场收集古代文物的工作报告，现抄录如下：

兹将派赴长清县了解修兴复河堤工程中发现的铜器报告如下：

1. 三月十九日由济南乘汽车至长清县城，即与该县文化科联系。

2. 二十日会同文化科所派的刘同志赴王玉村（城南四十五里）了解发现情况。及至该村后又悉除前来我处所卖的郝光明而外，村中冠军农业社当存一部分。我们即访问该社负责人说明政策，他们即慨然把发现的铜器捐献出来。计爵、觚、觯、銮铃（残）、锛、凿、刀各一件，圭形石器一件（涂朱有残），粗绳纹黑陶罐一件（口残）、残鼎片数块，今已全部带至我处。

3. 二十一日又同文化科刘同志赴兴复河修堤工程现场了解情况。

路大荒先生报告手稿

工地在县城南卅华里前坪村南里许，民工每日伍仟人，范围约一里许。我们到了工地，即访问冠军社郝光明同志当时发现的地点，他引导我们到现在已成为霓虹道中间，当时是因在此处挖土发现的，共计三个墓坑，东西约廿步，西头墓坑的东西就是王玉村郝光明所捐献的，中间墓坑的东西即我们社（王玉村冠军社）所捐献的。东头墓坑的东西苬村铺民工拿去。现在各墓坑都已挖成平地，无迹所寻，但地面都是红沙土。

又访问苬村铺在工地上的负责人，我们说道理，讲政策，他们答复东西是有，但必须与群众讨论一下，再作处理办法。到了午后他们答复我们有两个要求。（1）当时花费了卅个民工的小半日时间工分的抵价，（2）名誉奖励。我们即答复是一切报告上级解决，我们要求到苂村铺看他们所收的铜器。计有大小卣二件、爵三件（一残）、觯一件（有盖）、戈一件、钩兵一件、觚一件（有残）及其马御等物。最后商定我们暂不取来，以俟征集其他文物在工地陈列起来，开宣传文物捐献大会。

4. 我们看到工地墓坑和绳纹陶片、残豆等，随地都有（都是新破坏的），即说了一些道理和政策，民工们反映，我们知不道瓦罐、磁碗、磁瓶等物政府还要，我们随手打了的也有好几车。同时就有交出小铜铃一件、小圆形铜牌一件（已代回机关）。因此我建议乘此机会在工程上，开一个简化宣传会，使广大群众对古代文物有了热爱的心情，于我们工作是有利的，也是必要的！

调查组路大荒　三月廿三日

这份工作报告只署了月日，未署年份，但从路大荒先生在古管会的工作时间及报告中提到的农业社名称来看，应该是50年代前半期。这段时期，路大荒先生正在从事山东各地重要文物的勘察与修复工作，日程非常繁忙。但也没

路大荒先生在文物勘察现场

有妨碍他在百忙之中抽出时间奔赴长清水利工程现场，亲自查看出土的古代文物，并最大程度地说服基层干部和群众，将各自拿在手中的文物交回国家。

　　从这份报告中可以看出，当时群众对文物的识别及保护意识还是相当薄弱的。他们不知道古代陶器、瓷器等属于文物，"随手打了的也有好几车"，这让路大荒先生感到十分痛惜。他建议"乘此机会在工程上，开一个简化宣传会，使广大群众对古代文物有了热爱的心情"，可谓用心良苦。

　　这些早期收藏在山东省古管会的文物，应该随着山东博物馆的成立，成为该馆的藏品。当我们身处现代化的展馆中，浏览着展现我们中华民族灿烂文化的展品时，我们为源远流长的中华文脉感到骄傲，也对一代又一代的文物保护工作者致以深深的敬意。

文物保护　保住文脉保住魂

笔落归山河　齐鲁唱凯歌

在山东博物馆珍藏的革命文物中，有一支具有特殊意义的毛笔，它在山东抗战胜利之时使用过，是日本帝国主义发动的侵华战争彻底失败的历史见证。在这支毛笔的背后，有着怎样的故事呢？

美丽的大明湖畔，山东省立图书馆旧址坐落在这里。闻名遐迩的遐园建于宣统元年，在创建初期即负盛名，有"南阁北园"之美誉，也就是说，可以与南方的天一阁相媲美。到1916年，遐园藏书已达13万卷，但在1928年遭日军攻击，遐园被毁严重，今天看到的是1936年建成的"奎虚书藏"楼。这座红色建筑静静矗立在大明湖北邻，现在是山东省图书馆大明湖分馆所在地。这座大名鼎鼎的"奎虚书藏"楼一楼的"读书堂"就是当年举行侵华日军受降仪式的地点。

1945年，"奎虚书藏"楼成为国民党第十一战区副司令长官司令部大礼堂。当年12月27日，侵华日军山东战区受降仪式在这里举行。齐鲁儿女扬眉吐气，欢庆抗战胜利，分享着"强寇低首、河山光复"的喜悦与振奋。"奎虚书藏"楼见证了这一庄严时刻。

1945年8月15日，日本正式宣布无条件投降。9月2日，日本代表

山东民众喜看抗战胜利新闻

在美国"密苏里"号战列舰上签署投降书，9月3日成为中国人民抗日战争胜利纪念日。山东战区的受降仪式为什么一直到12月27日才举行呢？原来这一天是山东省会城市济南沦陷八周年纪念日，将日寇受降仪式推迟到12月27日，就是要一雪山东八年沦陷之耻辱。

日本投降后，国民政府军事委员会参谋总长兼中国陆军总司令何应钦根据蒋介石的指令，将中国战区（不包括东北）划分为16个受降区，山东地区由第十一战区副司令长官李延年担任受降主官，日军投降部队由日四十三军司令官中康中将代表签字。

第十一战区副司令长官司令部印发的《济南青岛德州地区受降纪念册》记述：受降典礼礼堂，布置严肃壮观，左右分悬"永奠和平"四大金字，四壁满悬"胜利徽"，上插中、美、英、苏四国国旗。李副长官郑重地拿起一支毛笔，在日寇签降书上检阅签字及官章后，向签降代表发问，曰："对命令是否完全了解？"签降代表全体起立，由细川中将答称："完全了解，并绝对服从。"继而全体签降代表起立，摘下佩刀，齐赴受降主官席前行礼，将佩刀献上，讫后退两步，再行鞠躬礼，此即代表山东省全体日军卸甲投降。仪式结束后，李延年当即写下了"我武维扬"四个大字，即"抗日战争取得最终胜利，中华民族扬眉吐气"之意，四字匾额至今仍保存在山东省图书馆大明湖分馆内。

在仪式现场，有一位有心人，他就是新闻记者杜郁仑先生。仪式结束后，他收藏了李延年作为受降主官签字用的那支毛笔，并于1946年赠送给我的祖父、著名学者路大荒先生。

受降现场

路大荒先生是著名的蒲松龄著作研究专家，是20世纪搜集蒲松龄

手稿及各种版本最多的人，抗战前即出版《聊斋全集》等。抗战初期，山河破碎，家乡沦陷。日寇威逼利诱，让他交出蒲氏手稿等重要古籍文献，路大荒先生连夜带着手稿等逃出家乡。日寇恼羞成怒，将他的家园焚烧一空，并将帮助路大荒先生藏匿蒲松龄著作文献的田明广老人杀害在家门口。路大荒先生逃到济南后，隐姓埋名，拒不担任伪职，是一位坚定的爱国文人。杜郁仑先生将这支毛笔赠予路大荒先生的初衷已不得而知，估计是钦佩路先生的抗日爱国情怀吧。路大荒先生得到这支代表着抗战胜利的毛笔，自是非常珍重，他经常给他的子女讲这支毛笔，讲抗战的艰辛，珍爱之情溢于言表。

中华人民共和国成立初期，路大荒先生曾在山东省古代文物管理委员会工作，为山东省的文物保护和征集做出了应有的贡献。在工作中，他意识到作为山东人民抗战胜利那一刻的见证者的这件文物，国家保存有着更重要的意义。1959年2月，路大荒先生将这支毛笔捐献给了山东博物馆。

虽然我们兄妹二人自儿时起就听家人讲这支代表着抗战胜利的毛笔的故事，但终未一见。前几日，哥哥的同事、省化工院的刘兴建老师在微信群里发消息，公布了这支毛笔的清晰照片及简要说明。我和哥哥看后非常兴奋与欣慰，终于见到它的庐山真面目了。这是一支制作精良的竹制毛笔，笔头为羊毫，配有铜质笔套。应用漂亮的繁体楷书绿字篆刻"中华民国三十四年十二月二十七日上午十时"，另起一行红字篆刻"济南地区日军投降签字用笔"。当年使用过的墨迹清晰可见，它就像一位证人，默默而坚定地证实着那段历史的重要一刻。

望着这支毛笔，我的思绪又回到了山东人民艰苦卓绝的抗战时期。从日寇的铁蹄踏上山东大地的那一刻起，我们山东人民就没有停下抗战

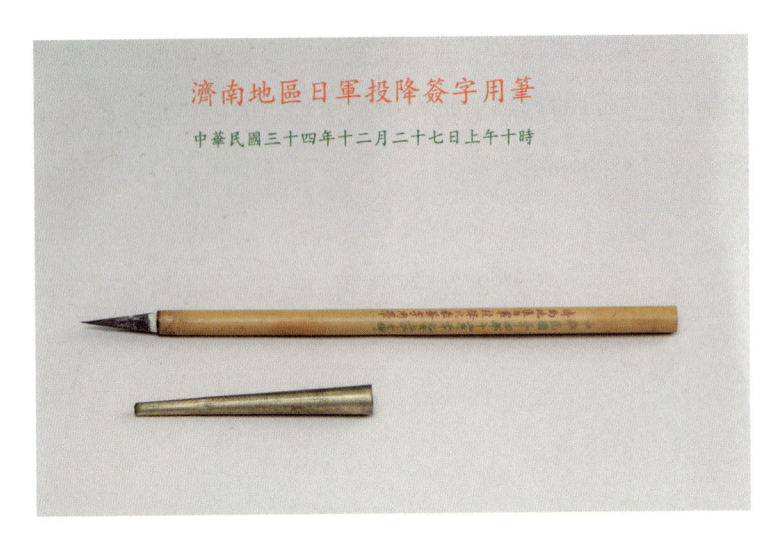

受降签字笔

的步伐：

　　从鲁南山区到渤海之滨，从胶东半岛到鲁西平原；从鲁西北团结抗战，到天福山起义；从台儿庄大捷，到大青山突围。齐鲁大地到处是"母亲送儿上战场，妻子送郎打东洋"的动人场面，到处是"捐躯赴国难，视死忽如归"的壮烈景象。

　　我仿佛看到，1938年1月1日，160余名抗日志士，聚集到泰安的徂徕山，举行了庄严的起义誓师大会，打响了中国共产党领导山东抗战的第一枪；台儿庄大捷，中国军队狠狠打击了日本侵略者的嚣张气焰，坚定了全国军民坚持抗战的信心；大青山突围战中，女英雄辛锐拉响了最后一颗手榴弹与敌人同归于尽；蒲松龄故乡田明光老人为保护蒲松龄研究的重要文献被日寇杀害在刺刀下……

　　在中国共产党的领导下，山东人民不屈不挠的抗日斗争终于取得了

全面胜利,这支见证着日本帝国主义发动的侵华战争彻底失败、山东抗战全面胜利的毛笔目前静静地躺在山东博物馆的展柜里,作为革命文物向人们诉说着曾经的峥嵘岁月。

原载 2021 年 11 月 29 日《济南时报·温故》

叁 故纸寻踪

穿越时空去寻觅

路大荒斋号的流变，是他明志修身的表白

古往今来，大凡文人墨客都要给自己的书房、画室起个雅名，谓之"斋号"。无论斋号为何，用了何字，其中都蕴含着主人的哲思和希望，往往透露出主人的性情、经历和思想，也是供他人观言察行的检验标准。因而这些斋号早已不仅是文人们为自己的书房起的名字，而且是书斋文化长卷之中最重要的部分之一，也可以看作是一部妙趣横生的中国文人思想史。

我的祖父路大荒先生作为一位版本目录学、考古学及文物收藏鉴赏专家，尤其作为20世纪蒲松龄著作研究专家也不能免俗。从我目前接触到的材料来看，他从20世纪二三十年代起就为自己的书斋命名，并且随着时间的变迁、研究的深入、藏品的获得，甚至因为日寇侵华，他的斋号在不同的时期不断变化，颇有意趣。今天整理出来，与大家分享。

路大荒先生名鸿藻，字丽生，亦作笠生。大荒是其号，又号大荒山人。那"大荒"二字是如何来的？原来在他的故乡淄川，故居不远处有一荒地叫作大荒地。他就将自己的名号称为大荒，将其书斋命名为"大荒堂"。

褚砚斋

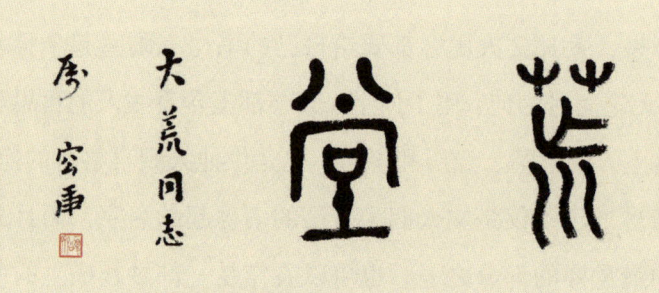

荒堂

20世纪20年代末期，路大荒先生偶然得到大唐名臣褚遂良的一方砚台，故名其书斋曰"褚砚斋"，遂请他的好友、著名版本目录学家、金石学家王献唐先生题写斋名。并将砚台拓成拓片，装裱后请王献唐先生在其上题跋，跋文如下：

河南遗制 褚砚斋主人属 献唐署（印：凤生）
　　大荒道兄得登善遗砚于农夫手中，乃掘土所获。泥制，镂文极精。旧谱所谓太极砚也。太极之说始于宋人，而太极砚昔贤率谓唐代遗式，当有所见。大荒既以褚砚名斋，复嘱其友人西海王献唐题识始末。

故纸寻踪　穿越时空去寻觅

河南贳製 榜砚斋主人属 裘唐署

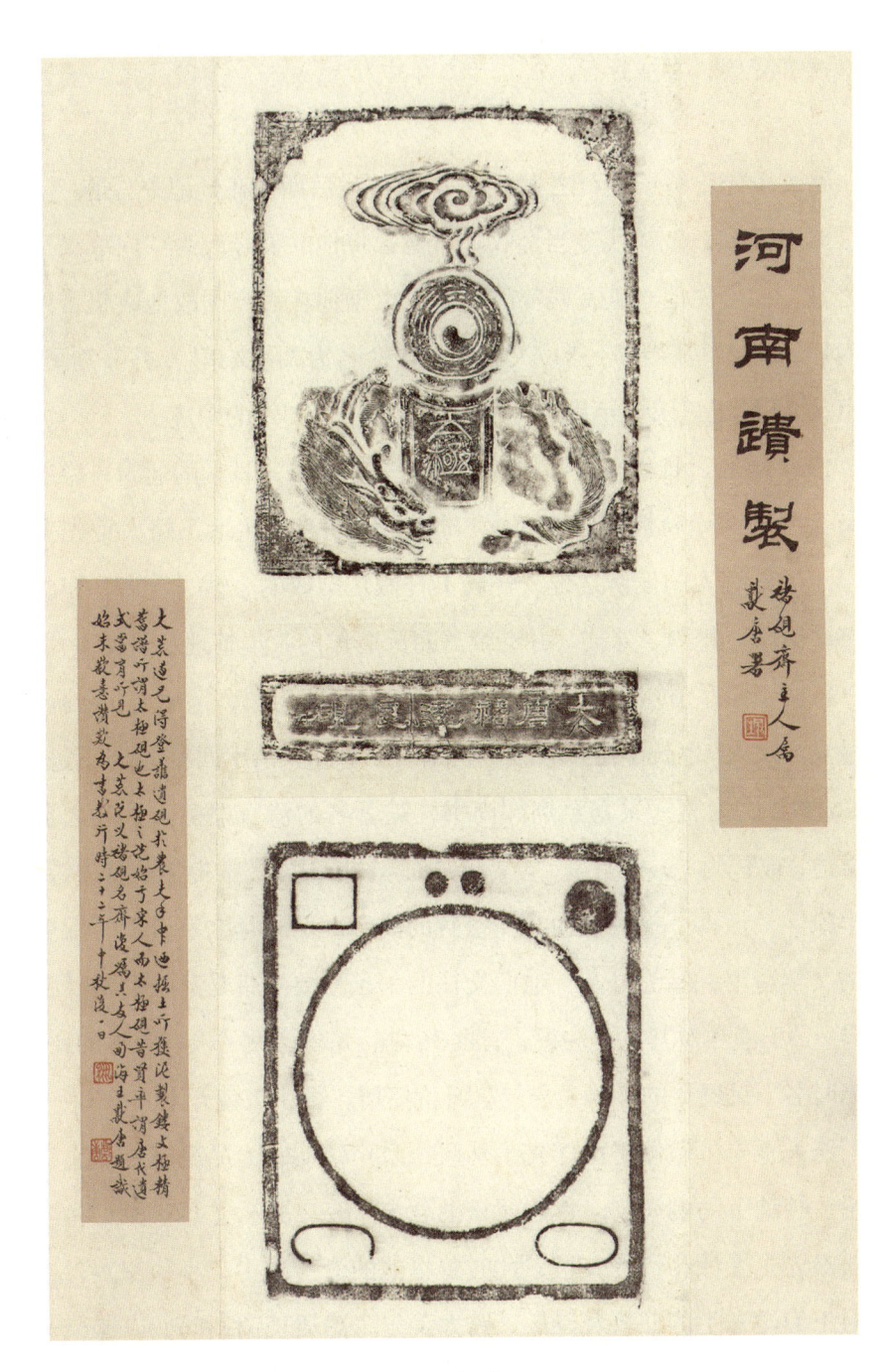

大荒道人得登龙道砚求裘夫子申池摭土所獲泥製鑄文極精葦譜可謂太極硯也太極之地始于穿人而太極硯昔賢申谓唐伐遺文嘗有所見大荒尨義榜砚名齐遠怎夫夫人司海主裘唐題識始未敬意贈予為吉兆時二○二年十枚逸。曰

褚砚拓片

欢喜赞叹，为书数行。时二十二年中秋后一日。（印：凤、献唐）

路大荒先生精于金石之学，正如30年代后期他在日记中写道："釜无余粟书满屋，破瓦残笺当金收。"他曾将他的斋号改为"周尊汉瓦褚砚之室"，可见他对破瓦残笺的喜爱。由于他在古齐国故地收集了许多古陶片、封泥及瓦当等，所以又将其书斋命名为"陶文馆"，并篆刻图章，在祖父20世纪三四十年代的资料上可发现这一图章的踪迹。

1937年底，日寇入侵淄川，路大荒先生为躲避日伪的通缉，隐居在济南大明湖西岸秋柳园街18号，开始了他的流亡生活。路大荒先生在这当年风景宜人的偏僻之地，怀着不甘做亡国奴的心情，吟诗、作画、写字、治印、舞剑、课徒，并继续着蒲氏著作的收集整理及研究。

秋柳园原系清初著名文人王士禛的故居，王士禛，字贻上，号阮亭，又号渔洋山人。生长于山东新城（今淄博桓台），顺治十四年（1657）进士，从26岁开始为官，累官至刑部尚书，是著名的清官廉吏。从政之余勤于著述，被誉为"一代诗宗""文坛领袖"，是我国文学史上著名的诗人、文学家。最值得一提的是他与蒲松龄的关系。两人是文字至交，敬重各自的文学造诣，结为好友。他们交往的一条重要纽带是蒲松龄的《聊斋志异》，王渔洋对其点评注说，眉批36处，并写诗做了极有眼光的评价。使当时名不见经传的《聊斋志异》身价倍增，很快流传开来。

路大荒先生敬佩王渔洋先生从政，政声清明，人品高洁；从文，以诗论"神韵"鸣响海内。作为蒲松龄著作研究专家，尤其敬佩王渔洋与蒲松龄先生惺惺相惜的友谊，此时曾将他的斋号改为"小秋柳园"，以示对王渔洋先生的仰慕及崇敬。路大荒先生隐居济南期间，以课徒、卖画卖字或古董生意谋生，生活非常清苦。尽管收入无保障，生活常拮据，但他仍坚持不就日伪职务，不与日伪人士来往，宁忍受贫困而不丧失民族气节。为了生存，他整日里到山水沟集及其他小市，或赴趵突泉旧书摊鉴古董，画扇面，拾古书，挣点蝇头小利以维持生活。在这期间，竟也收集了不少六朝古佛，遂取斋名"六朝十佛阁"，这也算是苦中作乐吧。以此斋号篆刻的图章在这个时期的日记及书画中经常使用，也为我研究祖父留下的资料划定了大约的时间段。

小秋柳园

六朝十佛阁

50年代初期，路大荒先生定居于曲水亭畔，祖父的老朋友、著名书法家王墨仙先生当时曾写"赠大荒移居曲水上"致贺。著名书画家黄宾虹、学者商承祚等先生为祖父题写斋号"曲水书巢"，此斋号在他晚年使用时间最长。祖父在山东文管会期间，踏遍了山东的山山水水，多次到山东各文化遗址进行考察、调研、文物鉴定分类及修复工作，记录的资料、

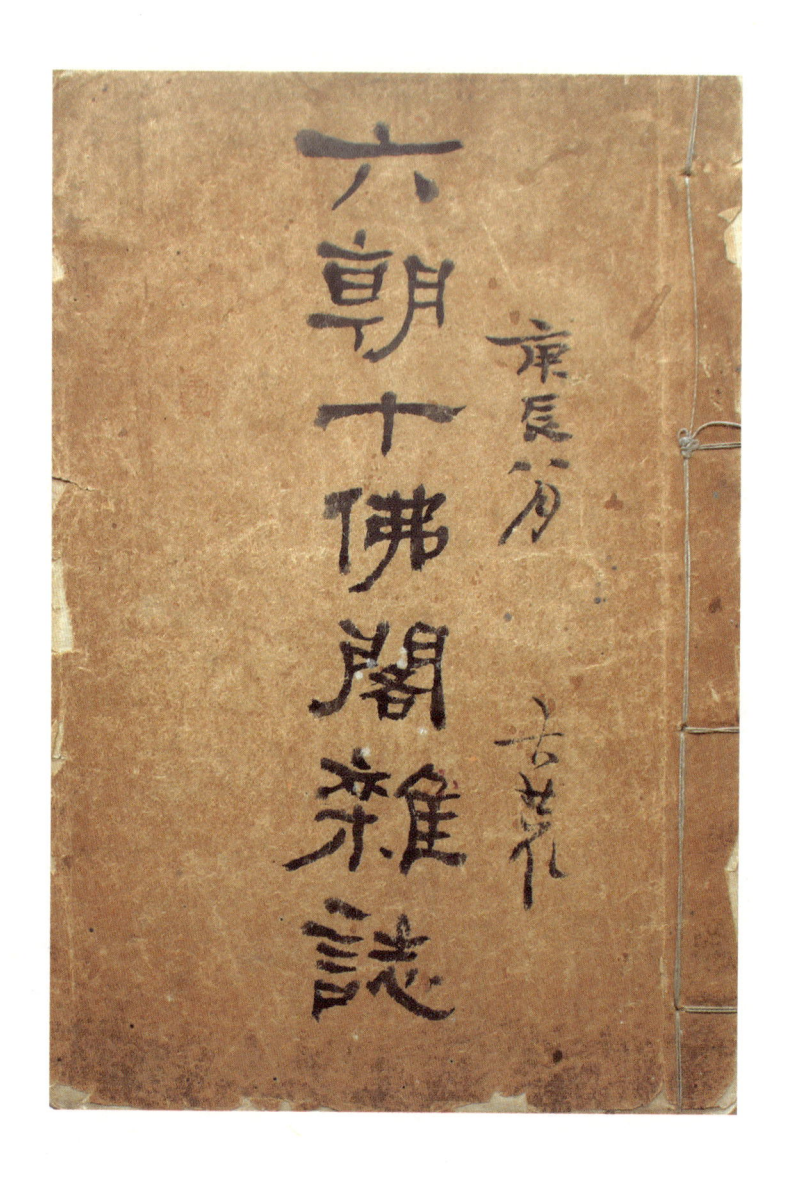

《六朝十佛阁杂志》

日记用的是此斋号；蒲松龄故居修复、重建期间用的是此斋号，编辑出版《蒲松龄集》用的也是此斋号；一个个斋号的命名，一枚枚小小的斋号印章，都真实地记录了路大荒先生在生命不同时期的生活及研究状态，寥寥几字，意义深邃。是他明志修身的对外表白，也是他外在形象和内在修养的统一体现，同时也为后来者研究他的生命历程、学术研究轨迹提供了真实可靠的资料。

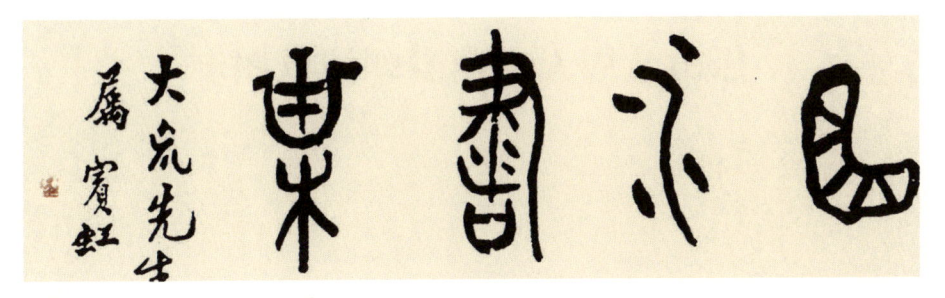

曲水书巢（一）

曲水书巢（二）

曲水书巢（三）

原载 2021 年 4 月 5 日《济南时报·温故》

焦山《周无专鼎岁朝清供图》

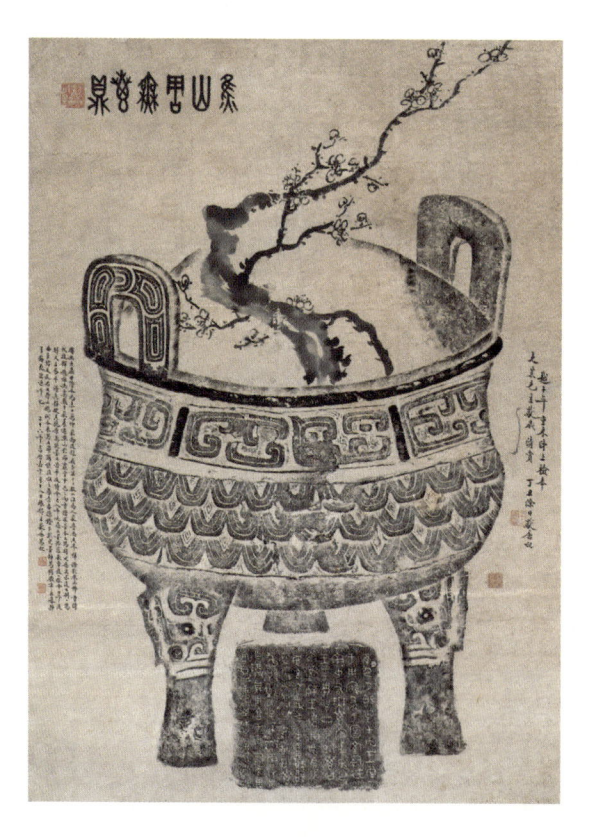

周无专鼎拓片

春节是阖家欢乐的节日，记得小时候，每当节前扫除完毕，父亲总是拿出一张古朴的字画挂在墙上。画面中间有一个像香炉一样的东西，父亲说，这是古时候的一个器物，叫作"鼎"。在鼎口上，一枝梅花盛开着，他说，这种图样称为"岁朝清供图"，挂上这幅画，叫"插了梅花便过年"。

中国过春节也有4000多年的历史了，在不同的时代，春节有不同的名称。魏晋南北朝时，春节被称为"岁朝"。岁朝即一岁之始,指农历正月初一。岁朝图,就是贺"岁朝"所作之图。"清供"又称清玩,源起于佛像前之插花。清供最早为香花蔬果,后来渐渐发展为包括金石、书画、盆景等在内的一切可供案头赏玩的文物雅品。后来也俗称"博古画"。而与过年有关的清供图称为《岁朝清供图》。

春节悬挂《岁朝清供图》曾是传统年俗中的一项内容,它凝聚着中国人的情感与意识,将人们新年迎新、祈福的愿望真切地传递出来。而《岁朝清供图》数百年来都是文人雅士的最爱。

后来,父亲将这幅画留给了我。闲暇时,我仔细地欣赏着这幅《岁朝清供图》,并对它的来历及画作背后的故事进行了深入了解和探索。

在这幅画作的左上方,题有古色古香、柔中带刚的篆书"焦山周无专鼎",后面是红色阴文印章"献唐信玺"。

整个画面的中央,是一个全形拓的巨鼎,它窄沿方唇,颈微敛,腹稍鼓,双立耳,三蹄足。口下饰云雷纹填底的窃曲纹,腹饰垂鳞纹,足上部饰兽面。鼎下双腿之间是内壁铭文的小拓片。铭文共计93字,全文如下:

唯九月既望甲戌王格/于周庙述于图室辞徒/南仲佑许惠入门立中廷/王呼史翏册命许惠曰/官辞红王侦侧虎臣赐/女玄衣黹纯戈琱戟厚/柲彤沙鏊勒銮旂许惠/敢对扬天子丕显鲁休用/作尊鼎用享于朕烈考用/介眉寿万年子孙永宝用

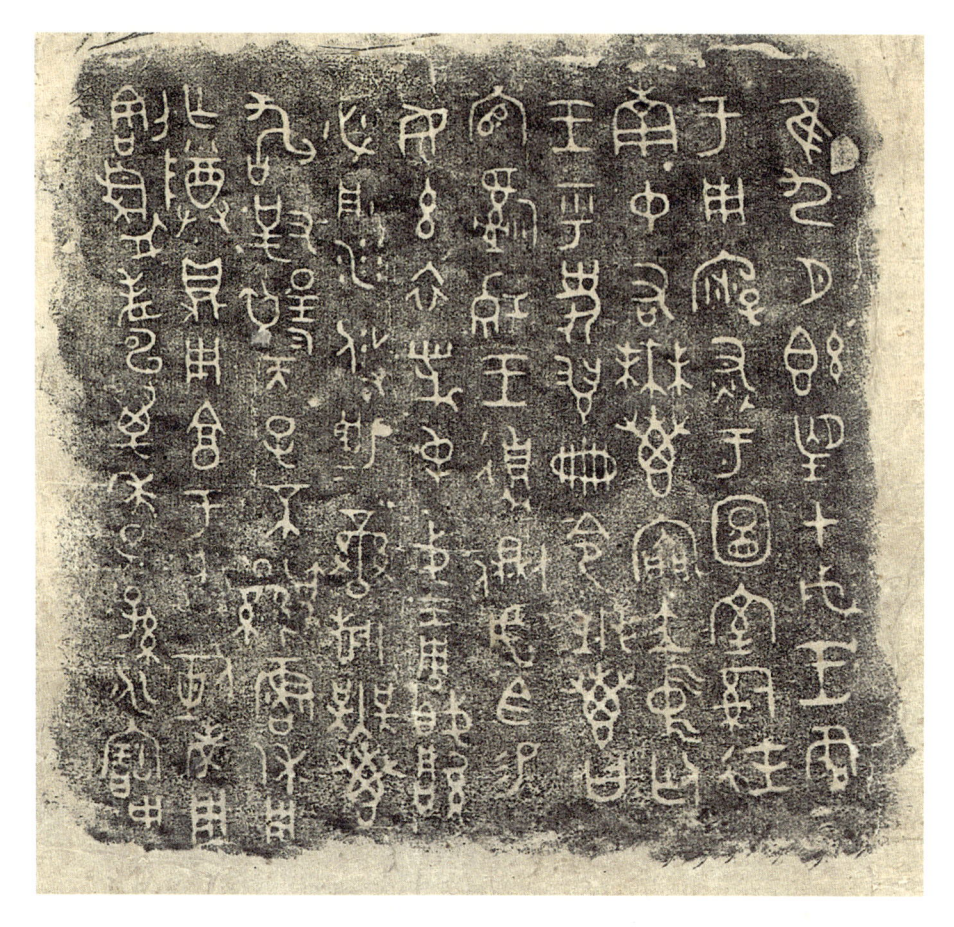

鼎底铭文

在鼎口内，一枝苍劲的梅花斗雪吐艳，似在寒冬中携一缕清香盛开着。在鼎的左侧，题有大段的跋文：

周无专鼎世传本为京口荐伸家物，后归严分宜，分宜败，入江南人家。寻恶其不祥，舍于焦山佛寺，清代考释题咏无虑数十家。曩游焦山，于海云堂中见之，向寺僧求墨本，出伪刻以应；更求，复出别一伪刻，凡三易不得真拓。欲其就原器施墨，又苦不及待，今已八年矣！鼎文墨拓旧岁曾获一纸，今日午后，曲阜帖友孔君又持此鹤洲本来，器文毕备，议值收之。鼎唇留隙，灯下戏以墨梅写补。岁聿云暮，插了梅花便过年也。

二十六年旧历嘉平月十八日　琅琊王献唐写记

在鼎的右侧，亦有一段题跋："焦山周无专鼎，越十年重来济上，检奉大荒先生献岁清赏，丁丑除日献唐记。"

原来这是一幅周朝"无专鼎"的拓片，我国著名考古学家、金石学家王献唐先生在1926年腊月得到后以墨梅补之，绘成《岁朝清供图》以收藏。

王献唐先生曾于1918年游焦山佛寺，首次见到此鼎，他曾向寺僧求墨本而三易不得真拓，待到八年后才得此鼎鹤洲本拓片，所以他分外珍惜。其时恰逢岁末，王先生欣喜之余，灯下画以梅花，绘成一幅古意盎然的《岁朝清供图》，以表达内心的喜悦心情。

谈到"无专鼎"，它的传说颇多，故事也颇曲折。"无专鼎"又名"焦山鼎""无惠鼎""鄦惠鼎"等，西周晚期青铜器。高54.2厘米，内壁铸铭文93字。严分宜就是明朝奸相严嵩，当政时曾霸占此鼎。严嵩败，后江南魏氏恐子孙不能保住古鼎，遂将此鼎送至焦山寺保存。入清以后，不少文人学者对此鼎铭文加以考释题跋，尤其翁方纲的《焦山鼎铭考》一书，使得此鼎名声大振。

清嘉庆年间，焦山寺住持六舟和尚精于金石拓制，将此鼎拓成立体图形，金石学家阮元知晓后，便邀六舟和尚将自己所藏三代青铜器制成全形拓，以飨友人。得者如获至宝，分外珍惜，从而开创了全形拓之先河，六舟和尚为全形拓之鼻祖。

清末焦山玉峰庵鹤洲上人继其衣钵，拓制全形图案，分赠友好。康有为《广艺舟双楫》亦尝记壬午"南游扬州，入焦山，阅'周无专鼎'"。

此鼎原藏镇江博物馆，据说后毁于日军战火。

流年似水，转眼十年过去了。在这年的除夕，王献唐先生与我的祖父路大荒先生见面了。故友重逢，人间快事。王献唐先生检出这幅《周无专鼎岁朝清供图》，赠予路大荒先生这位挚友，作为新春贺礼献岁清赏，这幅画也见证了他们两人诚挚的友谊。

自古以来，梅花深受文人雅士的喜爱。作为"岁寒三友"之一，在寒冬里独自绽放，开百花之先，独天下而春，清雅而有德行，代表着傲然挺立、高洁、坚强而有风度的人；梅花的五瓣象征着欢乐、美好、长命和平安；梅花又常常被民间当作传春报喜的吉祥象征。王献唐先生在1936年除夕赠予路大荒先生这幅《岁朝清供图》，就饱含着新春迎喜的良好愿望。而我曾在《亦贫亦病与坡宜——〈吴愙斋石铫墨景〉图背后的故事》中讲述了我的祖父在王献唐先生病危时，于王先生赠予他的画作上提笔画梅，亦寄希望于傲雪的梅花能够抵御凛冽的寒冬，给他的挚友送去诚挚的祝福。

人生贵在相知，友谊长情永在。一枝梅花，道不尽两位先生心心相印的深情厚谊；一枝梅花，将两人一生诚挚的友谊淋漓尽致地体现出来。

回望历史，这幅《周无专鼎岁朝清供图》至今已近百年。百年来，中国经历了翻天覆地的变

王献唐跋文

化,其中战争的残酷、政权的更迭,以至"文革"对传统文化的摧残,哪一项都可能是灭顶之灾。幸运的是,这幅画竟奇迹般地存留了下来。它经过我祖父的精心收藏、我父亲的认真保护,最终父亲又郑重地交到了我的手中。每当我欣赏这幅画作时,都会不由自主地想起我的祖父、我祖父的挚友王献唐先生,感念他们为我国的传统文化做出的杰出贡献;想起我的父亲,他谨遵祖父的教导,"只字片纸都不能丢",悉心整理收藏好老人遗留下来的宝贵文物资料,为我撰写祖父传记提供了翔实的材料,也让我从这幅《岁朝清供图》中感受到祖父他们之间真挚的情感。我更感慨王爷爷与我爷爷百年前结下的深厚友谊,在我们两个家族中连绵不断。就像王爷爷的长媳安可苻阿姨对我所言:"小红,你记住,这就叫世交。"

原载 2021 年 2 月 5 日《济南时报·温故》

亦贫亦病与坡宜
——《吴愙斋石铫墨景》图背后的故事

2020年的春天,注定与往年不同,一场新冠疫情将人们隔离在家。虽然骤然清闲有点不适应,但也终于有大段的时间整理文献,探寻一些古董字画背后的故事,写点随笔或散文了。今天我正浏览着字画,一幅紫砂壶拓片《清供图》立轴映入了我的眼帘。

在这幅立轴上,中间用全形拓完美地拓了一把紫砂提梁壶,围绕着这把紫砂壶的拓片,有局部的拓片、大段的题跋及古朴的画作。围绕着这些拓片、题跋和画作,有着怎样动人的故事呢?就让我们从认真仔细地观赏前人留给我们的这件作品开始吧。

这把紫砂壶拓片居于立轴中央,在壶的左、上、下方分别拓出了紫砂壶前后两面的图案及题铭。左上方的图案是一高雅的人像,线条清晰流利,人像右侧刻有"东坡先生像 宜兴蜀山书院石刻宋本",左方偏下角处刻有"瑞廷抚东溪刻"。左下方拓出提梁壶的铭文,上面清晰地刻有"石铫"二字,落款为"愙斋为子康孝廉做",并有"吴""大澂"两枚印章。

在立轴的上方,有王献唐先生的大段题跋,上面写道:"吴愙斋石铫墨景。"跋文如下:

故纸寻踪　穿越时空去寻觅

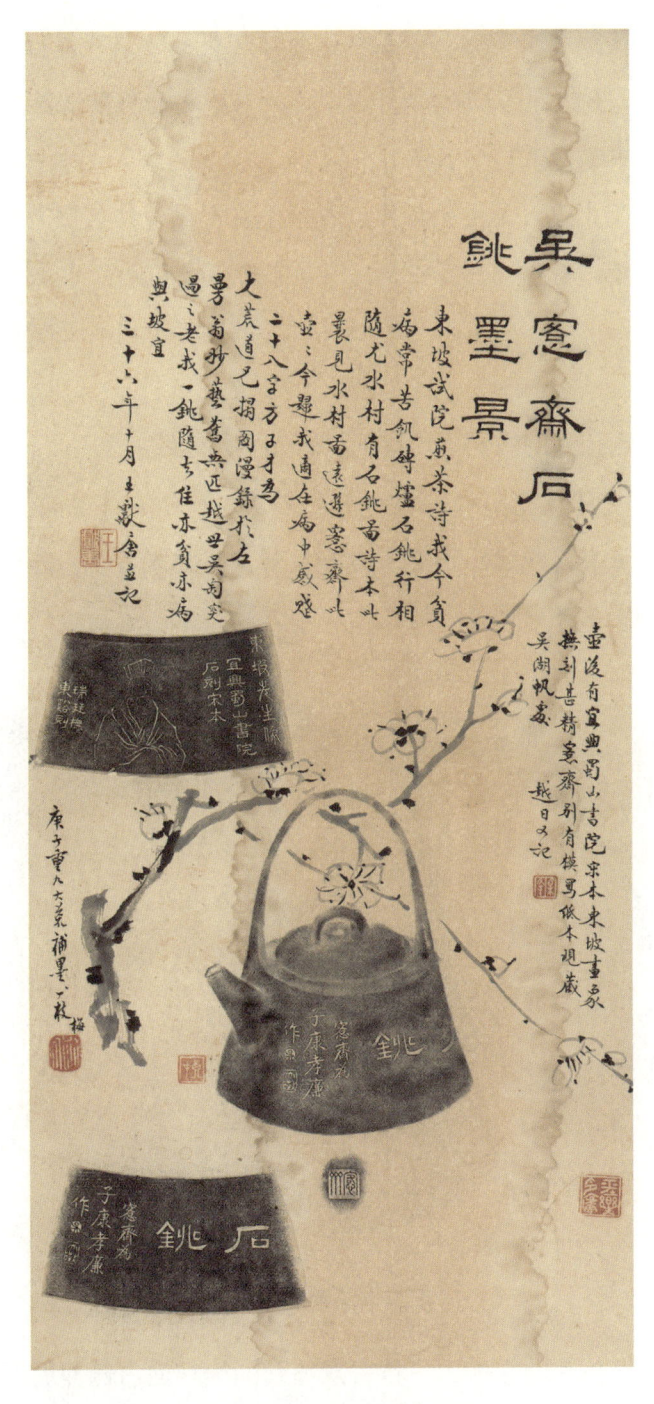

《吴䆫斋石铫墨景》图

141

东坡试院煎茶诗:"我今贫病常苦饥,砖炉石铫行相随。"尤水村有《石铫图》,诗本此。曩见水村图,远逊愙斋此壶,壶今归我,适在病中,感赋二十八字。

方子才为大荒道兄拓图,漫录于左:曼翁妙艺旧无匹,越世吴匋突过之。老我一铫随去住,亦贫亦病与坡宜。

三十六年十月,王献唐并记

在提梁壶拓片的右侧,仍有王献唐先生的题跋:

壶后有宜兴蜀山书院宋本东坡画像,抚刻甚精,愙斋别有模写纸本,现藏吴湖帆处。越日又记

《吴愙斋石铫墨景》图(局部)

在提梁壶拓片的左侧,一枝古意苍劲的梅枝向右侧伸展而去,枝头上绽开了数点白梅,将画面装点得古朴典雅。紧依梅枝左侧,题有"庚

子重九大荒补墨梅一枝"。这真是一幅有故事的立轴。紫砂壶上镌刻着苏东坡先生的画像。苏东坡是北宋著名文学家、书法家、画家，是北宋中期文坛领袖，"唐宋八大家"之一。他曾在《试院煎茶》诗中写道："我今贫病常苦饥，分无玉碗捧蛾眉。且学公家作茗饮，砖炉石铫行相随。"该紫砂壶上的苏东坡先生画像就是依据宜兴蜀山书院宋本东坡画像镌刻而成。

王献唐（1896—1960）先生是我国近现代著名学者，是20世纪20—60年代在中国学术文化史上占据着重要地位的人物。他是我国著名的版本目录学家、金石学家及考古学家，在音律、书画等领域也有着骄人的贡献。他是我的祖父路大荒（1895—1972）先生的密友，他们之间的友谊从20世纪30年代起持续终生，并将这友谊在两个家族几代人中持续发扬，连绵不断。

我将这幅立轴图片发给了王献唐先生长孙王福来大哥。福来哥哥看到这幅70多年前的作品时，也是激动不已。经过福来哥哥识别其祖父的题跋，一个动人的故事呈现在我们面前。

这是一把不同寻常的紫砂壶，它原来的主人是清代官员、著名学者、金石学家、书画家吴大澂（1835—1902）。吴大澂，字清卿，晚号愙斋，清同治七年（1868）进士，精于书画与金石鉴赏，亦喜欢紫砂壶，曾请制壶名家来自己家造壶。这把东坡紫砂壶应该是吴大澂先生请制壶名家为"子康孝廉"精心制作的。

王献唐先生于1947年得到这把紫砂壶后亦非常喜爱，此时先生因患有脑疾，身体较为虚弱，联想到紫砂壶上镌刻的东坡先生《试院煎茶》诗"我今贫病常苦饥……砖炉石铫行相随"，亦有同感。浮想联翩，感赋28字："曼翁妙艺旧无匹，越世吴匋突过之。老我一铫随去住，亦贫亦病与坡宜。"将彼时的心情淋漓尽致地表达出来。

作为路大荒先生的好朋友，王献唐先生请人将此壶拓印，并题了大段题跋后送与路大荒先生。

时光飞逝，转眼间迈入60年代。在饱受疾病的折磨后，王献唐先生在庚子年（1960）秋季病情加重，昏迷不醒。我想，路大荒先生是心如刀绞的，那种欲挽救好友生命但又无能为力的绝望是常人无法体会的。

路大荒先生最为人所熟知的身份是蒲松龄著作研究专家，但他亦善绘画，尤善画梅。此时他找出王献唐先生送与他的这幅《吴愙斋石铫墨景》图，欣然提笔。他在这幅拓片上画出一枝苍劲的白梅。这枝白梅画出了王献唐先生的高洁品格，也寄托着路大荒先生傲雪的梅花能够抵御凛冽的寒冬的希望。但事与愿违，在我祖父画梅18天后，王献唐先生便与世长辞。

当我们再一次欣赏这一精美绝伦的作品时，两位先生已先后走进了历史。但他们在那个年代里严谨细致的治学精神，相互之间至纯至真的友谊，还是深深地打动着我们这些晚辈。

原载2020年12月20日"澎湃新闻"

毛公鼎与山东擦肩而过

毛公鼎系西周晚期青铜器，因作器者毛公而得名，清道光二十三年（1843）出土于陕西岐山（今宝鸡市岐山县）。毛公鼎为青铜器中的重器，鼎内壁铸有铭文，32行，近500字，是现存青铜器铭文中最长的一篇，堪称西周青铜器中铭文之最。其内容叙事完整，记载翔实，被誉为"抵得一篇《尚书》"，是研究西周晚期政治史的重要史料。现藏于台北故宫博物院，是台北故宫博物院的镇馆之宝之一。

毛公鼎

"奎虚书藏"楼位于美丽的大明湖畔，沿大明湖逶迤西行，就可以看到这座屹立在西南岸的红楼，它曾是山东省图书馆的标志性建筑。在80多年的岁月里，它也见证了祖国跌宕起伏的命运。1935年3月破土动工，定名为"奎虚书藏"。以天象说，奎星主鲁，虚星主齐，以二星之

曲水书巢忆往

毛公鼎内铭文

分野，括齐鲁之疆域。门额由近代著名藏书家、清代翰林傅增湘题署。

"奎虚书藏"与毛公鼎有着怎样的渊源呢？这要从我偶然发现的一件文物谈起。

20世纪90年代，我在周末帮助父亲整理爷爷留下的一些资料和文物。年代久远的老木柜子，板子之间有一些比较宽的缝隙。借着昏暗的光线，我感觉缝隙间好像有什么东西。伸手摸去，抠出一个宣纸卷。我将这个纸卷徐徐展开，只见纸面上写满了字体娟秀而刚健的书法，偶有修改。当我认真阅读后，一段曲折动人而又鲜为人知的历史展现在我的面前。

这是王献唐先生亲笔书写的一段历史，题目是《从毛公鼎说到张宗昌韩复榘》，全文如下：

前天，中央博物院约我去看毛公鼎和矢令尊。这是中国两件最珍贵的古铜器，毛公鼎，时代约在西周后期，铭文比任何古铜器多；矢令彝和尊，则在西周早期，铭文较短。若论内容，毛公鼎可说是一篇真《古文尚书》，矢令尊则等于一篇《周官》。

毛公鼎虽在陕西出土，但是归于山东潍县的陈簠斋。他在近百年来，是山东惟一的古物，也是山东惟一的文献。所谓文献，文是文字，指历史文化由文字记录下来的；献是人，指历史文化由人传述下来的。现在文献旬刊主编人约我写文章,我似乎对于毛公鼎颇有献的资格,要谈一谈他的来历。

在清代道光间毛公鼎出土后,便被人卖到西安一个铜匠家中。铜匠放在屋里方桌底下,这时有个回教人做古董买卖的,常到他家,看见此鼎,偷偷底伸手向鼎里一摸,试着有字,便问铜匠:你卖不卖?铜匠说不卖,要化铜使用。古董商说我以加倍的铜价,买他何如?铜匠答应,便称了分量,付价辇载而去。

古董商赶急把鼎运到北平龙〔隆〕福寺街一个古玩铺去,那时陈簠斋正在北平大买古物,听见消息,便跑了去。一看大惊,认为自宋以来惟一无二的周器。他的字太多了,那时是讲究铜器上有铭文的。即便议价购得,迅速的运回京寓。他老太爷陈官俊一看也大惊,当晚派车请他亲家吴式芬(海丰人,著有《捃古录》诸书)到寓。便把大门关了,二门闭了,他亲家俩和陈簠斋在后堂密室中,观摩了半夜,又拓了几份墨本。那时拓的是条子式,不是后来的全幅靴形式,拓过便把他深深地埋在地里。

龙〔隆〕福寺街古玩商传出消息,一般有古董迷的达官,如潘伯寅等,都纷纷去看,他硬说没有。后来他老太爷死了,便辞官回家,鼎也运到潍县,包藏在卧室中一个柜中。又过若干时,取出拓了多份,便是后来的全幅靴形式。我看见原器,才知这靴形便是鼎内铭文的原形。不过当时有人和他要拓本,他一概否认,甚至契好如吴大澂等,也都不给。现在他们往来的信札影印出来了,可以看出他那吝啬的情形。吝啬么?不是。有人说他怕传出来被满清皇帝要去;这种第一等的宝物,那时似乎应进献于天家的。

在这样秘密保藏之下,仍有少数拓本传出,后来他亲家的《捃古录》也著录了,考证的也多了。第一个对陈簠斋开玩笑的是张之洞,他硬

说毛公鼎是假的，奚落了一顿。不过张之洞做官是能手，对于金石，却是门外汉，尽管他在《攀古楼彝器款识》中，大谈其金文。自这一炮放过之后，考证的愈来愈多，都承认他是真器。只有近来人称考古家，而自号大法师的卫聚贤，又说鼎是假的。我看法师的鉴别力，近年大有进步；如果他能见到原器，一定要闭口结舌，而不再放肆。

至于原器，当时潍县除了陈家的亲子侄和侍拓的人，大约都未见过。后来陈簠斋死了，出殡时，曾把此鼎和十钟（早归日本）作了抬供，游行街市，大家得瞻仰一次。又后端方作两江总督，便派两个差官到潍县连软带硬的要买，结果以银万两买去。在出卖以前，陈家便拓了三天三夜，现在流行的墨本，多半是这时所拓。抗战前每份要卖一百元至百五十元，等于现在的一百万至百五十万。

端方在辛亥年被革命军杀了，后来此鼎由其家属抵押于天津俄国道胜银行。张宗昌督鲁时，山东图书馆长丁绂辰想作"还乡"运动，便和省长林宪祖商议，设法把此鼎赎回，那时连本带利不过四万银元。最后决定的是张宗昌，那位不懂文献的武夫，并不把他放在眼里，终于功亏一篑。

迨后张弧等数人，合股由天津四行取钱，赎回此鼎，又购买海源阁善本书（今归国立北平图书馆）想卖给张学良。九一八事变，张学良不要了，银行利息日加，他们有点发慌。在陈调元主鲁时，我任山东省立图书馆长，那时盐商欠官款三十六万元，经省府议决，归图书馆购置图书文物。陈去而韩复榘来，我仍任馆长，想以此款再作"还乡"运动。运动的计划，一是购回此鼎，一是收买海源阁善本书，一是购买陈簠斋万印楼的七千多古印。合算起来，不但款项有余，还可以建筑一座保藏的房屋。

那时鼎价不过七八万元，我为此事和叶誉虎接洽过，又到天津

故纸寻踪　穿越时空去寻觅

王献唐谈毛公鼎手稿

接洽海源阁书，后派人到北平接洽万印，只要款到手，一切都无问题。谁知这位"青天"的主席韩复榘，和张宗昌一样，仍是一位不懂文献的武夫，始终不肯拨款。拖了多年，硬把他瓜分了，以最大的数目，用作特别费，只赏了山东省立图书馆五万元。

这一来，我的计划完全失败，不但毛公鼎不能买，万印和海源书籍也化归泡影。只好拿这点钱建筑了一座藏书楼，便是现在峙立于山东省立图书馆的奎虚书藏。

抗战后我在四川，听说鼎由叶誉虎运到上海，想运后方，被敌人扣住。胜利后，又听说此鼎展转被人取得，慨然捐归中央博物院。追后接到博物院的信，果然证实了。去年冬间，教育部和中央研究院在首都办了一个文物展览会，曾把此鼎公开展览；他闭幕的那天，便是我到南京的那天。

我虽未赶上在展览会看鼎，终于在博物院详细的观摩数小时，又看一个九龙玉杯，也是有人捐归该院。后有安阳出土的一个绝大商鼎，仍以同样的手续归该院。这类的事情颇多，在欧美诸国，虽不稀奇；而在我们中国，却正行着张宗昌、韩复榘辈一类相反的作风。

张宗昌是被人枪毙了，韩复榘也早正法了。他们在山东所得的钱，如果用于公共事业，而不过分自私；最低限度，山东人看见他建立的事业，能永远的怀念他、感激他。可怜到他死的那天，试问有一个钱带到土里去么？人生是永远矛盾的！明明知道这个必然的结果，有些人却尽量的化公为私，死死的把住，不肯撒手；到了撒手的时候，又悔之无及。

毛公鼎仅是一个例证，类于此的，尚有千千万万。我是一个掌管图书文物的，但就这方面说，我希望一般当局们，要大公无私，似乎不必再蹈张宗昌、韩复榘的覆辙。

王献唐先生是我国著名的版本目录学家、考古学家、图书馆学家，抗战前担任山东省图书馆馆长，为我省的图书文化事业做出了杰出的贡献。王先生与我的祖父路大荒先生是一生的挚友。当我在整理祖父的资料的过程中阅读到这一文献时，感慨万千，心情久久不能平复。感慨这一珍贵文献竟然以这种形式被我偶然发现，更感慨文中所讲述的事件。

　　毛公鼎作为我国西周晚期最重要的青铜器，虽然出土于陕西，但在清朝时期，我们山东有幸得以收藏，并被王献唐先生慧眼识珠，向山东当局据理力争，竭尽全力拟将毛公鼎留在山东。我们设想，假如当时的执政者能够秉公办事、按省府决议拨放资金，新落成的"奎虚书藏"楼内收藏着的将是我们山东省图书馆的镇馆之宝、海内第一青铜器——毛公鼎。

　　可惜历史是无法更改的，当年主鲁官员的昏庸自私，致使山东终于功亏一篑，错失这一百年不遇的良机，间接致使毛公鼎漂流台湾，成为台北故宫博物院的镇馆之宝。

　　尽管毛公鼎没有留在山东省图书馆，但在王献唐馆长的努力下，一座欧式建筑风格的崭新的"奎虚书藏"楼矗立在大明湖畔。文中提到的海源阁善本书，日后在山东有志之士的努力下，也部分回归"奎虚书藏"。"吃水不忘挖井人"，每当我徜徉在这座承载着厚重历史的图书楼中时，眼前总是浮现出一代又一代为我国传统文化做出杰出贡献的先贤们。

原载 2021 年 3 月 15 日《济南时报·温故》

跋文、写画
——古籍版本中一道亮丽的风景

跋文,也称题跋,是中国特有的一种文体,特指写在书籍、字画、碑帖等前后的文字。它或文或诗,从内容上看,多用以说明写作经过或评价等,亦有借题寄意写志,涉笔相当宽泛自由。

跋文在汉晋时代还没有,唐代称"题某后"或"读某",如《题燕太子丹传后》《读荀子》等。称"跋",最早见于宋代欧阳修,欧阳修有《集古录》跋尾若干篇,附在他所珍藏的碑文之后,考订和说明每篇碑文的情况。

一般说来,跋文要比序文简括,主要是附于书或文章之后的说明性文字。但有的跋文带有记叙性,如宋代陆游的《跋李庄简公家书》,就是一篇简洁生动的记叙文。

跋文大体可以分为两类:一类是学术性的,其中包括读后感和考订书、文、画、金石碑文的源流、真伪等短文;一类是文学性的,实际是优秀的散文小品。

写画,又称作画、绘画等,因为较题跋罕见,一般没有统一的名称。写画一般在版本的扉页或封底,大多为文人画,有时只有一枝梅花、一竿翠竹,或一株青松等,但也有精心绘制的作品,甚至是写画者的精品、神品。这些精美的写画给读者带来了视觉盛宴，起到了画龙点睛的作用。

近日来，整理祖父路大荒先生的资料，我在书籍版本首页及书后偶见一些题跋及写画。那些跋文书法笔酣墨饱，或笔势雄健洒脱，或笔迹如流水行云，落笔如云烟。而写画内容更是多姿多彩，或用笔典雅秀逸、或水墨酣畅淋漓，为那些本来就十分珍贵的古籍版本增添了更加绚丽、更加神秘的色彩。今介绍几例，以飨读者。

一、《穆天子传》

《穆天子传》，又名《周穆王游行记》，是西晋咸宁五年（279）在今汲县西战国墓中发现的竹书之一，是一部记录周穆王西巡史事的著作，书中详细记载了周穆王在位五十五年率师南征北战的盛况。今本乃宋人修编，较古本有所残缺。虽然《穆天子传》在文字上可能有些夸张，有些神话传说的内容杂入，但基本事实是应该肯定的。它对中国地理学的发展有较大影响，在地理学史上亦有一席之地。

清嘉庆间，藏书家黄丕烈曾得到一部明代翻刻的《穆天子传》。他在重病时以校对书中的文字自娱，心情由此好起来，病也痊愈了。黄丕烈得到的明代翻刻本《穆天子传》，是明万历时程荣校刻的《汉魏丛书》本。全书共计六卷，8514字。其内容主要记述周穆王西巡狩猎、在畿田畋游及盛姬之事。他批校此书时，曾"遍借诸家藏本，手校于此"，是一部"顾校黄跋"的代表作品，具有重要的学术和文献价值。后来黄丕烈所藏之书散出，辗转归聊城杨氏海源阁等藏书家收藏。

1930年夏，聊城杨氏海源阁藏书散出，流落民间，济南敬古斋亦收购多帙。当时时局动荡，战事频发，时任山东省图书馆馆长、著名藏书家王献唐先生适遇敬古斋购得海源阁旧藏黄丕烈手校《穆天子传》和顾

千里手校《说文解字系传》，王献唐先生"深恐书流域外"，承敬古斋主人"慨然见许，挟书归寓"。他极为珍爱此书，并由此将其书斋命名为"顾黄书寮"。自后远地知交，时求假录，且怂恿印行。1934年王先生"既不胜其困，又以近人喜习此书，苦乏善本"为感，遂复印黄丕烈校跋本《穆天子传》刊行。

路大荒先生收藏的此书即王献唐先生复印的黄丕烈校跋本《穆天子传》。虽距今已90余年，又多经战乱、动乱，但仍完好地保存至今。打开封面，扉页上一幅《东岭秀古松》图赫然出现在眼前。此图为路大荒先生亲手所绘，一棵古意盎然的松树屹立在山岭上，寓意着《穆天子传》这本奇书历经两千余年而流传至今。

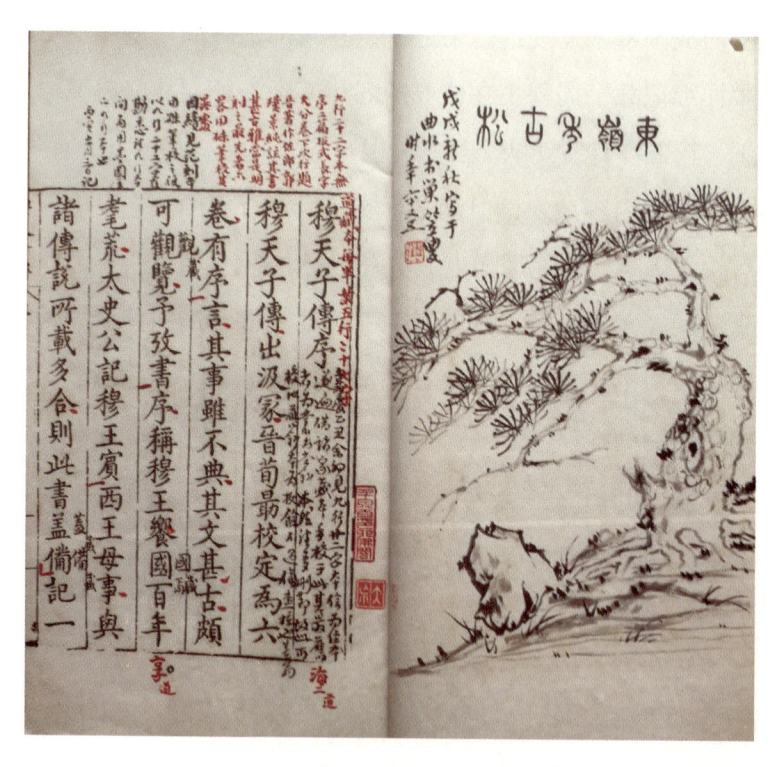

路大荒绘《东岭秀古松》图

黄校穆天子传为海内著名之籍献唐厚之即霞卿以贻友丹托日我争前余坊之盖寓所适是书印工初竣卽贻一册并识岁月戊寅之春家室被日冠焚掠先世收藏及吾所来生之藏集为燼灰日冠降服后濟上把贻之忒贻州全志为燼中拾本睹之心绪忽不写喘中拾本睹之心绪忽不写长幸也般易赐壬毛屺中捡松一株祗此記

穆天子传六卷

昔唐濟上巳三七年华

路大荒为《穆天子传》作题跋

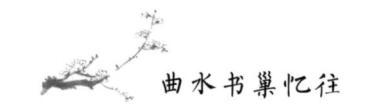

在封底页上，路大荒先生亦写了长长的跋文：

> 黄校《穆天子传》为海内著名之籍，献唐得之即覆印以赠友好。抗日战争前，余访之其寓所，适是书印之初竣，即贻一册并识。岁月戊寅之春，家室被日寇焚掠，先世收藏及吾半生之搜集悉为烬灰。日寇降服后，济上把晤，又承赠此册。今病中检书，睹之心绪忽焉有感，即画松一株，祈其长幸也。般阳路大荒记，时居济上已三七年华。

读此跋文，我们得知，王献唐先生作为路先生的好友，在付印《穆天子传》之初，即赠予其一本并题跋。惜戊寅之春，路大荒先生家室被日寇焚掠一空，《穆天子传》印本亦未能幸免。抗战胜利后，王献唐先生又赠一册。此书失而复得，想必路大荒先生既珍惜又感慨万分吧。他挥笔画松一株，祈祷此书能够长留于世，也祈祷我们的传统文化连绵不断、源远流长。

二、《渔洋山人评点昆仑山房诗稿》

《渔洋山人评点昆仑山房诗稿》系清代著名文人张笃庆所作，是王渔洋先生点评的重要古籍善本。张笃庆（1642—1715），清代淄川人，字历友，号厚斋，系明崇祯朝首辅大臣张至发的曾孙，清初刑部侍郎高珩的女婿，也是蒲松龄的终生好友，与王渔洋、唐梦赉等文人交厚。他世居淄川昆仑山麓，故又自号昆仑山人。

张笃庆生于书香世家，自幼聪颖绝伦，又加耳濡目染，博览群书，尤喜吟咏，倾力于诗，年十四作《梦游西湖赋》，十七岁与蒲松龄、李尧臣等结"郢中诗社",弱冠之年作古乐府二百首。名家、史论对其人格、诗品评价极高。《四库全书总目》列其文集,称"笃庆才藻富有,洋洋洒洒,动辄千言,风发泉涌,不可节制"。王士禛(渔洋)称其"真冠古之才",评其诗"不失空同、大复家法"。

山东省图书馆存有《渔洋山人评点昆仑山房诗稿》三卷,曾为路大荒先生所藏,后捐献给他的工作单位——省图,现为山东省图书馆馆藏精品。内钤有"路大荒读书""历劫不灭""六朝十佛阁"等印,从钤印来看,该书应该是路大荒先生抗战前所搜集的。

作为同乡,路大荒先生对这位先贤的诗稿自然是爱不释手。他将书稿精心装裱后,于戊戌中秋节在空白页绘制《昆仑山房图》一幅,图中可见巍峨的昆仑山下一间茅草屋内,似有人在奋笔直书。房前屋后翠竹环绕,一棵古松屹立在近景山坡上,使人浮想联翩。

路大荒绘《昆仑山房图》与王献唐跋

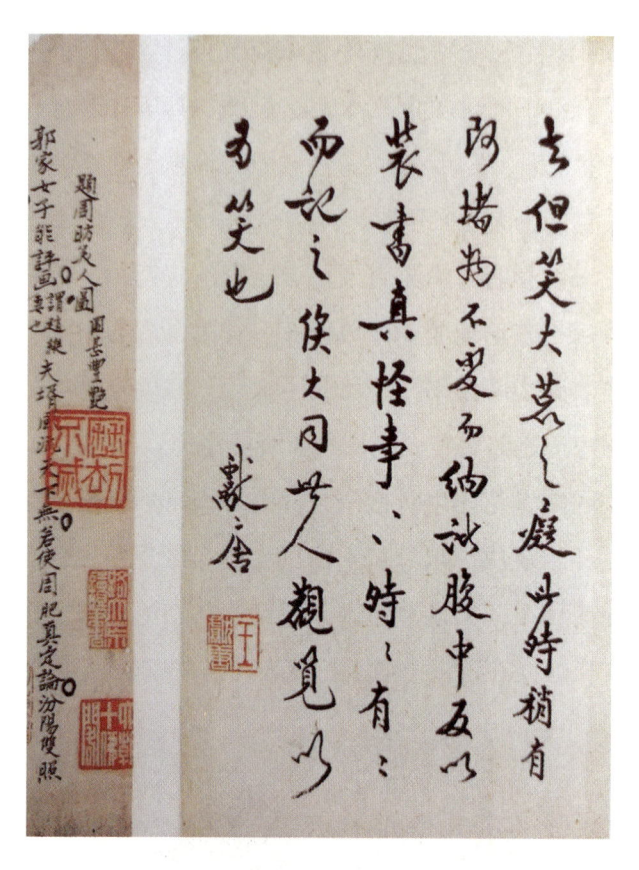

王献唐为《昆仑山房诗稿》作题跋

路大荒先生更是请他的好友、版本目录学家王献唐先生为本诗稿题跋，跋文如下：

> 此昆仑山房诗为张历友手缮，王渔洋评点。大荒得于阳九百六之时，精装珍如珪璧，以人重且为珂乡文物也。卧病济上，得一过目，幸其不随劫火俱去。但笑大荒之痴，此时稍有阿堵物，不变而纳诸腹中，反以装书，真怪事。怪事时时有，有而记之，俟大同世人，观觅以为笑也！

读过跋文，我们可以了解到此诗稿的珍贵，以及路大荒先生对乡贤文物的珍重，并庆幸它能躲过战火而留存于世。王献唐先生在跋文后段以诙谐的口气，形容路先生嗜书如命，省吃俭用为搜书，那何尝不是他们共同的爱好与志向。

三、《蒲松龄集》

1962年8月，67岁的路大荒先生积半个世纪的辛勤考证与整理，123万字的《蒲松龄集》由中华书局出版了。包括诗929首，词102阕，骈文和散文458篇，俚曲13种（缺一种），杂著二种（缺三种），戏三出。至此，蒲松龄的著作除《聊斋志异》及失传作品外，几乎全部收集在内了。这是路大荒先生毕生搜集、发掘、整理、研究蒲松龄著作的巨大成果，更是中国古典文学研究工作中的一件大事。它为蒲松龄研究奠定了资料基础，充实了中国乃至世界文学宝库。

路大荒先生《蒲松龄集》的出版在国内外引起了强烈的反响，它将蒲学研究推向一个新的纪元。

但是路大荒先生在《蒲松龄集》出版后，并不认为这部书是完善的，他在自存的《蒲松龄集》第一版下册中，在他撰写的《编订后记》末页上，亲笔写下朱笔题记："在整理校勘方面仍有很大的缺点，在搜集上，诗还有几百首没有见到，杂著、俚曲亦均各有缺，今后当再努力。"

从跋文中可以清晰地看到，路大荒先生在搜集整理蒲氏著作的道路上，从未有过片刻的停留与休息，他就像一头开路拓荒的老牛，披荆斩棘、不知疲倦地埋头奋进着。在中华书局1963年6月《蒲松龄集》增订本中，先生又一次增加了七千字。

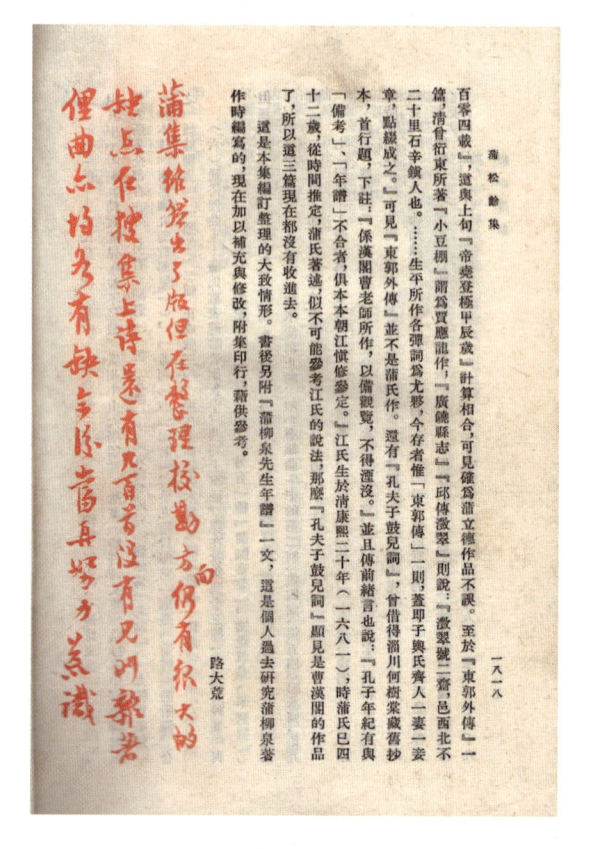

路大荒《蒲松龄集》题跋

初版发行后，路大荒先生在赠予其季子也就是我父亲的《蒲松龄集》扉页上，悉心绘制了一幅精美的自画像，并予以题跋。

父亲将这套书奉作珍宝珍藏着。不幸的是这套书毁于"文革"时期，父亲生前每每谈起此事，都痛悔不已，痛悔自己没有保护好爹爹赠予他的这套书，没有保护好爹爹的这幅自画像。

四、《聊斋文集》手稿

《聊斋文集》手稿是目前国内仅存的蒲松龄先生的手稿之一，是蒲松龄生前编定的,共有400余篇,多数是引、疏、序、书启、婚启和拟表等。我在《省图镇馆之宝〈聊斋文集〉:人间尚有聊斋稿,合证先生绝妙词》一文中有过详细的介绍。本文对手稿的题跋(诗)及写画给予重点描述。

《聊斋文集》手稿历尽沧桑,幸未损毁,至民国初年,仅存《祭文》一册,后辗转到了路大荒先生手中。他对蒲氏手稿,自然倍加珍惜,妥为保存,并花重金予以装裱。并在中华人民共和国成立前后不同时期邀请著名的文学家、书画家、版本学家等题诗绘画。该手稿套签"聊斋文集手稿",为张元济先生楷书所题;封签"聊斋文集手稿",是王献唐先生应用源于周齐国刀币的金线篆书写。

手稿首页绘有《聊斋著书图》一幅,乃是我国近现代著名国画家溥儒先生1940年绘制的。画面中只见在高山下古松旁的茅屋中,一古代学者正在奋笔疾书。全画用笔精细周到,敷色淡雅,营造的空灵超逸的境界令人叹服,是溥心畬先生不可多得的绘画精品。

在手稿卷后有多位国内著名学者的跋文题诗,似众星捧月般为此手稿锦上添花。

王献唐先生题诗:"薤露歌残手自书,柳泉妙笔似黄初。年来庋入匋文馆,珍重人天万劫余。"

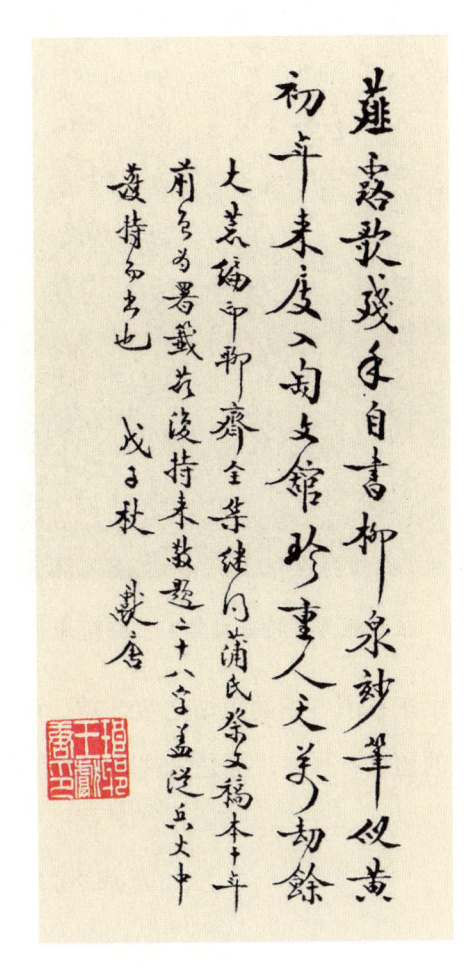

王献唐为《聊斋文集》手稿作题跋

王统照为《聊斋文集》手稿题诗

王统照先生题诗:"撼思托笔借园亭,孤愤能舒鬼狐型。故非妄言听须正,西风凄响夜枫青。疏宕为文字似之,不须衫履自然姿。人间尚有聊斋稿,合证先生绝妙词。"

崔介先生题诗:"无端歌哭自笑之,天衣绚烂不见丝。书法尽洗台阁意,宇内先睹为快时。"

蒲松龄先生一生致力于文学创作,且著作颇丰,与西方的莫泊桑、契诃夫同被誉为"世界短篇小说之王"。但因生前家贫,大多数作品都没有出版,导致手稿散失严重,存世很少。《聊斋文集》手稿历经祖屋年久失修而楼塌屋毁、战乱频仍等天灾人祸,幸未损毁并保存至今,真乃奇迹。也正因如此,它当之无愧地成为山东省图书馆的镇馆之宝之首。而手稿卷后多位著名学者、画家、文人的题跋、写画,更是为这珍贵的手稿增色不少。

原载 2022 年 1 月 10 日《济南时报·温故》

故纸寻踪　穿越时空去寻觅

《陈簠斋藏玺印陶文封泥精品册》的传奇收藏

陈介祺（1813—1884），字寿卿，号簠斋，山东潍县人，生于官宦人家，是我国清代著名的金石学家，后半生致力于古文物的收藏研究。他的藏品洋洋大观，囊括商周青铜器、石刻、瓦当、玺印、封泥、陶文等等，其中最著名的是毛公鼎、十一架古钟和万方古玺印。郭沫若、商承祚说陈介祺的收藏是"前无古人，后无来者"。

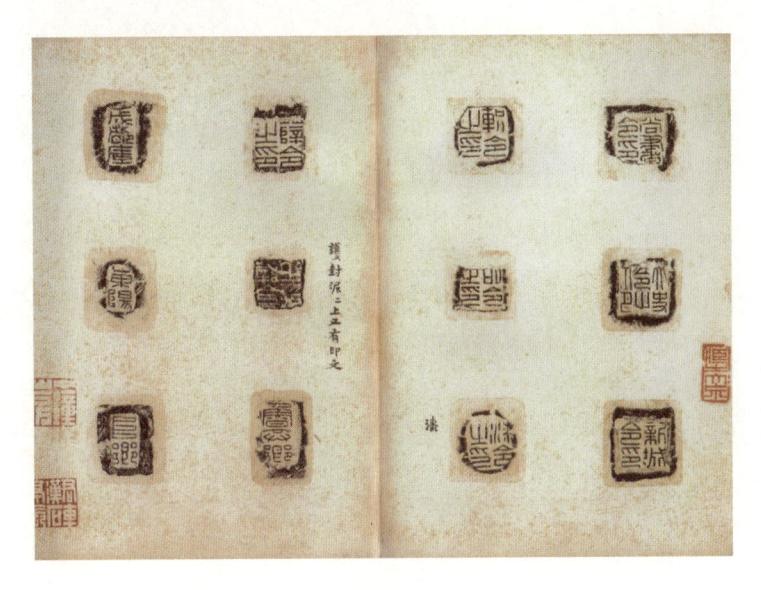

陈簠斋册页

20世纪50年代初,我的祖父路大荒先生慧眼识宝,在一冷摊上发现了《陈簠斋藏玺印陶文封泥精品册》,并以低廉的价格购之。路大荒先生购得此册后爱不释手,携此册与他的好朋友王献唐先生共赏。

王献唐先生看到这本册子时,赞赏不已,欣然命笔,为路大荒先生绘《空山甄古图》并题:

> 簠斋所收玺印、陶文、封泥之精者,略见此册,考释谨严,书法微妙。大荒以廉直得于冷摊,持以见示,时卧病济上,鞍山赁庑,为写《空山甄古图》纪实也。簠老作册,未必逆计百年之后,历经变劫,得一二解人,如大荒及余,收拾于残烬之余,摩挲珍秘,相视而笑。余与大荒,又安知百年之后,有见此册者不尔尔耶?书之用当息壤。庚寅献唐写记。

王献唐绘《空山甄古图》

画页题"空山甄古图，大荒属写，献唐"，有"王大""凤生""王献唐""三家邨人"印。

时光流转，十几年后"文革"骤起，路大荒先生受到了很大的冲击。家里经过反复查抄，古籍善本、古董、字画等统统被造反派抄走，一个充满古籍书香的书斋，变成了家徒四壁的陋室，《陈簠斋藏玺印陶文封泥精品册》更是不知去向了。

光阴荏苒，近三十年又过去了，王献唐先生和路大荒先生均已先后走进了历史。90年代中后期，我在《济南时报》上偶然看到一篇署名石可的文章，引起了我的极大兴趣。文章谈及，他在古玩市场偶然见到一本《陈簠斋藏玺印陶文封泥精品册》，内容之精，令人拍案叫绝。尤其还有他的恩师王献唐先生为路大荒先生在此册上绘制的《空山甄古图》及题跋，详细地介绍了此册的珍贵及路大荒先生得到此册的经过。石可先生在文中感慨地写道："跋中谈到：'簠老作册，未必逆计百年之后，历经变劫，得一二解人，如大荒及余，收拾于残烬之余，摩挲珍秘，相视而笑。余与大荒，又安知百年之后，有见此册者不尔尔耶？'王献唐、路大荒两位先生百年之后，能知我遇到此册时欣喜若狂的情形吗？我决定像两位先贤一样，将这一珍本宝之。"石可先生毫不犹豫地从古董商处斥当时的巨资将此册买下，并将这一经历写成文章发表。

石可先生20世纪40年代师从王献唐先生，学习金石书画、版本目录之学，是我国著名的工艺美术家，更是使鲁砚重显于世的人。艺术大师刘海粟赠给石可以"石敢当"的美称，李苦禅题他制作的鲁砚"恨南阜未见"，可谓定评。

当时我并不认识石可先生，就冒昧地给《济南时报》的编辑去了一封信，询问先生的地址。不久编辑回信了。无巧不成书，石可先生由于在山东工艺美术界的卓越成就，获特批住进了当时的山东省第一干休所，

王献唐跋

恰巧与我同住一个院子。当我去拜访他老人家时才发现他的孙子就是整日在大院里与我儿子玩耍的伙伴。石可先生得知我是路大荒先生的后人后非常热情，拿出那本印册请我观赏，并请我参观了他的一些作品和藏品，而且希望两家能常来常往。我想也许正是这本珍贵的册子给几代人带来的奇缘吧。

似水流年，二十年光阴转瞬即逝，由于我祖父与王献唐先生的关系，作为世交，我们两家一直保持着亲密的联系。去年我与王献唐爷爷的长孙王福来哥哥谈起此事，他说，你那里还没有这个册子的资料吗？石可先生虽已去世，但这本册子很可能还在，我帮你联系一下石可先生的后人，咨询一下吧。随后福来哥哥联系了石艿二哥，二哥很爽快地答应下来。没多久，他就让福来哥哥把《空山甄古图》及题跋的照片发来。

我又一次看到这些资料，好像通过时光隧道来到了这些先贤面前，认真聆听着他们对我这个晚辈的谆谆教导。通过这个故事我感到，也许这就是中华传统文化的力量吧。中华文化源远流长，虽历经磨难却从未中断。它在历代文人中薪火相传，生命力无比旺盛，在历史的长河中向着未来奔去。

原载 2021 年 8 月 2 日《济南时报·温故》

曲水书巢忆往

大荒山人身外长物
——曼生壶拓片赏析及背后的故事

《大荒山人身外长物》是本不起眼的陈旧线装书。它薄薄的，略显褪色的蓝色书皮左侧是著名学者王献唐先生题写的封签："大荒山人身外长物　献唐"。已经陈旧泛黄的封签上王先生笔精墨妙的书法使观者为之一振，翻开这本书，里面会呈现怎样的内容呢？我急切地想一睹真容。

原来这是我的祖父路大荒先生私人制作的一本线装薄书，里面收集了多把紫砂壶的拓片，有全形拓，也有局部的拓片，有文字，也有图形，而且从这些拓片可以看出，它们都是出自清代著名的紫砂名壶——曼生壶。

陈鸿寿（1768—1822），

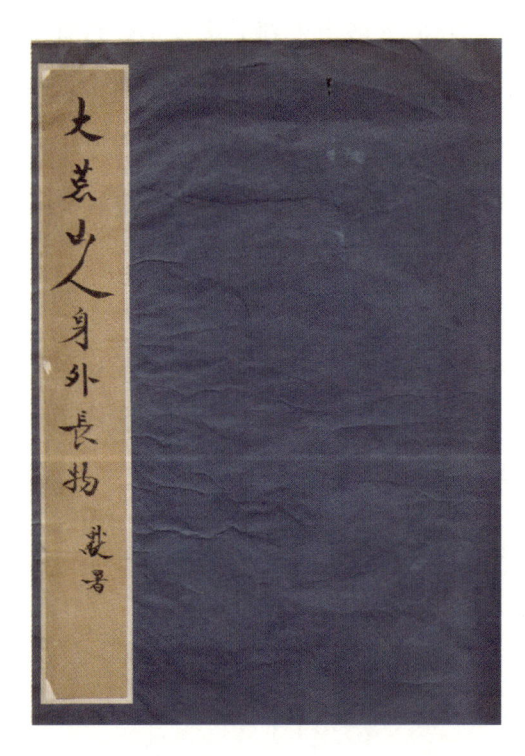

《大荒山人身外长物》册页封面

字子恭，号曼生，浙江钱塘人，生于乾隆三十三年，卒于道光二年。陈曼生是一个通过科举入仕，从低级幕僚做起的清代文人，是当时知名的画家、诗人、篆刻家和书法家，"西泠八家"之一。据《溧阳县志》记载，陈曼生在溧阳应该主政两任，担任知县共六年之久，相对稳定的生活和社会地位，加上陈曼生生性豪放热情、兴趣广博，各地贤俊名流踵门结交，萃集左右，歌诗酬唱，书画往来，名噪海内。

溧阳与宜兴相邻，由于饮茶习俗的改变，明代兴起的宜兴紫砂壶名声大振。入清以来，宜兴紫砂壶发展已成熟，达官贵人、文人雅士、工商巨贾纷至沓来。陈曼生先生以其书画金石之功力，结交制壶名匠杨彭年等人，又加上文人墨客、同僚幕客共同"传唱""把玩"，使其制壶生涯达到顶峰，他设计的多种紫砂壶式被统称为"曼生十八式"。

陈曼生先生在溧阳任上政绩显著，可谓是为官一任，造福一方。但他为官并没有失去文人的个性和趣味，而是在为官之余，仍保持着艺术家的天趣。陈曼生喜欢画的一幅《秋菊茶壶图》中有一段题跋"茶已熟，菊正开，赏秋人，来不来"，读来令人想到他的幽默风趣。他不仅是一位没有官气的小官僚，还是一位妙趣横生的文人。他创制的"曼生壶"，使宜兴紫砂壶名扬天下，可以毫不夸张地说，清代众多书画家中，能够集书法、绘画、篆刻及壶艺于一身的，唯推钱塘陈曼生。

杨彭年，清嘉庆、道光间宜兴制壶名手。荆溪人，生卒年不详。彭年弟宝年、妹凤年，都是当时的制壶高手。一门眷属皆工此技，名闻一时。彭年善于配泥，所制茗壶浑朴工致，传明代时大彬手捏法，虽随意制成，但仍具天然之致。

杨彭年在宜兴的紫砂壶工匠中并不是最出色的，仅仅是一名工匠而已，但杨彭年的制壶、练泥技术一旦为陈曼生所用，却产生了紫砂壶杰作，这种结合不是强强联手，而是趣味相投，其产生的艺术创造力也不是两

人原本的艺术功底可以比拟的。这是一个奇迹，不是所有书画家和陶艺家的结合都可以表现得如此出类拔萃。

陈曼生以他深厚的艺术修养和独特的审美情趣，结合其人生阅历和对生活的细微观察，取诸自然现象、器物形态、古器文玩等，精心设计紫砂壶。同时他还崇尚质朴简练的艺术风格，他所设计的紫砂壶力求在"简"字上做文章，绘画题诗，简约隽永，文切意远，耐人寻味，融造型、文学、绘画、书法、篆刻于一壶。而杨彭年手捏砂壶随意制成，亦有天然之致的过人之处，符合陈曼生等文人放荡不羁的心态，促使两人天性能互相接纳融合，使紫砂壶艺流传于世。文人在艺术方面的造诣及审美层面的追求，与工匠们不自觉的灵性发挥相结合，使制壶工艺向更高层次发展。他们两人的结合使得宜兴紫砂壶成为追求清新自然、朴实无华、得之天趣的士大夫及文人阶层所喜欢的艺术品。

曼生壶在紫砂壶艺术中的地位，与文人画在中国画中的地位相仿佛。虽然并不能以曼生壶来代表紫砂壶，但曼生壶开辟了紫砂壶艺术向更高的文化层面发展的道路。

路大荒先生非常喜爱曼生壶，用现代的流行语来说，

陈伯鸣绘陈曼生画像

他就是一位不折不扣的曼生壶发烧友。在把玩的同时，能够体会到中国历代古董、书画的内涵意境，享受其中遗韵，并产生中国书画不具备的逸致与文心。路大荒先生在这种感受中流连忘返，如痴如醉。

记得儿时多次听父亲谈起，爷爷非常喜爱一把叫作"曼生壶"的紫砂壶，视其为稀世珍宝。有一次，家里来了一位非常要好的朋友，爷爷让奶奶拿出他钟爱的曼生壶沏茶待友。奶奶在倒茶时不慎将茶壶盖边沿磕碰了一下，爷爷心痛得不得了，又不便在朋友面前表现出来。这件事情发生后，爷爷再也不让奶奶动他的曼生壶了，有挚友来访，他总是亲自沏茶以示尊重。

翻开这本书的蓝色扉页，映入眼帘的是一幅陈曼生画像，画像右侧自上而下题有"辛卯十一月陈伯鸣拾青鹤杂志本"，下方是红色阳文印章"陈伯鸣印"。显然，这是著名画家陈伯鸣临摹的陈曼生画像。陈伯鸣（1909—1994），又名悲鸣，号髯公，山东广饶人。1930年毕业于京华美术学院，先后受教于胡佩衡、王梦白、王一亭、高奇峰、齐白石等人。毕业后任教于多所艺术院校，曾任《华北新闻》总编辑、山东报社社长、省政府参议等职。其间，与刘海粟、丰子恺、张大千、徐悲鸿、张善孖、傅抱石、于右任等人多有来往交流。1932年陈伯鸣先生即结识梁漱溟、路大荒，他曾在1933年给路大荒先生画过一张画像，路先生一身长袍，盘坐在一个蒲团上，颇具禅意，也彰显着陈先生卓尔不群的艺术品位。

翻过陈曼生画像，一页页曼生壶拓片呈现在我的面前。细细数来，共有八把曼生壶，其中五把都有着完整的拓片，包括全形拓、局部拓，甚至每把壶上镌刻的书法、印章及细节等，也一一拓上，使我们可以全方位地欣赏集书法、篆刻及壶艺于一身的曼生名壶。还有三把没有全形拓，只有局部拓下的书法及印章，但欣赏着这些书法与印章，依然能够体味到紫玉金砂与书画翰墨的结晶，以及当年文人们风雅生活的别有

洞天。

在这本书中，还夹有两张曼生壶拓片，估计是成书后路大荒先生又遇到一把曼生壶，就将它认真拓印下来，仔细地夹在了这本书中。

全形拓，又称立体拓、器物拓、图形拓。是一种以墨拓技法完成，把器物原貌转移到平面拓纸上的特殊技艺。它要求拓印者熟悉素描、绘画、裱拓、剪纸等技法，这项技艺初始于清末，式微于民国，近五十年来几乎失传。当年多少文人墨客、金石学家沉浸在全形拓的乐趣中。这本书中收录这么多的全形拓曼生壶图片，实属不易。

对照曼生壶十八式，第一把曼生壶应该是圆珠壶，浑圆的壶身上刻有"击缶鼓洗俗尘雨前新煮建溪春　曼生铭"。壶底有"苦窳生作"阳文印章。全形拓的左下方有红色大篆阳文"子才"印章一枚。

第二把曼生壶是扁石壶，围绕壶身一周刻有"台鼎之光　寿嘉如张苍　丙子三月　曼生作铭"，在壶的底部镌有"曼生"阳文方章。

第三把曼生壶没有全形拓，只有铭文及印章的拓片。拓片文字显示："棱可摸觚不觚存其精意遗其粗曼生铭。"另外有一小一大"彭年""阿曼陀室"两枚阳文印章。这把曼生壶应是杨彭年与陈曼生合作之精品。

第四把曼生壶亦没有全形

曼生壶拓片一

拓，铭文拓片有两片：一片为杨彭年所题"柱础嘉庆丙子秋七月 杨彭年"；另一片是陈曼生所题"梅子雨润础石涤烦襟乳花碧 曼生铭"。另拓有两枚印章"彭年""阿曼陀室"。此壶亦应是曼生与彭年合作。

第五把曼生壶很有意思，只有全形拓而缺少局部拓片。这是一个石瓢壶的式样，上面刻有"为惠施为张苍取满腹无湖江 曼生铭"。完型拓下方有一完整的壶底拓片，在壶底中央亦可见"阿曼陀室"阳文印章。在此页上，另可见一红色阳文图章"继武手拓"，此拓片应该是路大荒先生的好朋友、当年的山东摩拓高手台继武先生所拓。

曼生壶拓片五

第六把曼生壶为扁石壶，在壶身上刻有"非铫非鼎宜于凤饼 乙亥夏日 曼生"。在壶底中央亦可见"阿曼陀室"阳文印章。全形拓扁石壶左亦可见一红色方形阴文印章"继武手拓"，想必此拓片亦是台继武先生所拓。

第七把壶是半瓜壶，这也是一把全形拓、局部拓、壶底拓具备的曼生壶。在半瓜壶的壶身上刻有"为惠施为张苍取满腹无湖江 曼生"，壶底仍为"阿曼陀室"阳文印章。有趣的是，在半瓜壶全形拓的壶把手处，亦有一红色阴文"继武手拓"图章。

曲水书巢忆往

最后一把曼生壶的拓片只有局部，两张半圆形的拓片显然是来自壶的上方，上面的文字是"合鼎之光寿如""张苍曼生铭"。另外还有两枚印章，分别是"彭年""阿曼陀室"阳文印章。显然，这把

曼生壶拓片七

曼生壶也是陈曼生与杨彭年合作的艺林珍品。

翻过这些古意盎然的曼生壶拓片，映入眼帘的是洋洋洒洒两页半的跋文。跋文是我国著名金石学家、版本目录学家、路大荒先生的挚友王献唐先生所题，他在题跋中写道：

大荒山人不荒于酒色财气，独荒于古董。古董夥矣，一一荒之，济上称"巨眼"。然为穷措大，不能收藏，过眼获其拓本，辄粘于册。此曼生壶诸拓其一也，壶为他人物，内有一器为山人自藏，殆竭索敝□而得，余爱而未能强夺也。姑记于此，异日山人如得第二壶，此必归我，证人为郑幹丞、台继武。时辛卯八月五日，献唐书于济上。

从跋文中也可感受到路大荒先生对曼生壶发自内心的喜爱。他虽有"巨眼"辨识曼生壶，却不能一一收藏。但他认为获其拓本，集于一册，可时时欣赏，也是人间一快事也。作为心心相印的老友，王先生在跋文中以诙谐的语气谈道，拓片中有一壶为大荒先生所藏，他未能夺爱，如

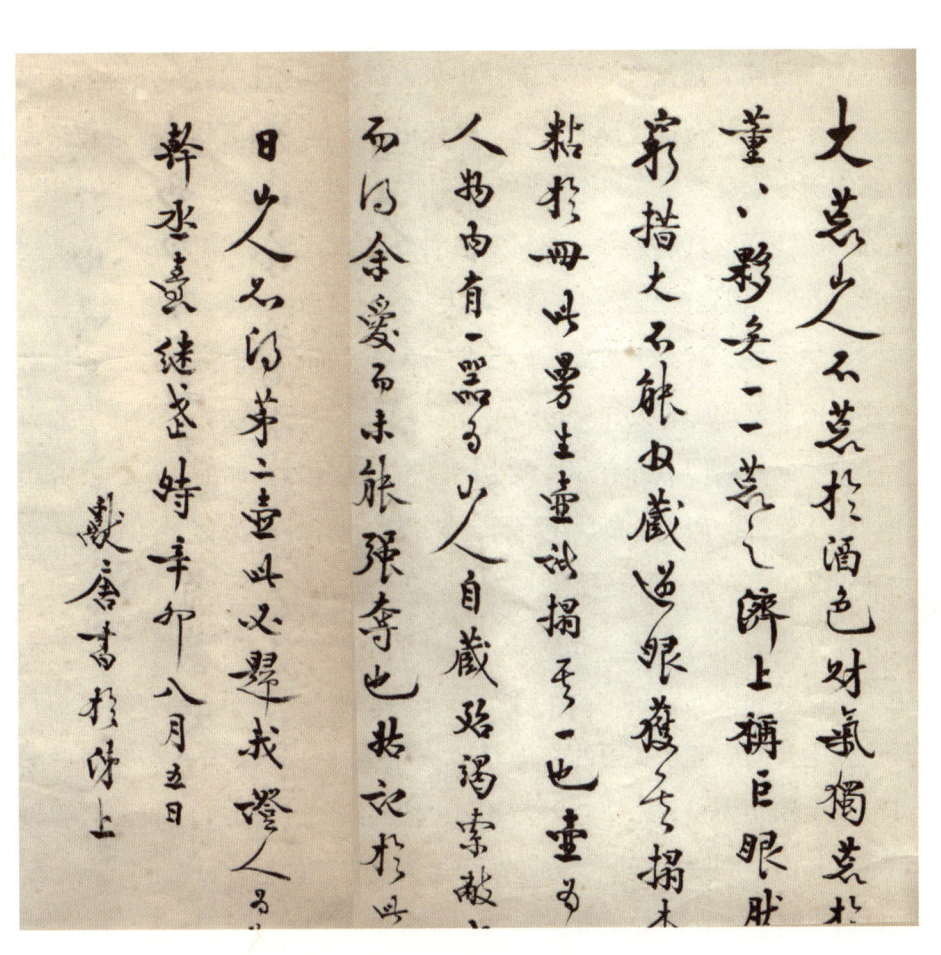

王献唐跋文

大荒先生得了第二把壶,一定归他。证人为同为好友的郑幹丞、台继武先生。读过跋文,我为他们几人真挚的友谊、诙谐的调侃而感动、而欣喜。

跋文中提到的郑幹丞先生是郑作桢(1895—1962),字幹丞,山东邹平人,是路大荒先生的好朋友。中华人民共和国成立后,郑先生也服务于山东省古代文物管理委员会,后任山东省博物馆陈列组副组长,是山东省历史学会委员。郑作桢先生书刻并擅,中年求教于书法家王伯谦。他的书法,从颜真卿入手,嗣又宗法欧阳询,后则沉酣于北碑、汉隶及甲骨、金文,以魏碑与篆书成就为最大。趵突泉泺源堂金棻所书楹联"云雾润蒸华不住,波涛声震大明湖"广为人知,而隶书匾额"泺源堂"出自郑作桢手笔却鲜为人知。1950年受山东省人民政府委托,郑作桢曾为毛泽东、朱德治印。钤有郑作桢为毛泽东、朱德所治印的印谱,曾由郑作桢侄子保存。历史上既为毛泽东、朱德治过印,也为蒋介石刻过章的为数不多,山东只有郑作桢先生。

郑先生与路大荒先生相识甚久,他们的交往从30年代就开始了。中华人民共和国成立后,郑作桢先生与王献唐、王统照、郑亦桥、路大荒诸先生共同服务于我国的文化事业,郑先生与路大荒先生曾共居一室办公,工作尤为相契。郑先生善篆刻,他给路大荒先生刻了许多名章和闲章。其中"大荒烬余"这方印章深得大荒先生的喜爱,在他早年收藏的许多字画上,都钤有此印。

郑先生素有藏书癖,蕉雨山房所藏多善本。郑先生病故后,其子郑士焜遵父嘱,将古籍善本千余册悉数捐献给山东博物馆,体现了郑先生与其家人的高风亮节。

跋文及拓片上多处出现的台继武先生,也是路大荒先生多年的老友。台先生系潍县人。自幼跟陈簠斋家人学习摩拓古器物,得陈家真传。台先生尤擅全形拓,所拓器物形神兼备、惟妙惟肖,其拓片本身就是精美的艺术品。台先生在中华人民共和国成立后亦供职于山东省博物馆，为山东省的金石器物摩拓、传承保留做了大量的工作。台先生与路先生相识相交甚密，也为路先生摹拓了许多器物，这也使我们看到在《大荒山人身外长物》中多次出现台继武先生亲自拓的曼生壶拓片及钤印的印章。

在第一把曼生壶的拓片的左下方，有一枚"子才"红色甲骨阳文印章。那"子"字的写法颇为罕见，像极了一个头上长着三根头发的小儿，彰显着印章拥有者高深的古文字功底。根据爷爷留下的相关资料等蛛丝马迹，以及儿时常听长辈谈及的有关人士推测，此人应该是活跃于民国时期的一位比较有名的古玩商。他经常往来于各省之间，与山东省的许多文人墨客都有联系。作为当年一位著名的古董商人，古文字功底也是十分了得。

一册薄薄的自制线装书，竟包含着如此多的信息。众多的曼生壶拓片，欣赏过去，每一把曼生壶都是那么古朴典雅，那么熠熠生辉。在认真浏览这些拓片时，感觉就像品尝古代紫砂壶艺术的饕餮大宴。在这本书中，还有这么多的文人雅士，他们个个或饱学诗书、学贯古今，或身怀绝技、卓尔不群。他们是名留史册的金石学家、版本目录学家、画家、篆刻家、古董商……这些先生的名字，有些至今在相关领域中仍然耳熟能详、如雷贯耳，但遗憾的是，有些先生虽然在当年为传统文化事业做出了很大贡献，由于种种原因，他们的贡献却鲜为人知。虽然这些先生们都已经先后走入了历史，但他们为中华优秀传统文化的传承和发展做出的卓越贡献不应该被忘记。希望通过这篇短文，我们能够重温当年他们为传承中华优秀传统文化做出的贡献，我们会永远铭记他们、纪念他们。

2022 年 2 月 22 日

曲水书巢忆往

合浦珠还
——明代周府造佛像的失而复得

周府造铜鎏金佛坐像是明代的一件金器作品。

明周府造像

明代洪武周府造铜鎏金佛造像，高6厘米，释迦像发作螺髻，手施禅定、与愿印，身着袈裟，结跏趺坐于莲台上。莲台下为六角束腰须弥座，须弥座束腰间刻发愿文云："周府欲报四恩，命工铸造佛像，一样五千四十八尊，俱用黄金镀之……洪武丙子四月吉日施。"此佛像体量虽小，但做工精巧，风格古朴，气韵十足，从整体造型到细部刻画均带有明显的唐宋造像遗韵。

据考证，"周府"为明太祖朱元璋第五子周王朱橚王府。《明史》卷一百十六载，朱元璋第五子朱橚，初封吴王，洪武十一年（1378）改封周王，十四年（1381）就藩开封。二十二年（1389），朱橚弃藩就凤阳，帝怒，使居京师，二十四年（1391）归藩。后因有谋逆嫌疑，复召还京，锢之。成祖入南京，复爵。洪熙元年（1425）薨。明代诸帝除世宗崇奉道教外，多程度不同地崇奉佛教。由于藏传佛教在内地的传播和明代诸帝对藏传佛教采取的政策、态度略有不同，明代佛像艺术出现了汉藏佛像艺术交融、交替影响的局面。

此像须弥座铭文反映了明初藩王奉佛的历史信息，周王为何要造这些佛像，且是有零有整的数目？原因还得从朱元璋的结发之妻马皇后去世说起。据记载，洪武十五年（1382）马皇后去世，朱元璋为表缅怀之意，决定选派有道高僧分别辅助诸子，一方面帮助诸子为马皇后念经祈福，另一方面对诸子实施佛教道德教化。由此因缘，诸皇子与佛教结下了不解之缘。周王朱橚大造佛像应与此因缘有关。至于他为何选定5048这一数目，有学者认为与佛教《大藏经》入藏经目有关。《大藏经》入藏经目最早由唐代西京崇福寺高僧智升编订，主要体现在他编著的20卷《开元释教录》中。在这部经目著作中，智升选取了5048卷经典作为大藏经的定数。后世雕印大藏经多以此为准，或以之为基础略有增删。也有学者认为是受到南朝傅翕大士发明的转轮藏的启发。转轮藏是一种储藏大

藏经的活动装置，转动一周，即表示念诵全套大藏经一遍，可谓一举而多得。朱橚选定此数造像兼具礼佛和诵经的功德和意义，与转轮藏的功用完全相似。应该说这两种说法都有一定的道理。

这种铜鎏金佛造像，除北京故宫博物院收藏有数件外，还见于上海、北京等地及日本等公私收藏，初步统计存世数十尊。这些造像大小、风格完全一致，应当是一模所出，只是保存品相有所不同。

我的祖父路大荒先生抗战隐居济南期间，由于收藏了南北朝等时代的许多高古佛像，曾将他的书斋命名为"六朝十佛阁"，多位书法名家为其书斋题写斋名。

我的祖父亦收藏一尊明代周府造像。他非常珍爱这尊佛像，为佛像特定制一精致的红木盒，并在盒盖上亲自刻上"明洪武周府造像"。

1966年，"文革"骤起，经过反复的抄家，所有的古董都被抄走了，周府造像也不知所终。

"文革"后的文物归还也是一本糊涂账，许多珍贵的文物古籍都失散了。我父亲在归还的东西中找到了当时抄

"明洪武周府造像"木盒

家时顺手抄走的我儿时的一些小玩意儿，将它们一股脑地放在一个盒子里，随手放在一边。随后在整理这些东西时，发现了一尊小佛像，就用黄绸子包起来放在了柜子里。

又过了好多年，父亲搬家时仔细整理了家里的角角落落，发现了几块红木碎片，经过拼凑，应该是一个小红木盒子的碎片，但是已经缺了一面，不能凑成一个完整的盒子了。但在盒子的盖子上，赫然可见我爷爷亲自雕刻的文字："明洪武周府造像 大荒藏并记。"我父亲黯然地对我说道："周府造像找不到了，只剩下这个破碎的木盒。孩子，爸爸没有精力了，你好好找个修古董红木盒的，把爷爷留下的这个小红木盒修起来，也算是个念想吧。"后来父亲将我儿时的那些小玩意儿和一尊小佛像一起留给了我。又过了若干年，我抽空收拾这些东西，发现这尊小佛像须弥座束腰间刻满了铭文。经过仔细辨认，并详细查找了资料，原来这尊小佛像就是大名鼎鼎的明代洪武年间周府造镏金铜佛像啊！我急忙将修复好的小木盒找出来，将佛像放了进去，正正好好，正是这尊佛像的原盒。经过近半个世纪的岁月，金铜佛像终于又放到了我爷爷亲手做的红木盒里了。

合浦珠还，一个美丽圆满的结局。

原载2021年5月23日《济南时报·温故》

肆 嘤鸣友声

志同道合真情在

梦回草堂

冬日里的一个清晨，我取出爷爷路大荒先生一本陈旧的册页，深蓝色的布面上题有"写我胸意"四字行书，下侧落有"甲午冬至 荒"五个小字，并钤有"路大荒""般阳人"两枚印章。显然，题签是爷爷亲笔所写，时间在1954年。

这是爷爷20世纪50年代亲笔绘制的一本小册页，这里面的画作大多是他随意而为，或一枝梅花，或一朵牡丹，有时是松竹梅三君子，有时是一块奇石。我想，这大概是爷爷闲暇时写其胸臆的文人小品画，看起来也蛮有意境的。

我就这样浏览着、欣赏着，突然其中一张画作拨动了我的心弦。这是一张相对写实的画，画面上绘有一座20世纪乡间常见的院落。几间瓦房，透过门窗，隐约看到房内有一人伏案读书。房前放置着疏瘦清透的假山石，院子里错落有致地生长着茂盛的绿植和盛开的花儿。西面的山墙旁搭着一藤架，爬满了藤蔓样的植物。简单的篱笆院墙旁，几竿翠竹随风摇曳着，好一幅安逸祥和的乡居图。

大荒画梅

路大荒绘《大荒堂图》

在这幅画作的左上角，用隶书写着"大荒堂图"，左侧由上而下写着"离我草堂已有十六寒暑，今午睡梦之。甲午冬至荒堂主人写"。

原来爷爷画的是他远在淄川的老家，生于斯长于斯的故土家园。爷爷自从1938年躲避日寇的追捕来到济南，至甲午年（1954）确已离开故土16年了。在这一刻，故土发生的事情，又一幕幕展现在他的眼前。

一、诗书人家　上下求索

我的祖父路大荒先生，名鸿藻，字丽生，亦作笠生。1895年2月18日（农历正月二十四）诞生于山东省淄川县（今淄博市淄川区）菜园村一户诗书人家。他的曾祖父是家乡有名的中医，在博山北岭街孙氏万福堂坐诊。他精于外科，治疗疮疡、外伤、骨折患者敷药即愈，在行医时对遇到的贫苦人家不取分文。路大荒先生的祖父以贸易起家，生活少有余蓄，嗜好书画，喜爱经书，大有父风。闲时与好友书画往来，

路大荒35岁照片

不亦乐乎。其父亲读诗书，性朴诚。路大荒先生自幼耳濡目染，受家庭熏陶，刻苦治学。7岁时，祖父送他去私塾读书，启蒙老师是蒲松龄的同族后裔、老秀才蒲国政先生。蒙师除循例念古籍启蒙课本外，课余假日常常讲三老祖（蒲松龄排行为三）的轶事。年幼的路大荒颇受教益，为他后来从事蒲学研究埋下了种子。路大荒先生的青少年时期，正是中国社会的大动荡时代。在辛亥革命的浪潮中，他加入了同盟会。1915年底，蔡锷将军等反对袁世凯称帝，在云南宣布讨袁并成立护国军，全国

纷起响应，路大荒先生又在1916年5月到周村参加了护国军辎重营。

在波澜壮阔的革命运动中，他先后投考了周村政法学校、北京高等警官学校等，并在淄川警察所、淄川民团工作，以求报国。北伐后他对国民政府寄予幻想，希望能通过强健身体、普及知识来报效祖国。他到北京清华大学体育系学习，学成后任淄川民众教育馆体育部主任、淄川体育场场长、淄川戒烟所所长、淄川剪发放足委员会常务委员，并兼任淄川师范学校体育教员、淄川中学书法教员及《重修淄川县志》委员会"金石门"编辑等职。

此时的路大荒先生，经济比较充裕。在公务之外，他可倾注余力从事他喜爱的蒲松龄著作的收集与整理工作，丰富自己的文物鉴赏知识。路大荒先生拜当地著名书画家毕柳村（先奎）先生为师，从毕先生处学习绘画、文物鉴定、书画鉴赏等学问。

淄川周边地区是齐国故地，地下文物非常丰富，农民从事田间劳动时偶尔可捡拾到封泥、瓦当、陶片、铜器等。这些实物为他从事文物鉴赏提供了极好的条件。他也经常与当地古董商人交谈，并通过鉴赏文物学习了古玩与古书的鉴定方法。也是在此时期，他加深了与国内外专家的交往，与梁漱溟、胡适、溥心畬等诸位先生结下了深厚的友谊。

二、研究聊斋 初出茅庐

20世纪初，日本学者平井雅尾先生以牙医的身份来到中国，在当时日本人兴办的洪山煤矿工作。由于他的工作地点距离蒲松龄故居蒲家庄比较近，随即对蒲松龄的遗著产生了浓厚的兴趣，并开始对蒲松龄著作进行收集及研究。这些日本学者，包括山下奉彦先生等在蒲学研究中与路大荒先生均有往来。在与日本学者的交往过程中，路大荒先生也敏锐地发现，这些日本学者财力丰厚，对蒲松龄先生的遗稿及重要的古籍版本颇感兴趣。在这种形势下，路大荒先生一旦发现有遗稿欲出售的线索，总是尽可能说服卖家，不让宝贵的蒲氏遗稿流失到海外。他为购得蒲松龄文集手稿及其他蒲氏文献，倾尽财力，不惜举债，在所不辞。在蒲学研究中，他与这些日本学者相互学习，交流颇多。平井先生撰《聊斋研究》中《关于聊斋遗稿》内云："幸而淄川县图书馆长兼体育会长路大荒君与余交谊有年，盖路君为当地稀有笃学之士，且为松龄翁同邑之后学，对于聊斋之研究造诣尤深。故聊斋遗稿之收藏甚夥，余承其启发之处颇多，路君所藏聊斋遗稿承其厚意，由余抄写完毕者不下数万字。……路君与胡适氏为知己之交，路君为当地研究聊斋之第一人。"1933年日本东京文求堂出版了路大荒先生注释的《聊斋外书·磨难曲》，1934年路大荒先生在上海的《国闻周报》第30期发表《蒲松龄先生遗著补考》，同年12月17日在北平《华北日报·图书周刊》发表《蒲柳泉先生故乡访书日记》等，引起国内外学术界与出版界的注意。1936年他编著的《聊斋全集》由上海世界书局出版，《聊斋全集》是当时蒲松龄作品出版史上规模最大、内容最多的一个版本，在国内外产生过广泛的影响，标志着蒲学研究走向一个新的起点，也奠定了路大荒先生在蒲学研究中的坚实地位。

三、结缘聊斋　初识胡适

胡适（1891—1962），原名嗣穈，字适之，徽州绩溪人。曾任北京大学校长、中华民国驻美大使、台湾"中研院"院长等职。胡适先生因提倡文学改良而成为新文化运动的领袖之一，对中国近代史产生了较为深远的影响。胡适兴趣广泛，著述丰富，在文学、哲学、史学、考据学、

教育学、伦理学、红学等诸多领域都有深入的研究。早在1918年3月15日于北京大学作的题为《论短篇小说》的讲演中，他就对《聊斋志异》做了客观公允的评价。他说："《聊斋》的小说，平心而论，实在高出唐人的小说。蒲松龄虽喜说鬼狐，但他写鬼狐却都是人情世故，于理想主义之中，却带几分写实的性质。这实在是他的长处。只可惜文言不是能写人情世故的利器。"在这段话中，胡适先生认为《聊斋志异》不仅是明清文言短篇小说的代表作，而且其中的一些优秀篇章也超越了唐传奇，这无疑将《聊斋志异》推到了中国文言短篇小说最高峰的位置。同时，他也指出《聊斋志异》浪漫主义与现实主义相结合的手法，流露出对《聊斋志异》由衷的欣赏与推崇。

20世纪30年代，胡适先生写有两篇蒲学研究的重要文章：一为《辨伪举例——蒲松龄的生年考》，作于1931年9月5日，初刊于1932年3月10日《新月》第四卷第一号；一为《〈醒世姻缘传〉考证》，作于1931年12月13日。这两篇文章均收入1935年商务印书馆出版的《胡适论学近著》第一集。也正是因为这两篇关于蒲松龄的文章，胡适与路大荒先生成为蒲学研究的好朋友。

早在青年时代，路大荒先生就在蒲学研究上崭露头角，收集了较多的蒲氏资料。路大荒先生所藏的资料，遇有来索借者，多慨然应允，或抄赠借阅而不独占。路大荒先生与胡适先生的友谊就是在蒲学研究中建立起来的。现代意义上的蒲学研究，以鲁迅先生的《中国小说史略》为发端。但鲁迅先生使用的《聊斋文集》是一个坊间刊本，其所附的张元《柳泉蒲先生墓表》文字多有错讹，以致鲁迅先生定蒲松龄生于1630年、卒于1715年，得年86岁。1931年，胡适先生写了《辨伪举例——蒲松龄的生年考》，论定蒲松龄生于明崇祯十三年（1640），得年76岁。适之先生后来在《〈醒世姻缘传〉考证》附录二《跋张元的〈柳泉蒲先生墓表〉》中，谈到了路大荒先生对他的帮助："去年淄川的路大荒先生在蒲松龄的墓上寻得此碑，拓了一份寄给我，我拿来细校各种传本，知道路先生的拓本每行底下缺四个字，大概是埋在泥土中了。所以我请他把泥土挖开，再拓一份。路先生接到了我的信，正当十二月寒冷的天气，他冒大风去挖土拓碑，'水可结冰，蜡墨都不能用；往返四次，才勉强拓成'。他的热心使我们今日得读此碑的全文，得知蒲松龄的事实，得解决许多校勘和考据的疑难，这是我最感激的。"此文最初发表于《益世报》，适之先生特寄路大荒先生一份，以为纪念。

　　胡适先生的《〈醒世姻缘传〉考证》也是一篇较有影响力的文章。在这篇3万余字的长文中，胡适先生主要采用了近人邓之诚编的《骨董琐记》所载，来求证《醒世姻缘传》的作者是蒲松龄。路大荒先生经过严谨的考证，对这一观点提出了否定意见。他在《整理蒲松龄诗文杂著俚曲的经过》一文中，从四个方面对《醒世姻缘传》进行了全面详细的考证，认定该书的作者并非蒲松龄先生，故未在《蒲松龄集》中采录。

　　他们这一代文人就是这样在不断的认真挖掘考证中还原着历史的本来面目。

四、教育强身　异曲同工

　　梁漱溟（1893—1988）先生是中国著名的思想家、哲学家、教育家、社会活动家。他主要研究人生问题和社会问题，是现代新儒家的早期代表人物之一，有"中国最后一位儒家"之称。梁漱溟先生是著名的爱国民主人士，与同时代的志士仁人一样，为民族独立、国家富强积极追求探索。他曾醉心于西方政治制度，先赞成君主立宪，随后又加入同盟会，投身于辛亥革命。后来转入从中国传统文化中寻求改造旧中国、建设中

华人民共和国的"路向"。他认为中国是"伦理本位,职业分途"的特殊社会形态,必须从农村入手,以教育为手段来改造社会,并积极从事乡村建设的实践。梁漱溟先生于1930年在他主编的《村治》刊物上发表了《山东乡村建设研究院设立旨趣及办法概要》,并于1931年1月说服了时任山东省省长的韩复榘,赴山东邹平筹办山东乡村建设研究院,划邹平为乡村建设实验县。乡设乡学,村设村学,以教统政,政教合一,从政治、文化、教育、风俗等方面进行了改良。此次乡村建设实验持续了长达七年,后又推广到济宁、菏泽等地,直到日寇入侵中国才被迫停止。他身体力行,给当时的山东农村带来了一股新风,也给年轻的路大荒先生带来了惊喜和希望。梁先生教育救国的思想与路大荒先生当时的思想不谋而合。从路大荒先生的日记中可以看到他是多么赞同梁先生的主张。

路大荒先生在民国二十一年(1932)的日记中详细记录了他首次参观乡村建设研究院的情景:

> 山东乡村研究院(梁漱溟先生主办)设于邹平。早想着去参观,今日才将好逸恶劳的心战胜了,四月七日约孟俊生于下午五点三十分由淄川西关乘汽车往周村,六点半即达目的地,即同俊生住朋友处(鸿昌义)。
>
> 八日乘人力车向邹平出发,幸当日雨过天晴丽日和风,经过村庄绿柳垂杨,麦陇秀清。远望长白、白云二山高耸云霄,真是一幅天然图画,身为画中主人翁,觉得万分快乐,旅行为人生活中美的享受。到此领略了两个时辰的好风光……询到研究院门首的传达者说明来意,须预约入招待室。经一许先生接见,用和蔼的态度,来与我们谈话,也觉得十二分的可敬。
>
> 该院设训练部,地址为旧舍后稍加整理,学员均住于此。旋即

经一高先生引导过招待室后门参观训练部全部，适学员正在休息间，个个表现出朴诚的态度。忽遇旧同学数位，不胜惊喜若狂，寒暄数语，即被引导赴研究部参观。该部在训练地之东，地址为一旧庙，略加修葺，地虽较小，亦整洁，旧舍整新深深地表现出我们老大的国家维新成功的模样；将自己的文明仍然保存着朴诚的作风，而用科学方法加以发展，即成为甚好的东西。学员多数正在教室自习，却体现敏思好学的样子。出该部后，经旧同学孟、邹二君引导参观农场，是处为一旧教堂改建的，约十余亩，分田艺、园艺、畜牧。田园均在播种，畜牧养着利行鸡、波支猪、奶羊等。旋入一室休息，由孟同学介绍鲁溪先生详细说明该院设施及对邹平考察各区土壤，需要派学员分别指导合作。我听到之后与去岁我拟创好流动牧师分乡指导法相合，改良鸡种、猪种将来对于农村经济发展亦有很大关系。先生讲话历时许。出场门后，与孟、邹二君握手告别。仍伴孟俊生原路返回。

途中深感于鲁君与我们谈话时诚恳的态度。到了周村，可爱的太阳亦宣告下野了，待它东山再起的时候，我即乘汽车转归家中。才将昨日情形和感想记出。

路大荒先生当时认为，梁先生放弃北大教授的身份，到偏远的山东邹平农村地区搞乡村建设，且搞得如此成功，非常令人敬佩。儒家的义理放在农村去唤醒民众、去教育、去实践，实现儒家教育救国，这与他体育强身救国、知识教育救国的理想有异曲同工之妙！他们的友谊就是从山东乡村建设开始的。尽管经过了半个多世纪的沧桑巨变，祖父的许多日记及资料都遗失了，却仍然珍藏着梁漱溟先生送给他的一把书法成扇，它真实记录了两位先生之间的友谊。1976年10月，在路大荒先生

离世四年后，终于迎来"文革"的终结。1980 年，山东省人民政府在英雄山为路大荒先生举行了隆重的追悼大会。1987 年家人遵照路大荒先生生前的遗嘱，将他的遗体运回淄川老家安葬。已经 95 岁高龄的梁漱溟老人亲自为路大荒先生题写碑文："一九八七年　路大荒先生之墓　梁漱溟题。"该墓园连同梁漱溟先生题写的墓碑现已是淄博市文物保护单位。

梁漱溟书法成扇

五、心畬大荒　金石知己

溥心畬，原名溥儒，满族爱新觉罗氏，初字仲衡，改字心畬，自号羲皇上人、西山逸士，也自号旧王孙，且流传最广。他是皇亲贵胄，为清道光帝之曾孙、恭亲王奕䜣之孙。溥心畬先生是我国著名的国画家，他少而好学，据其自述："余从七岁学作五言诗，十岁作七言诗，十一岁始作论文。"先生于1910年至1922年先后就读于北京政法学堂、青岛威廉帝国研究院。弱冠之年，曾有过留学德国的经历，所学为生物学和天文学。辛亥革命后，随母亲隐居北京西山戒台寺牡丹园十余年，闲来无事，终日读书，由经学入门，继而诸子百家、诗古文词，而在文史方面所下功夫尤深。其后迁居颐和园，专事绘画，始与张大千等画家来往。1926年，在北京中山公园举办首次书画展览，声名大噪。据台静农《有关西山逸士二三事》讲述："他的润笔在北京琉璃厂肆固然是居第一位。"

路大荒先生与溥心畬先生相识于抗战前的淄川，我曾见到溥儒先生1932年赠送给路大荒先生的书法作品。1938年11月，路大荒先生做北平之游，其中一事即拜会溥心畬先生，并请他为其珍藏的《聊斋文集》手稿绘制《聊斋著书图》。该图绘画精美，高山峻岭下，一间茅屋位于苍翠林木之中。屋旁小桥弯弯，溪水潺潺，一老翁端坐屋中，专心致志地著书立说。画面上角题"聊斋著书图，庚申岁暮，大荒先生属作。溥儒"。此图与《聊斋文集》手稿一起，被路大荒先生于1962年捐献给山东省图书馆，现为山东省图书馆的镇馆之宝之一。

"溥儒谢大荒赠汉永元砖"书法

溥儒先生不但书画造诣甚高，对金石文字也具有高超的鉴赏水平。他非常喜爱战国陶文、秦砖汉瓦等文物。因山东是具有悠久历史文化的文物大省，战国时期是齐国及鲁国所在地，所以溥先生希望路大荒先生能够给他搜集一些文物。当时在潍县、临淄一带，当地农民懂得在田间拾取有文字的陶片、瓦当换钱或粮食。路大荒先生经常到乡间悉心搜集汉代瓦当等文物，并徜徉于各个文物店，一旦收集到精品文物，他就通过济南的朋友张海青先生捎到溥心畲先生家中。当时张海青先生是一位喜欢书法及金石研究的青年，供职于铁路局机务段，每月跑两趟北平，往来两地较为方便，便充当了大荒先生与心畲先生的信使，有许多书信也是通过张先生送达的。每次收到物品，溥先生总是认真地写下收条，签字盖章后，请张海青先生捎回。

1946年，时任民国总统的蒋介石特邀溥心畲先生为"满族代表"参与"制宪国民大会"。溥心畲先生以"制宪国代"的身份奔走呼吁，为满族争取到"行宪国代"和"制宪国代"各17个名额。在会上，溥心畲先生撰写了《溥代表在开大会时为满族问题进行经过》。在这份提案中，先生从16个方面争取满族地位平等，如依照满族人口之比例确定满族"国大代表"人数，呼吁汉满蒙回藏各族地位平等，今后宣传中应予以删除侮辱满族之词句，对满族文化予以扶持发扬之实力援助，函请主席为发起组织"满族文化协会总会"以发扬满族文化而增进世界文化，等等。溥心畲先生特将此提案全文寄送路大荒先生一份，并在首页位置亲笔写道："大荒先生鉴：来函诵悉，兹寄送《在开大会前后为满族问题进行经过》，一份用代函复印。希检收存阅，并望随时指导为荷。溥儒启　元月八日。"由此体现了两位挚友之间的信任与相互支持。

溥心畲先生与原配夫人罗清媛女士感情甚笃。1917年，溥心畲先生迎娶了清末陕甘总督甘升允的女儿罗清媛。罗女士温良贤淑，为溥心畬先生生了一子二女。罗清媛女士亦是一位雅擅丹青的才女，婚后二人琴瑟和谐，经常联手作画，并举行过联合画展，是人人羡慕的神仙眷侣。溥心畬先生与妻子结婚三十周年时，曾在夫人画成的"古代仕女——夫人小影"长方形的白色棉纸下方描绘了一个半倚在椅子上的高髻、长衫的古代仕女，气质若兰。并在画面上方记载了自己抚琴、妻子赋诗的美好往事。小文的最先部分是先生写给妻子的回文诗："飞燕双栖春梦长，月如眉掩镜台妆。帷云满落红梅影，徽玉零烟飘暗苍。"然而，1947年正是两人结婚三十周年之际，罗清媛却先离他而去，病逝于颐和园介寿堂，令溥心畬先生倍感伤情。溥心畬先生为夫人举行了隆重的丧葬典礼，并给他的老朋友路大荒先生正式发送了讣告及邀请函。大荒先生收到讣告后即刻回信："……惊悉贤夫人仙去，不胜怅悒……谨奉上挽联一悬，略致鄙意，肃上敬颂近祺，不尽缕缕……"

1949年10月18日，溥心畬先生悄然离开大陆赴台，再也没有回到故土。由于历史原因，路大荒先生与溥心畬先生也没了书信来往。每当路大荒先生望着溥心畬先生送给他的书法及绘画作品时，总是唏嘘不已，心底里深深地怀念这位故友。

六、远方游子 魂归故里

"风一更，雪一更，聒碎乡心梦不成"，转眼间路大荒先生已经离开故土十六载了。在他的记忆中，故乡永远是那么美好、那么温馨。草堂前的一草一木，甚至篱笆墙上攀爬的小花、墙边的那几竿翠竹，都是那么使他魂牵梦绕、不能忘却。他篆刻的印章上是"淄川路大荒""古般阳人"，他浓重的淄川口音，多年来也没有改变。这十六年来，他无

曲水书巢忆往

时无刻不在思念着故乡。但是抗战时期，日寇追捕，他不敢回乡；解放战争时期，家乡频发战争，他不能回乡；中华人民共和国成立了，天晴了，但忙碌的工作使他没有时间回乡。"人言落日是天涯，望极天涯不见家"，路大荒先生日夜思念着他那难以忘却的故乡。

20世纪50年代，在山东省人民政府的委托下，路大荒先生与时在山东省文联工作的陶钝先生一起前往淄川蒲家庄成立蒲松龄故居筹建委员会，并着手故居的重建工作。蒲松龄故居的修复重建是他的夙愿，他满怀热情地投入到这项工作中去。

蒲家庄距离路大荒先生的故乡菜园村只有数里地之遥，工作之余，他终于可以回到自己的家乡、自己的祖屋去看看了。"稚子牵衣问，归来何太迟？共谁争岁月，赢得鬓边丝。"当路大荒先生身处祖屋，儿孙环绕的那一刻，我想他一定百感交集，潸然泪下。他居住的房屋及书房早已被日寇焚毁，同时深陷火海的还有他没来得及转移、视之为珍宝的各种古籍版本及文物字画。十几年过去了，那焚毁的断壁残垣还在，只是为高过人头的荒草杂树所埋没。路大荒先生在祖屋前停留了许久许久，在与他的祖屋拍照留念后，又投入到蒲松龄故居的修复工作中去。

中华人民共和国成立后，由于工作原因，爷爷长期居

路大荒在祖屋前留影

留在省城,直至终老。随着年龄的增长,他的思乡之情也愈加浓烈。"心逐南云逝,形随北雁来。故乡篱下菊,今日几花开。"弥留之际,他嘱咐家人,将他归葬故乡。我想魂归故里的那一刻,他的心灵将无比安详。

原载《聊斋园》2023 年第 1 期

曲水书巢忆往

路大荒先生与秋柳园街 18 号

济南美丽的大明湖畔,有一条古老的小巷,它就是位于大明湖东南岸的秋柳园街。当年它是一条东西走向的街道。东起汇泉寺街,西止学院街北口,北邻西镰把胡同,南通皮家胡同,因一座叫作"秋柳园"的老宅子而得名。

一、因诗而生秋柳园

据传此地是清初名士王士禛读书的地方,王士禛 22 岁考中进士,顺治十四年八月游历济南,遍邀在济名士,集会于大明湖天心水面亭上。据载,彼时济南秋意日浓,王士禛见环湖柳树叶已微黄,若有摇落之态,触景生情,即席赋《秋柳四首》。

王士禛所作秋柳诗传开之后竟然风靡一时,大江南北一时和者数十家。后来历下文人在大明湖畔成立了"秋柳诗社",并建馆舍多间,取名为"秋柳园",多有文人在此观柳赏荷,即兴赋诗。秋柳园遗址在大明湖东南岸的一片树林中,清代朱照云的"数椽馆舍明湖侧,后辈人传秋柳章"、董芸的"霜后残荷雨后萍,几株烟柳尚青青",吟咏的均为秋柳园景色。清末，人们又将大明湖畔秋柳园南的一条小巷命名为"秋柳园街"。

如今的秋柳园街，早已在2001年大明湖扩建时被纳入了大明湖新区，但完整地保留了这条幽静的小巷，长只有百余米，宽仅三米多，依然是当年的尺度，依然是老石板路面。置身于秋柳园中，石桥、长廊错落有致，忽隐忽现。满眼的花木尽显野趣，肆意生长的芦苇、横垂水面的柳枝，依然适合人们在柳荫下草坪上怀古凭吊，吟诗作文。

秋柳园街故居远景

二、抗战隐居秋柳园

1937年七七事变爆发，日寇发动全面侵华，烽烟骤起。几月之内山东沦陷，12月27日，淄川县落入敌手。我的祖父、蒲松龄著作研究专

家路大荒先生由于拒绝与日寇合作，拒绝交出蒲松龄手稿及珍贵文物古籍，遭到日寇的通缉。他在爱国志士及表弟高梦周先生的帮助下，连夜逃出淄川。他先将珍贵的蒲松龄手稿等古籍文献密藏在博山高梦周先生家中的夹壁里，后辗转经周村至济南城里。此时，高梦周先生早已与居住在济南的朋友王宝昌先生联系好，将他安排到王先生位于秋柳园街18号的寓所中。

王宝昌先生当年是山东省督军兼省长田中玉的幕僚。田中玉，字蕴山，1869年10月出生于直隶临榆城西高建庄（今河北省秦皇岛市山海关区高建庄），清末民初著名的军事将领，北洋政府、皖系军阀人物，新文化运动时期曾任山东省的督军兼省长。在他的治下，担任济南省立第一师范校长的王祝晨先生在山东大力推广新文化运动。也是在他的治下，新文化运动的领袖胡适先生三次来山东作演讲。在胡适笔下，这个被后来人认作是军阀的田中玉文质彬彬，是一个耿介而又清廉的好人。王宝昌先生作为幕僚，不但参与督军的文字与秘书工作，还由于精通中医，兼做田中玉的医疗保健医生，深得田督军的信任。彼时他在济南家底丰厚，位于秋柳园街的房产占地颇大，三进院子里拥有中式楼房和西式楼房各一座，另外还有一些中式房屋。王宝昌先生一家住在那座中式楼房里，将路大荒先生安排在临湖而建的西式楼房里居住。

那时的秋柳园街幽静且人烟稀少，路大荒先生为防避敌伪迫害，改以路爱范为名，他的隐居生活就这样开始了。他怀着不甘做亡国奴的心情，吟诗、作画、写字、治印、舞剑、课徒，并继续着蒲氏著作的收集整理及研究。先生在《戊寅历下杂记》（1938）中，记述了身处困境中的蒲学研究情况："这年重九前一日，同友人李振华、罗锦章同逛曲水亭街上的旧书肆访书，忽然发现聚古斋书肆里有《聊斋文集》六册，而索价甚昂，但囊空空如也，何能获之，即借归，灯下抄其篇目及首卷序题三篇,末卷诗四首,俟异日与我烬余者一校。抄毕,时钟已报三响矣。"

他还记述了购得宋眉山刻《宋书》残本时的心情:"只身飘零,一息尚存,旧嗜仍未能除……购此帙,即缩两月之费收之。余家人嘲我邋遢,今竟与是帙相遇,物以类聚,其欣然欤……锦章知我装书乏资,资以由燕市选购之佳纸为我补缀装订,护书如锦章者,异日书林当又添一段佳话……舌耕无力,寄食亲友,古籍一时臻至,上苍又何待之独厚,然终不能释我生不辰之憾尔。"

大荒先生隐居济南期间,以课徒卖画卖字或古董生意谋生,生活非常清苦,整个抗战时期,尽管收入无保障,生活常拮据,大荒先生仍坚持不就日伪职务,不与日伪人士来往,宁忍受贫困而不丧失民族气节,他在一首打油诗中写道:

从无足迹八卦楼,百花桥头任句留。如今美人尽烫发,自古名士不推头。菜不打油诗打油,日日看人荡轻舟。釜无余粟书满屋,破瓦残笺当金收。

大荒先生善画梅,著名画家张彦青先生在他的回忆文章中写道:

在敌伪时期,他常画梅花,偶尔也画几笔松竹借以抒怀。曾看到他在1940年画的一个墨梅扇面,自题"人比黄花瘦,李清照之句也,吾比黑花黑,又谁之句也?"其爱国愤世之情,洋溢纸上,也感人至深。还见过他那时期画的一幅红梅,上有题跋:"丹心一片无他意,不画别花画国花。"这两句话的确对他不卑躬屈膝的爱国情操,淋漓尽致地道出了真谛。

秋柳园街大荒故居

大荒先生在秋柳园期间，虽然生活清苦，但与国内及山东诸多知名学者多有来往，读书作画，金石考古，成就了一段佳话。秋柳园街18号这座西式楼房，是临大明湖西南岸而建，打开西面的窗户，一湖景色扑面而来，湖心亭、历下亭、铁公祠尽收眼底。这座小楼，彼时也成为驻济文人学者画家聚会的场所，俨然一文化沙龙。他们清茶一杯在手，读书赋诗，低吟浅唱。路大荒先生与书画家们在墨色中游走，在线条中漫步；与文物考古专家们探索远古的青铜、古陶，研究扑朔迷离的甲骨、封泥。面对窗外的明湖美景，或高谈阔论，或低唱浅酌。谈至兴起，大家便相约泛舟湖上，行至历下亭，继续他们的湖上雅聚。

石谷风先生，大荒先生的忘年交，1940年来到济南，拜大荒先生为师学习版本目录、金石考古。石先生在回忆录中多次提及：

抗日战争初期，路先生的家产被日寇焚尽。他不愿为敌伪工作，蛰居大明湖畔秋柳园，清贫自守，艰难度日，将画室取名"大荒堂"。路先生不仅治学严谨，为人行事也刚正不阿。我敬重他的学问，更敬重他的人品。我们朝夕相处，谈书论画，切磋技艺，可谓莫逆之交。那时我经常来到位于大明湖畔秋柳园一座小楼即路大荒先生的住处请教。这里是清代著名诗人王渔洋的故居，书房窗外就是大明湖，环境幽雅。我们虽然生活清苦，但常常以书画自娱，一起读书作画，一起讨论金石考古。许多在实践中遇到的难题，都是在请教和讨论中豁然开朗，使我终生有用。通过路大荒先生，还陆续结识了当地的老书画家刘大同（号芝叟）、王讷（字墨仙）、关际颐（字友声）、黑元吉（字伯龙）、弭菊田等。每逢周日，我还与他们一道去大明湖心的一个小岛——历下亭中聚会。那里花木成荫、优雅僻静，为历代文人骚客青睐的一处名亭。亭上有唐代诗人杜甫撰写的名联：海右此亭古，济南名士多。历代大家赵孟頫、王渔洋、何绍基等都曾在此留下过诗词字画。我与济南诸多文人学者书画家在此品茗读艺，乐此不疲。

1939年12月27日，高梦周表弟从博山来济南秋柳园街18号见他，最重要的是表弟此次来济秘密携带着蒲松龄《聊斋文集》手稿，完璧归赵，毫发无损地交到了大荒先生手中。大荒先生难得地露出了由衷的笑容。两人把臂畅谈甚快！大荒先生曾在日记中感慨地写道：

株守书卷如蠹鱼，天牌地牌侬不爱，破瓦烂铜心所珍。典衣缩食收书画，人笑我痴痴又痴，老妻劝我置田宅，弱女索我买绢丝。一见古玩都不顾，数年佣书买文抄，积得满屋尽废纸。去岁三月一

劫火，化为烟尘皆乌矣。心如刀割奈若何？肠欲断。当时即是一身殉。思高堂尚有白发亲；再浮一大白即作了，物先故我也算好。至今只身来燕市，厂甸书肆时常走；如过屠门一大嚼，不得含肉也快口。今已老矣性不改，思量还是读书好，但求烽火早日息，深山结成一草庐；一灯一砚度晚岁，多读人间未见书。吁嗟乎，人生一切如幻影，何必日日坐愁城。达人知命通无忧，今我放歌且饮酒。寄食亲友困如我，朝朝抚古三摩娑。家有高堂即为福，键户研求笑公侯。挚〔掷〕笔再饮一杯酒，一杯酒〔浊〕酒入喉口。

此乃路大荒先生"平生贫贱乐"的缩影。发自肺腑，向往和平，企盼早日将日寇赶出中国，体现了先生特立独行，遵从古训"不事王侯，高尚其事"，保持爱国主义的民族气节，以及对蒲学研究的执着情怀。

三、难以忘怀秋柳园

时济南市考古研究院院长李铭研究员在拆毁的故居前

在王宝昌先生的关照下，路大荒先生在秋柳园街18号居住了13年，一直到20世纪50年代初期，路大荒先生资助其大女儿、我的姑姑在曲水亭街买了一座四合院后，才搬到曲水亭

父母亲在秋柳园故居前留影

街与女儿同住。2001年济南市实施大明湖扩建改造工程,整个大明湖东部包括秋柳园区域都要拆迁。当我的父母亲听说秋柳园的老房子面临拆迁时,感到非常惋惜。我们全家赶到秋柳园故地重游。年逾古稀的父母亲特地在秋柳园故居门前合影留念,向着这座记录了他们父亲的故事的建筑告别,向着这座满载着他们青春回忆的建筑告别。社会各界人士也十分关注祖父的这座故居,山东及济南的几家主流媒体,如《齐鲁晚报》《山东商报》《济南时报》等都就秋柳园街18号拆迁问题做了大量的跟踪报道,呼吁保留这座故居。虽然它最后还是被拆了,但在各级政府的重视下,在专家教授、媒体的大力呼吁下,祖父曾经居住的曲水亭街故居最终得以保留,并于2013年被山东省人民政府正式批复为省级文物保护单位。

一个秋日的傍晚,我漫步在已经处于大明湖新区内的秋柳园街上,修葺一新的园区及"秋柳书社"等建筑里游客熙熙攘攘,昔日的旧建筑已荡然无存。面对着这些崭新的仿古建筑,我的内心还是多多少少有些失落。站在明湖岸边向西望去,在夕阳的照耀下,湖面上波光粼粼,这应该就是当年祖父与他的好友们遥望湖面的角度吧。

曲水书巢忆往

从秋柳园故居遗址向西望去

  大半个世纪过去了,我们的国家发生了翻天覆地的变化,中国人民站起来了,我们再也不会受外敌欺辱了。改革开放使我们的人民富起来,我们的国家强起来,中华优秀传统文化也得到了更好的传承和发扬光大,祖父他们应该感到欣慰了。

原载 2023 年 1 月 2 日《济南时报·人文》

王献唐与路大荒
——山左三杰两相知

王献唐（1896—1960），中国现当代杰出的历史学家、金石考古学家、文献学家。初名家驹，后改名琯，字献唐，号凤笙，以字行。生于山东日照韩家村一个书香之家。幼承家学，5岁入本村私塾，11岁入青岛礼贤书院学习国文和德语，后入青岛德华特别高等专门学堂深造，学习西学知识，从而为他以后的国学研究拓宽了视野。在他的从业生涯中，曾先后任编辑、记者、山东省立图书馆馆长、中央国史馆副总纂修；中华人民共和国成立后，任山东省文管会副主任、北京故宫博物院铜器研究员等。

王献唐青年时期照片

王献唐先生是一代国学宗师，一生涉猎历史、考古、金石、文字、音韵、训诂、版本、目录等多种学科领域，均卓有建树；他于诗、书、画、印等传统才艺亦功力深厚，可谓无学不涉，涉无不精。1958年，郭沫若来济南视察时，曾亲自登门拜访他，并当面尊称这位比自己小十几岁的

齐鲁学人为"王献老"。他为抢救山东地方文献不遗余力,奠定了山东省立图书馆在全国的领先地位;抗战期间自筹运费亲自押运十余巨箱馆藏精品至四川乐山,以献身精神保护了一批山东文献精华。他嗜书如命,一生收藏无数,然于生前身后却将大部分珍品捐献给了国家。

20世纪中前期,王献唐、路大荒、栾调甫先生共同高举朴素求真的"齐鲁学派"大旗,就学术成就与私人交往而言,可并称"山左三杰"。

王献唐先生与路大荒先生最早是从哪一年开始交往的,现在已经不好考究,但是两位先生真挚的友情和一起为祖国文化事业做出的巨大贡献是永远不能忘怀的。

1933年,路大荒先生某次到章丘访书,偶然发现清代泰山真合斋徐志定磁版印行的《蒿庵闲话》下册,遂价购带回济南。大荒先生将该书拿给王献唐先生观赏,王先生即取出1932年在四川买的此书,两相对比,结果令人异常欣喜。王先生的一册是上册,同属真合斋磁版,而且两册的书型纸色相合,开本与印纸色度及边角磨损痕迹亦完全吻合,竟然是原属同一部书的上下两册散后复合。一部绝版书破镜重圆,两人欣喜若狂。王献唐先生遂在该书上亲笔题记,记述路大荒先生访书购书的简况。泰山真合斋磁版印书仅有两种,除前述《蒿庵闲话》外,另一种是《周易说略》,两种同为清代经学家济阳张尔岐所著。据考证,磁版本系泰安徐静夫先生所创,徐氏系雍正年间举人,曾任知县,康熙五十七年(1718)冬天他创造了磁活字版,第二年己亥(1719)春天印成了同乡张尔岐所著的《周易说略》,可惜目前仅日本有藏。

到了60年代初,济南古旧书店出售的古籍中不时有王献唐先生的藏书出现,路大荒先生为山东省图书馆购得其中的《蒿庵闲话》上册,使这套书又得以团圆。此书后被北京图书馆调去,现藏于国家图书馆,为国家级文物。此种情形,看似巧合,实非偶然。是因王献唐先生和路

王献唐绘荷花

王献唐绘兰花

大荒先生具有丰富的版本目录鉴定知识，对地方文献尤为谙熟，以保存传承文化为己任，见好书而不愿失之交臂，才会发生这样的奇迹。

此时路大荒先生作为分管古籍善本图书的副馆长，提出建议："此后凡遇有王献唐先生钤印或题跋的书籍都应采购入藏。"随即获领导同意。20世纪60年代后半期山东省图书馆先后从济南古旧书店购得王献唐藏书有题跋者多种，都是路大荒先生建议的结果。

1936年，路大荒先生着手组稿《聊斋全集》，经王献唐先生介绍认识了上海书局赵苕狂先生（浙江绍兴人，原名赵泽霖，字雨苍，号苕狂，南社社友，鸳鸯蝴蝶派作家）。《聊斋全集》便由赵苕狂先生编辑出版，共收文290余篇、诗355首、俚曲十种，并附有路大荒先生编著的《蒲柳泉先生年谱》。虽然赵苕狂先生依据胡适的推论，将《醒世姻缘传》当作蒲松龄的作品编入了《聊斋全集》，但瑕不掩瑜，以当时的学术条件而言，该书收录还是比较完备的，为研究者提供了便利和参考，对当时的蒲学研究起到了很大的推动作用。可以说《聊斋全集》的出版，王献唐先生功不可没。

路大荒先生的高祖路希周（生于清嘉庆三年戊戌，卒于光绪十年甲申），字梦园，号蔬村。蔬村老人素喜吟咏绘事，遇林泉胜景，辄挥毫写之。年七十置案头短纸方本一册，师承扬州画家石成金《天乐图》笔意，描绘乡土朴诚风俗，豆人寸马，细微中见精神，意境清新，自然有趣，题词以自娱，曾辑有《蔬村画本》一册，嘱路氏子孙珍藏。1936年，时任山东省立图书馆馆长的王献唐先生为此册题词："大荒道兄能书善画，须承过访，出其先德蔬村先生画稿见视，工密雅安，游心于古，知大荒家学渊源有自来矣。古人皆重粉本，先生此作正与粉本同用。世业维艰，望共勉之也。二十五年四月虹月轩书后学王献唐。"

1937年，七七事变后，华北形势危急，日本侵略军逼近济南。王献唐先生为使山东省图书馆的馆藏珍贵图书、文物免遭战火焚毁和落于敌手，毅然决定卖掉自己的收藏，筹措经费将其转移至大后方保存。他选取馆藏宋元版善本书、唐人写经、商周铜器、秦汉瓦量、明代瓷器等装成十巨箱，只身率领编藏部主任屈万里和工人李义贵，别妻离子，辗转于曲阜等地，最后运至四川乐山，存入大佛寺天后宫中。在川期间，图书馆失去建制，经费来源断绝，他就利用去大学兼课的收入等，维持日常开销。他们经常要躲避日军的空袭，常年流离于崖洞佛寺，"虽衣食不继而志守弥坚"。先生的住室命名为"那罗延室"，"那罗延"系梵语，为金刚坚牢之意，借以表达其矢志守护国家珍宝的坚定信念。

在那些风雨飘摇的日子里，路大荒先生在济南坚持不给日本人做事，王献唐先生在四川以一己微薄之力守护着国家瑰宝。路途遥远，战火纷飞，消息全无。1945年8月15日，日本投降。12月27日，济南、青岛、德州战区日军受降典礼在山东省图书馆"奎虚书藏"一楼大阅览室举行。此日，正是济南陷落八周年。王献唐先生虽在远隔千山万水的四川，但抗战终于胜利了，又能得到家乡的消息了。从仅存的书信中可以看到，1946年8月28日王献唐先生在给大荒先生的信中写道："大荒道兄左右，战后即不得兄消息，顷获赐笺，喜慰曷已。时局如斯，百事停滞。弟去秋胜利后即拟飞济，手续已妥而大病作，今虽获愈，已衰弱不堪。馆物一部分留川，交通困难，一时难运，亦随卧养于斯，可笑也……兄近作何事，将来弟回济能见助否？幸不吝示知……"

同年，应大荒先生的请求，他从巴蜀给大荒先生寄来了一幅山水画，上面题道："大荒道兄远道索画，时余属渝州歌乐山，即写山之一角为应归。"大荒先生对此画非常看重，精心装裱后亲自题签，上面写道："蜀山一角，献唐道兄抗战入蜀胜利后，以事尚未返鲁，寄此图来聊慰远思。卅六年伏月大荒记。"

1947年，王献唐先生因脑疾加重赴北平警察医院就医。六月，在协和医院做完开颅手术后回到济南休养，此时先生的身体已经非常虚弱了。抗战时期，王献唐先生别妻舍子，千里迢迢，护送国之瑰宝入川，保存了珍贵的齐鲁文化精华。但作为一位著名的收藏家，他虽然对自家的藏品珍爱有加，但为了多保留一点国家的文物，先生启程时未带一件自家藏品。回济后的12月21日，他在给大荒先生的一封信中写道："大荒我兄侍史，大函诵悉，弟还都多日，而旧疾未瘳……天气严寒……恐贱体难支……廿六年冬弟外出时只带公物，若个人收藏书籍以四箱托王贡忱代存，以三箱托徐芳洲代存，敬希费神代为查询情形。徐之居址为道院分院（书箱存其楼上），与贡忱家相距甚近，问贡忱或道院可知也……"路大荒先生接到挚友的托付，马上就去寻找王先生放在友人家的藏品，使其完璧归赵。王先生在次年2月15日的回信中写道："大荒我兄左右，两承赐函，弟所藏书籍蒙费神探询，尚完全无恙，既纫高谊，心亦窃喜……薤露歌残手自书，柳泉妙笔似黄初。年来庋入匋文馆，珍重人天万劫余。大荒先生编印《聊斋全集》，继得蒲氏祭文稿本，十年前曾为署签，兹复持来敬题二十八字，盖从兵火中获持而出也。戊子秋　献唐。"两人的友谊可见一斑。

1950年，王献唐先生从大后方归来后，经过一段时间的休息及治疗，身体渐渐康复。在他的推荐和邀请下，路大荒先生被调去山东省古代文物管理委员会工作。1952年，两位先生有几次共同到淄博考察齐长城遗址，亲自登上"双雄山""凤凰山"西麓，以及"围屏山"等遗迹进行深入调查。考证的结果提示博山地处齐长城所经之地，确切无疑。后来大荒先生就这次考察结果在中国史学会济南分会会刊创刊号上撰写了《山东周代的齐国长城》一文。

1952年，在山东省人民政府的委托下，大荒先生前往淄川蒲家庄成

嚶鳴友声　志同道合真情在

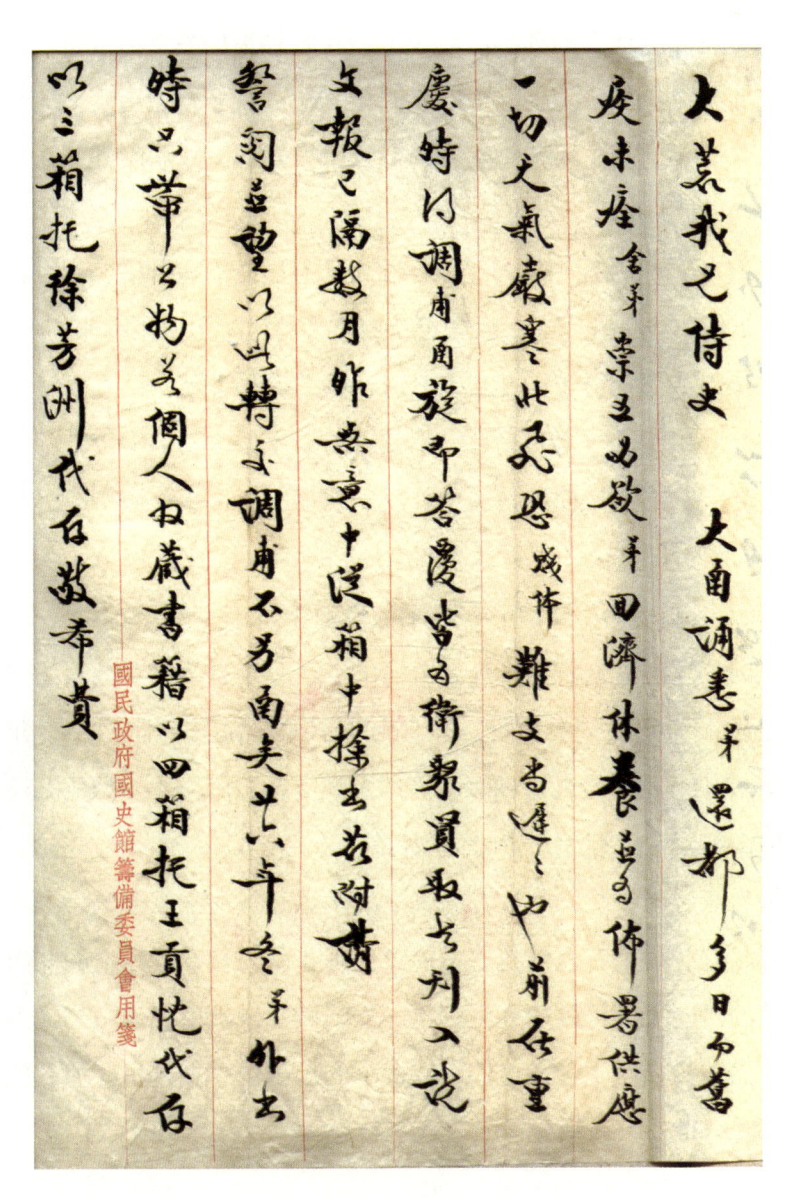

大荒我兄侍史　大函诵悉，早還都多日，前舊
庚来烽舍弟奉主由發，早回濟休養甚多，伏暑供應
一切文氣嚴寒此亦恐歲悴難支，書遲遲早前在重
慶時内调甫發印答慶當予衛署員取去刊入党
文報已隔數月昨無意中從箱中撿去若附寄
警鈴益豐以四轉予调甫不另寄去共六年冬早外去
時只攜予物等個人私藏書籍以四箱托王貢忱代存
以三箱托徐芳川代存數奉貢

王献唐致路大荒书信

立蒲松龄故居筹建委员会，并着手故居的重建工作。经过数年的努力，故居的房屋和墓地上的碑楼已经竣工，开始筹集相关文物资料，转入陈列布置的第二个工作阶段。1955年，王献唐先生亲自题写了"蒲松龄先生故居"匾额，并由大荒先生带回淄川。第二年，故居对外开放，制匾悬挂。

1958年，路大荒先生为《渔洋山人评点昆仑山房诗稿》一书绘图一幅。王献唐先生为此写有一段题记，曰："此昆仑山房诗为张历友手缮，王渔洋评点。大荒得于阳九百六之时，精装珍如珪璧，以人重且为珂乡文物也。卧病济上，得一过目，幸其不随劫火俱去。但笑大荒之痴，此时稍有阿堵物，不变而纳诸腹中，反以装书，真怪事。怪事时时有，有而记之，俟大同世人，观觅以为笑也！"

1960年11月16日，王献唐先生病逝于济南，终年64岁，葬于济南万灵山公墓。路大荒先生怀着沉痛的心情，亲自为好友题写了碑文。可惜墓碑在"文革"中被毁，碑文内容不得而知。幸而于1993年3月21日，在山东省及青岛市两级政府的重视下，王献唐先生的陵墓迁至青岛浮山山阳，与康有为先生的陵墓相邻。

每当清晨或傍晚，附近青岛大学的学生经常在王献唐先生陵墓旁看书学习，有时也会有人给先生墓前献上鲜花。我曾在王先生的儿媳安可荇阿姨的陪同下为王献唐先生扫墓，安阿姨欣慰地对我说："你王爷爷最喜欢念书的孩子了，有这些喜欢读书的孩子经常在这里念书，他在地下有知，一定非常高兴。"

原载2021年4月16日《济南时报·温故》

路大荒先生与红色文物专家吴仲超

1948年9月14日济南解放,路大荒先生时年53岁,他高尚的品格及渊博的学识受到了党和政府的重视。在济南战火刚刚平息、百废待兴的情况下,路大荒被任命为山东省图书馆整理委员会主任委员、山东省图书馆副馆长、山东省古代文物管理委员会委员,为战后国家收藏保留传世的历史文物、征集散落在民间的图书、接收敌伪机关团体所存的图书文物等工作,紧张地忙碌着。

吴仲超

就在这一特殊时期,路大荒先生遇到了一位有着浓厚的文物保护情结的党内领导,他就是山东省古代文物管理委员会首任主任吴仲超同志。

吴仲超(1902—1984),1928年加入中国共产党,曾任华东党校副校长兼华东人民革命大学副校长、山东省古代文物管理委员会主任、中共中央华东局副秘书长。其间,为党和人民征集保存了大量珍贵文物。中华人民共和国成立后,任中华人民共和国文化部部长助理、故宫博物

院院长兼党委第一书记。

1948年底,吴仲超同志回到山东开展革命工作,任山东省古代文物管理委员会主任委员。作为文管会的首任领导,吴仲超同志非常尊重和重视这些老专家。他尊重知识,尊重与爱护广大学有所长的知识分子。在路大荒先生他们这些知识分子眼中,他既是一位礼贤下士的领导,也是一位关心文博事业的文物工作者。

他对学有专长的专家特别尊重,既委以重任,又充分信任并予以支持,使专家们能放开手脚施展才能。他曾讲过,"保护专家要像保护稀有动物熊猫一样"。

暇园内明漪舫

当时文管会的委员,多半是民主人士及各有专长的知识分子、专家。他们包括路大荒、张敬斋、王林普、张天云、李季华、郑亦桥、李即陶、杜显震、杨子范等等。山东省人民政府为了团结这些有识之士,发挥他们的作用,在生活、工作等方面均给予了特别照顾,给每位委员都配备了警卫员,当时的业务工作主要是依靠这些各有专长的知识分子、专家去做。

在吴仲超同志的领导下，山东省古代文物管理委员会决定在济南大明湖畔的山东省立图书馆举办济南解放后第一届古代文物展览会。

作为山东省图书馆整理委员会主任，路大荒先生非常感激吴仲超同志的知遇之恩，在这次展览的筹办过程中不遗余力地征集文物，布置展室，事无巨细，事必躬亲。

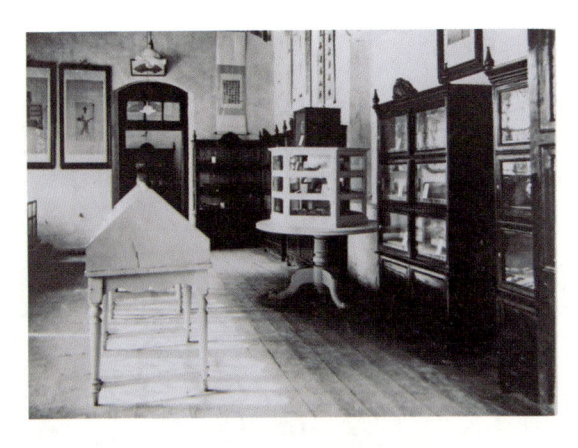

古物美术展览室之一角

1949年初，山东省古代文物展览会如期开幕。此次展览会共展出古代书画320多幅、善本古籍30种、三代秦汉青铜器30余件、宋元明清历代陶瓷器250余件、古玉器100余件、历代钱币300余枚、甲骨数匣。举办如此大规模的文物陈列展示，这在当时尚属首次。展览获得了巨大的成功，为刚刚解放的济南市增添了喜庆祥和的气氛。

吴仲超同志在1948年12月26日给路大荒先生的来信中写道：

　　大荒吾兄惠鉴，承函拟参与古物展览会，惜事与愿违，未克躬与斯盛。悉吾兄及图书馆诸同仁为此忙碌殊甚，特致慰问之忱。济南为山东人文荟萃之区，不识对此亦有何重要之见数耶？

　　献唐先生近况何若？在济南时惜未晤为憾耳，便希代为致候。匆匆布覆，意不尽。敬请
　　冬安

吴仲超拜上 十二月廿六日

兰斋兄及诸同志均此

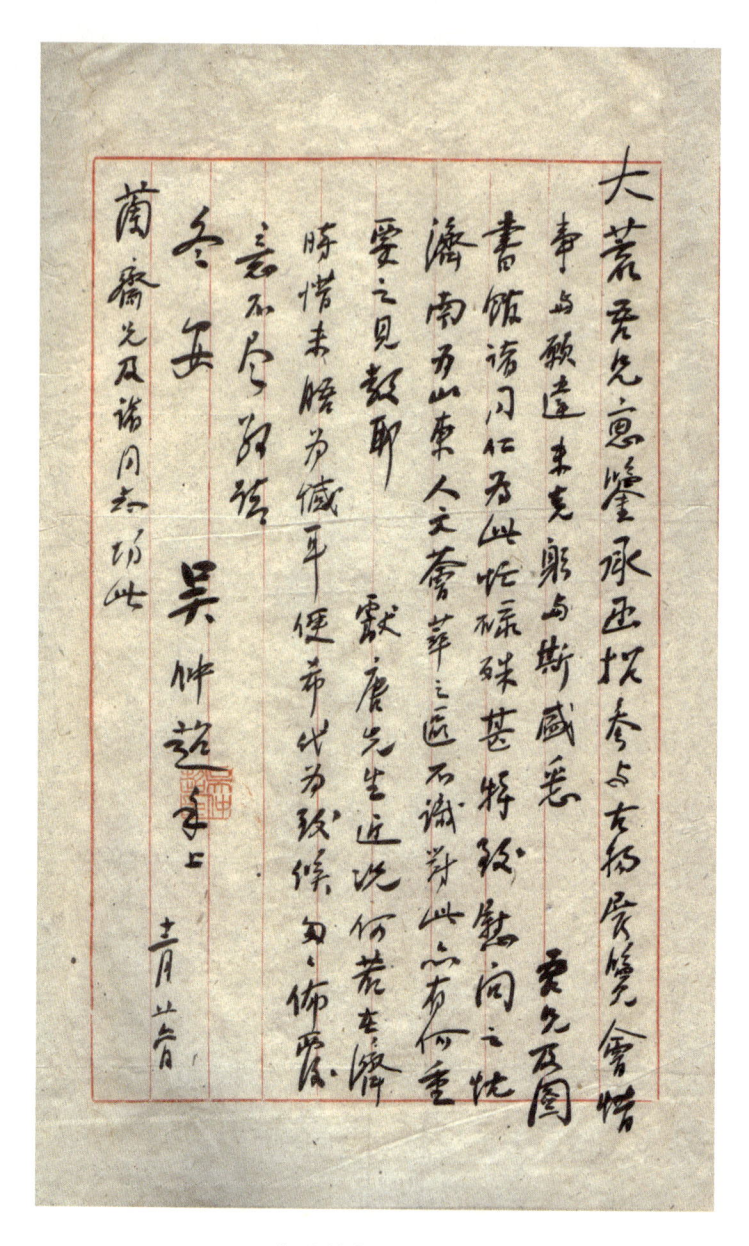

1948年吴仲超给路大荒的信

从吴仲超同志给路大荒先生的信中可以看出，由于事务繁忙，他没有亲自到展览会现场，但他对首次展览会的成功举办表示非常满意，并对路大荒先生及图书馆诸同仁们的辛勤努力表示慰问。

1949年1月14日，吴仲超同志又在给路大荒先生的信中写道：

> 大荒兄惠鉴，元日赐书奉悉。此次举行展览会，得力于吾兄者实多，成绩自当不劣。惜前方大胜以后，敌机即将作报复骚扰，短时期中势难复举耳。否则春明之后，不妨加上新收集之品及胶东之大批骨甲，作第二次之展览也。
>
> 北平即将解放，古宫珍物不知能无恙否。敌人则以古城作忌器，为鼠辈自护计也，以此殊可虑耳。
>
> 古书之有价值者必须加以收购，图书馆因何没有作此计划？苏已告静斋先要他注意收拾，希与之一商为要。弟来此后，俗物庞杂，殊不足言风雅矣。回忆大明湖畔小住时，得与诸君子相处言欢，不禁神往。不知何时重得此清闲之境，再与吾兄共话古今也。暇请时时赐玉，但请再勿客气，更不再尊称，实不敢当之也。此致
>
> 春祺百益
>
> 　　　　　　　　　　　　　　　弟吴仲超
> 　　　　　　　　　　　　　　　一月十四日

计划中吴仲超同志还要在春明之际加上新收藏文物及胶东的大批甲骨，举办第二届文物展览会，只可惜全国尚未全部解放，敌机可能做报复性骚扰，计划暂时作罢。

吴仲超同志还在信中对即将解放的北京故宫表示深深的担忧，体现了一位红色文博工作者对祖国珍贵的文物古籍的爱惜之情。他还在信中

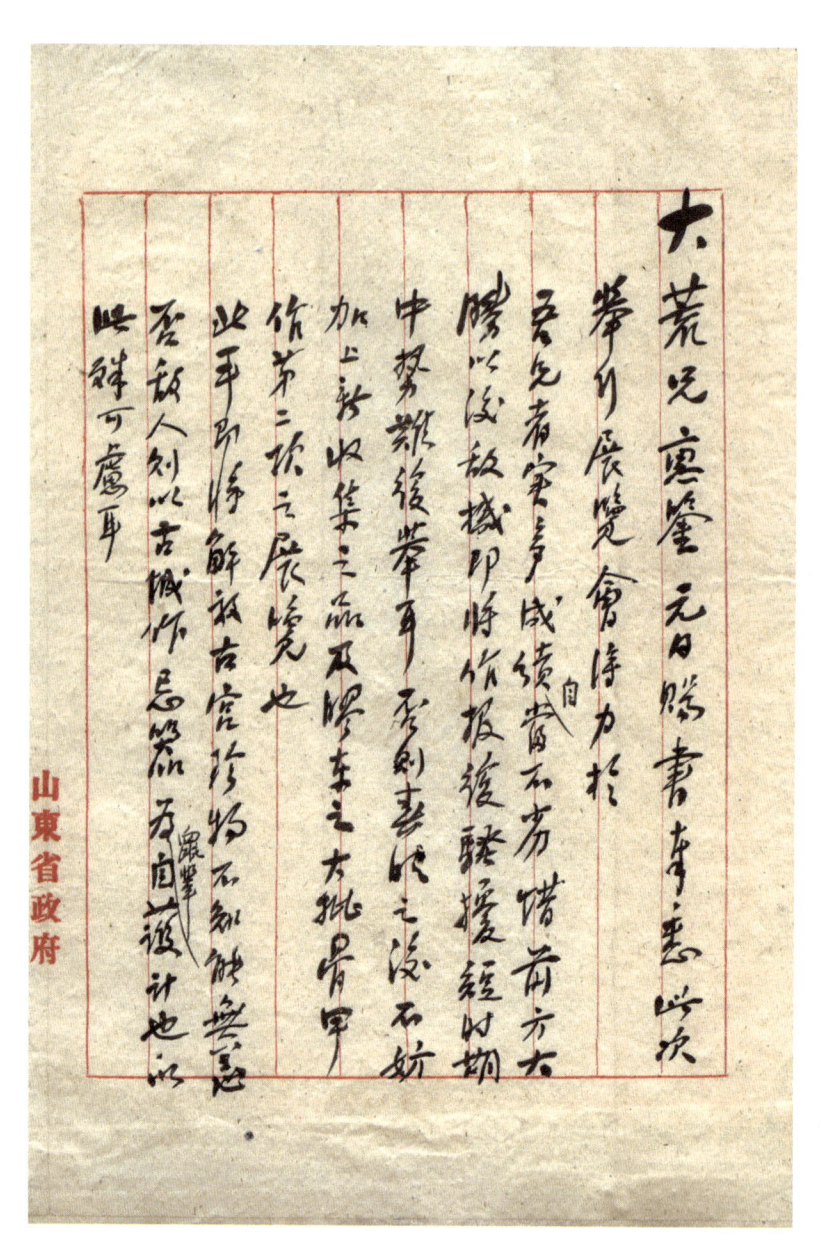

1949年吴仲超给路大荒的信（一）

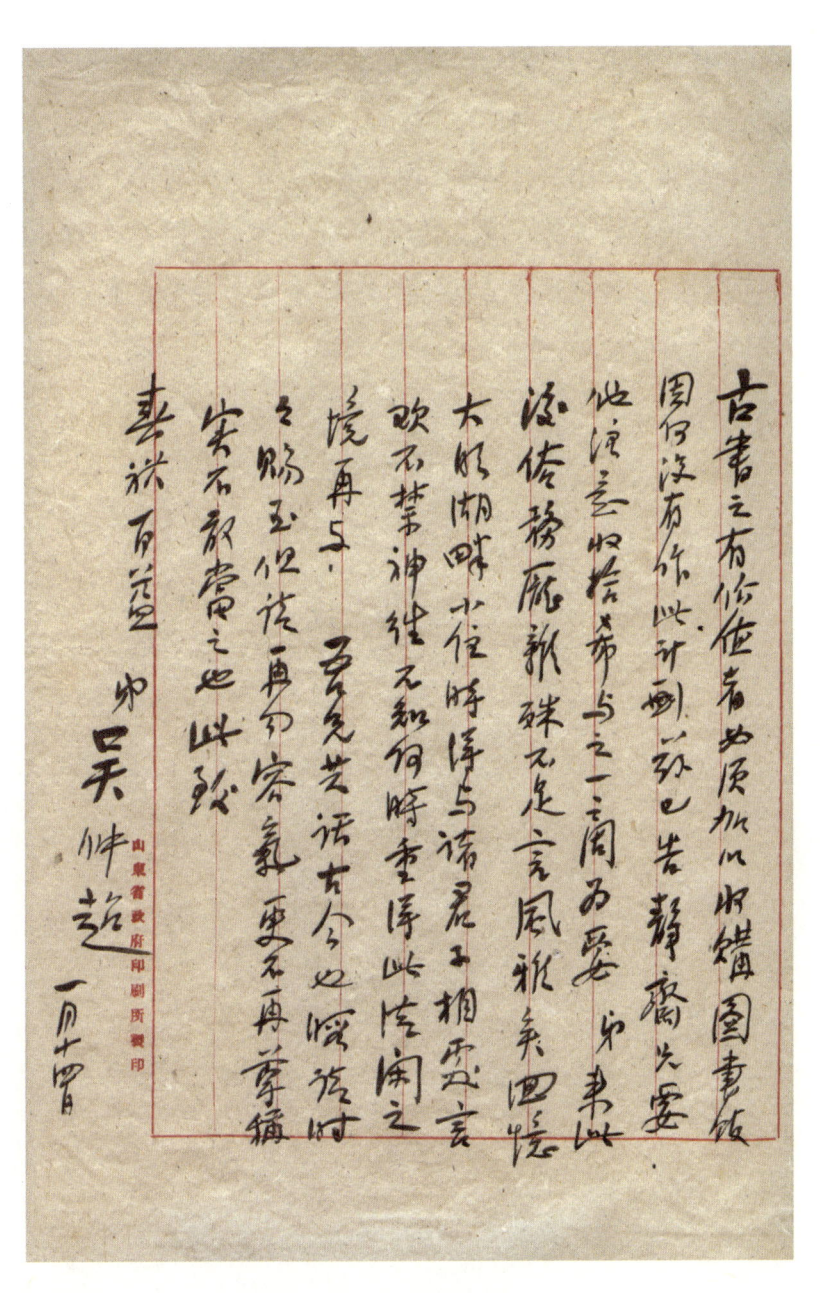

1949年吴仲超给路大荒的信（二）

督促省图多做有价值古书的收购工作，对路大荒先生今后在省图负责古籍整理收集提出了很好的建议。

有一种感激，叫作知遇之恩。路大荒先生和当时文管会的那些先生们，是否也有这种情怀呢？他们全力以赴地投入到中华人民共和国的文博工作中去，夜以继日、兢兢业业地奋力工作着，就完美地诠释了这个浸润着中华优秀传统文化的成语。

原载 2021 年 5 月 10 日《济南时报·温故》

石谷风先生与山东的情谊

2020年伊始,尽管新冠疫情给人们的心头蒙上了一片阴霾,但在全国人民全面抗击疫情的行动下,随着春暖花开,疫情好转,人们的心情也好似"春色满园关不住"般愉悦起来。

在这"拂堤杨柳醉春烟"的日子里,我家的世交、石谷风伯伯的次子黄海弟弟给我发来一幅略显陈旧的清供图立轴的图片。在这幅立轴的中央,是一个古鼎的拓片。鼎口上画着一朵盛开的牡丹,牡丹右侧有一灵芝,后侧一枝古朴典雅的梅花怒放着。画面下方左侧及右侧分别题有大段的题跋,在画面的右上角是张海青先生用篆书题写的"龙姞敦"。

画面左侧的题跋是我的祖父路大荒先生所写:"与谷风一别年余,忽自皖北来济,畅叙离衷,快哉快哉!今午间携其旧藏陈簠斋手拓龙姞敦,偕海清兄过我,煮茶话古。承(乘)兴挥牡丹一枝于敦口,海清写灵芝,余亦写梅一枝。皆掷笔大笑!翌日献唐见之,亦使其发笑也!一九五〇年六月十又八日大荒记(印'大荒''金石癖')。"

画面右侧的题跋是著名版本目录学家、金石学家王献唐先生所题:"龙姞敦铭,陈簠斋有释文,甚精确,旧有写本,乱后佚失。龙国在

曲水书巢忆往

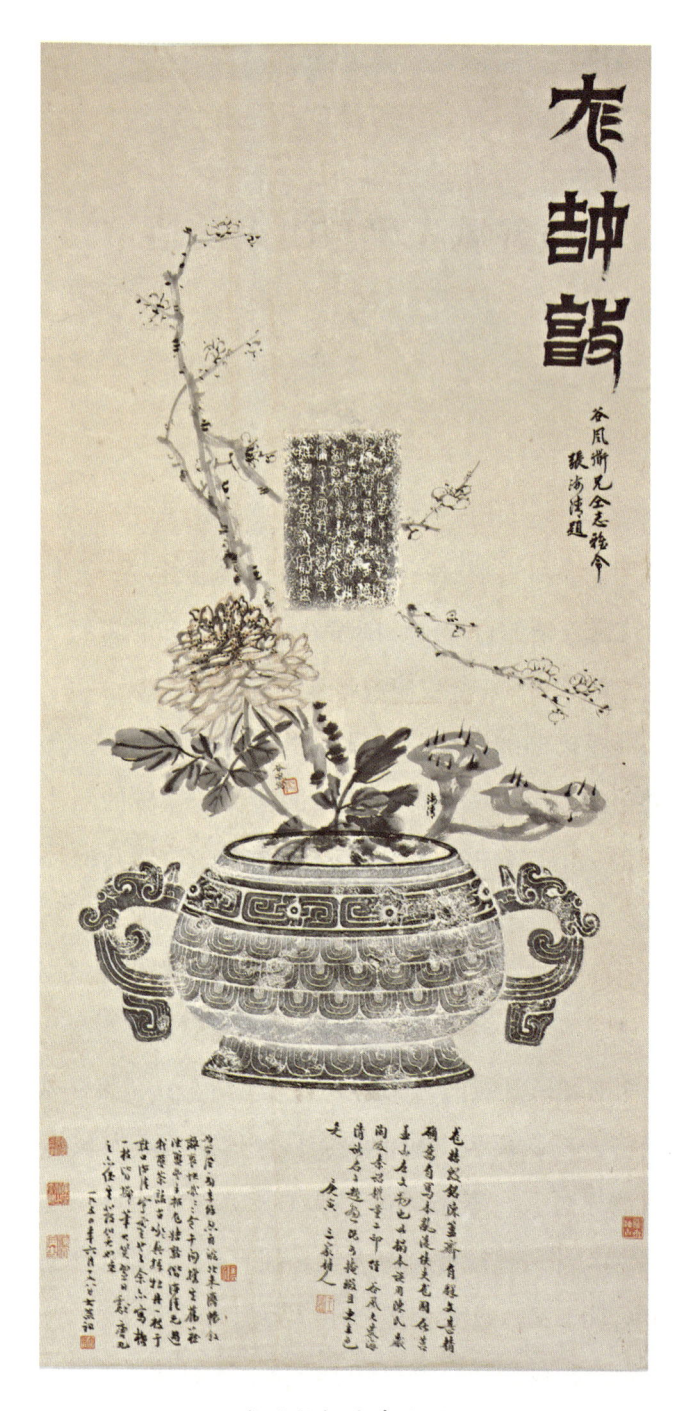

龙姞敦拓片清供图

莒，盖山左文物也。此拓本误用陈氏藏陶及秦诏权量二印。经谷风、大荒、海清诸君子题画，既可掩瑕，且更生色矣。庚寅三家村人（印：王献唐）。"

这是一幅饱含精彩故事的清供图，它的出现道出了石谷风先生一生对山东难以忘怀的情谊。

1940年初秋，一位身着白色长衫、英俊潇洒的北平青年来到了位于济南大明湖西岸秋柳园街上的一座西式小楼门前。他手持著名画家黄宾虹先生的引荐信，拜见了此时隐居在秋柳园街的路大荒先生。这位青年就是日后著名的文博专家、画家石谷风先生。

石谷风

石谷风（1919—2016），祖籍湖北，祖父早年迁居北京，父亲供职于北京大学四十余年，曾任校长蔡元培先生的秘书。石谷风先生出生于书香之家，勤奋好学，尤爱绘画。1935年考入北平艺术专科学校国画专业。1937年毕业后考取北平古物陈列所国画研究馆首批研究生，拜入黄宾虹先生门下学习国画艺术。

1940年夏季，石谷风先生以优异的成绩从北平古物所毕业。他听从黄宾虹先生的建议考取了北平交通银行，当得知要被分配到外省市工作时，他征求了黄先生的意见。黄先生建议济南可去，那里有他的好朋友路大荒先生和王献唐先生。去济南可以一面工作，一面向他们学习金石、考古，从事艺术和鉴定工作。

石谷风先生在晚年的回忆录中曾谈及，济南旧称历山，是一座历史

名城，不仅文风鼎盛、风景优美，而且以名泉众多著称。清人刘凤诰赋诗赞曰："四面荷花三面柳，一城山色半城湖。"诗中之湖即闻名宇内的大明湖。济南人文荟萃，公私收藏亦丰。山东省图书馆所藏书籍、字画、碑帖、铜器、石雕、陶器居全国之首，许多知名学者专家也都集中在这里，如著名的金石考古专家王献唐先生，就是山东省立图书馆馆长；第一个编写《聊斋全集》的学者路大荒先生也在济南。后来通过路大荒先生的介绍，他又结识了王献唐先生。

路大荒先生认为，石先生年轻有为，是科班出身，又跟随黄先生学习过金石考古和书画鉴定，到银行做练习生太浪费人才了，不如专门从事考古和鉴定。再说，山东的公私收藏极为丰富，缺少的正是这方面的专业人才。石先生听从了他们的意见，由此开始了充满艰辛而传奇的文博生涯。

抗日战争初期，路大荒先生的家产被日寇焚尽。他不愿为敌伪工作，蛰居大明湖畔秋柳园，清贫自守，艰难度日，给画室取名为"大荒堂"。路先生不仅治学严谨，为人行事也刚正不阿。石先生敬重他的学问，更敬重他的人品。他们朝夕相处，谈书论画，切磋技艺，可谓是莫逆之交。那时石先生经常来到位于大明湖畔秋柳园的路大荒先生的住处请教。这里是清代著名诗人王渔洋的故居，书房窗外就是大明湖，环境幽雅。他们虽然生活清苦，但常常以书画自娱，一起读书作画，一起讨论金石考古。在实践中遇到的许多难题，都是在请教和讨论中豁然开朗，这些知识使石先生受用终身。

通过路大荒先生，石先生还陆续结识了当地的老书画家刘大同（号芝叟）、王讷（字墨仙）、关际颐（字友声）、黑元吉（字伯龙）、弭菊田等。每逢周日，他们一道去大明湖的湖心岛上历下亭中聚会。那里花木成荫、优雅僻静，是历代文人骚客青睐的一处名亭。亭上有唐代诗人杜甫撰写的名联:"海右此亭古,济南名士多。"历代大家赵孟𫖯、王渔洋、何绍基等都曾在此留下过诗词字画。石先生与王献唐、路大荒及济南诸多书画家在此品茗读艺,乐此不疲。

齐鲁大地,素有"文物之都"的美称,地下文物众多。在王献唐先生的指导下,石先生曾多次深入临淄、邹县、青州、潍县等地,进行实地调查,收集了大量的陶片、瓦当、青铜器、玺印、封泥等文物,并拓成拓片,装订成册,悉心研究,撰写了一些论著。

1945年抗日战争胜利后,石谷风先生再次应邀到济南交通银行工作,专门负责办理文物字画方面的评估贷款,并代银行收购古籍善本图书,不到三年就给银行收集了数千册善本图书及一大批珍贵的文物字画等。1948年济南解放后,石谷风先生被中共华东局副秘书长吴仲超同志聘为北海银行职员,负责原交通银行遗留下来的文物古籍的清理交接工作。经过石谷风先生清理造册的共有古籍善本图书2000余册,以及一些字画等文物,因为当时的山东还没有博物馆,所以全部捐赠给山东省图书馆。

1948年济南解放后,石谷风先生由于家庭原因,于次年到了安徽定居和工作。石先生在50年代参与创建了安徽省博物馆,为安徽省博物馆征集了大量珍贵文物,为安徽省博的发展奠定了坚实的基础。石谷风先生晚年作为一位德高望重的博物馆学家、考古学家、文物鉴定专家、资深画家,在文化艺术界享有盛誉。

1950年,石谷风先生由安徽请假回济南处理藏品,时任山东省文管会副主任的王献唐先生说:"谷风啊,你收集的这些东西都是山东的,最好还是捐给山东吧。"石谷风先生欣然同意。他将自己在山东期间收藏的字画、书籍、青铜器、陶瓷、碑帖、封泥等分别捐赠给山东省文管会、山东省图书馆及齐鲁大学等单位。石谷风先生在山东十年的收藏,在十几天内又全部捐赠给山东。对此,吴仲超同志特地予以通报表扬,称他

为"华东文物捐赠第一人"。

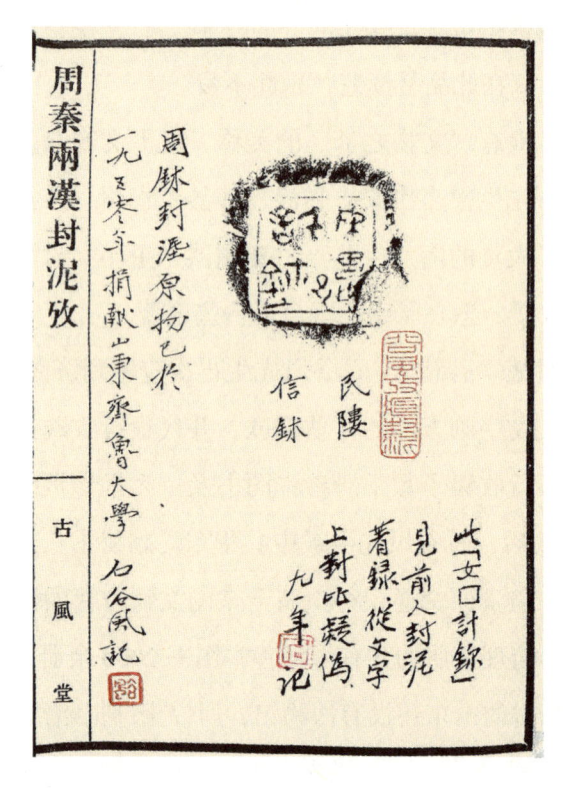

石谷风先生1950年捐献的封泥拓片

这幅《龙姞敦拓片清供图》，就是石谷风先生50年代初从安徽请假回到济南看望亲友、处理在山东期间收集的藏品时所作。龙姞敦拓片是石先生在山东时收集的陈簠斋旧藏拓片，他携带此拓片拜见路大荒、王献唐两位恩师。大荒先生见到久别的谷风先生喜出望外，"畅叙离衷，快哉快哉"。众好友欣然命笔，一幅清新高雅的清供图展现在众人面前。此图完成后，众人"皆掷笔大笑"，将当时人们久别重逢及对石谷风先生到来的欣喜之情酣畅淋漓地表达出来。

王献唐先生的题跋对"龙姞敦"的来历做了精辟的解释，确认它就是西周晚期曾经在齐鲁大地上存在的诸侯小国龙国之物，确为山左文物。

并称赞此拓片"经谷风、大荒、海清诸君子题画,既可掩瑕,且更生色矣"。笔者 2014 年因撰写《路大荒传》,曾到安徽合肥拜访石谷风伯伯。彼时石伯伯虽已 96 岁高龄,但精神矍铄,记忆力超群。当我拿出当年我祖父与石伯伯合画的册页时,他清晰地记得当时的情景,并让孩子找出他珍藏的我祖父及山东好友们合作的画册请我欣赏。石伯伯深情地说,经过这么多年沧桑巨变,很多东西都遗失了。但每当看到路先生和他合作的画册时,眼前总会浮现出他与路先生及山东那些恩师益友们朝夕相处的那些日子。

石谷风在大荒堂下画(一)

石谷风先生曾在他的回忆录中充满深情地写道:"济南八年,是我文物鉴定中实习提高的八年,是理论联系实际的八年,也是不断积累经

验充实提高的八年。至今我对济南仍怀有深厚的感情,对帮助指导我进步的路大荒、王献唐诸前辈充满着思念之情。"

石谷风在大荒堂下画(二)

石谷风先生将他在山东期间殚精竭虑地收藏的文物全部留在了山东,这种对山东大地至真至诚的情谊,这种作为一位文博人的高尚情怀,值得我们每一位山东文化人敬仰、怀念。

原载2021年3月22日《济南时报·温故》

王讷先生与路大荒

辛丑初夏,蓝天白云下的济南明媚灿烂。著名文博专家石谷风先生之子、著名文物鉴赏家、画家黄海弟专程来济南拜访。"有朋自远方来,不亦乐乎",何况我们两家是世交,往来甚密。我们循着当年前辈们的足迹,一路徜徉在这古城街巷里,谈论着他们的往事。

在风景秀丽的珍珠泉畔,蓦然回首,一块玲珑的假山石吸引了我。"溪亭泉"笔力苍劲的书法似曾相识,落款"七十二名泉烟雨楼主"是那样的霸气。是王讷的墨迹!早就听说他曾经给许多济南名泉题过泉名,但岁月久远,目前已经很少看到了。"溪亭泉"亦是珍珠泉群中七十二名泉之一,仔细看去,这块题字的假山石是1980年重刻的。今天我在不经意间发现了王讷先生为溪亭泉题写的泉名,真是"得来全不费工夫"。黄海弟得知我正在为撰写王讷先生的文章搜集资料,急忙请与他一起前来的摄影家张义先生按动快门,将这一珍贵资料拍摄下来。

王讷(1880—1960),字墨轩、墨仙,别号七十二名泉烟雨楼主、西湖渔父等,山东安丘官庄镇人,是山东近代史上著名的革命家及书法家。1903年王讷先生参加科举,考取举人。1906年,王讷先生与革命党人创办《白话报》,宣传进步思想,鼓动革命运动,言论新,建树多,

曲水书巢忆往

王讷题溪亭泉

影响很大，"开山东革命宣传之先河"。由于该报"言论激烈"，"论证首斥贪污，论学首崇新知，引而归之革命"，被反动当局视为眼中钉，当年冬天即被查封。之后，王讷先生又协助友人创办山左公学，得到广大同盟会同志的支持，这所学校成了山东省革命党人的通讯联络处及革命机关部。1911年武昌起义以后，在济南的革命党人认为山东举义的时机已到，便多次秘密聚会，于11月7日宣告正式成立山东全省各界联合总会，王讷被推选为副会长，进行了山东独立等一系列推翻清朝廷的运动，有力地推动了全国革命形势的发展，加速了清王朝的覆灭。在此革命运动中，王讷是推动山东独立的核心人物。其所办《齐鲁公报》鼓吹独立、言辞激烈、痛砭时弊、讽刺到骨，更显示作用重大。王讷先生一生虽不能说有誉无毁，但即此参与辛亥革命一端，已足以传之不朽了。

王讷先生民国后出任山东教育厅长等职，后谢绝仕途，长期靠卖字写稿维生。他是我国现代著名的书法家，笔法遒劲，长于颜体，尤善行草，柔中有刚。当时他题写的匾额、招牌墨迹遍及济南市，泰山上亦留有他的刻石联"地到无边天作界，山登绝顶我为峰"，足见其书法声望之一斑。

王讷先生与我的祖父路大荒先生相识于何年尚无确切考证，但我的祖父自全面抗战开始后来到济南，在秋柳园隐居期间，即与在济南的文人们保持着广泛的联系。抗战初期，共同的抗战爱国情结使他们走到了一起。王讷先生与辛铸九先生、路大荒先生登报发出倡议，号召书画界同仁义卖作品，支援前方武装同志浴血抗战，争取胜利，尽到一位爱国文人的责任。

1941年，路大荒先生在秋柳园隐居的日子里，仍念念不忘蒲学研究。王讷先生欣然为路大荒所著《蒲柳泉先生年谱》作序，王讷先生在序中写道：

> 柳泉先生，吾山东文学界中，有清三百年来一人而已。其著作等身，都数十百万言，就中余最服膺者，为《聊斋志异》一书。其文笔谨严处似春秋笔法，绚丽处似六朝文字，恢诡处似老庄御寇，放纵处似班氏司马，可歌可泣处似《离骚》长沙，振笔直书处似韩潮苏海。盖文家之妙，无一不备，不能殚述也。只以终老林泉，囿死乡里，不能不为先生哭，不能不为古今文人不得志者哭。路子笠生先生，乡人也，出其手编先生年谱，爱而读之。又细细为校刊之，爱志一言于简端。时在民国第一辛巳之年小阳之月。七十二名泉烟雨楼主安邱王讷识于历下百花桥畔。

他们共同挥笔作画一幅，此作品现存于周村区文化馆。

路大荒先生在济南隐居时期，拒不出山担任伪职，生活甚为拮据。为生计所困，他隐姓埋名，经常赶小市、古董集市、旧书摊，赚些蝇头小利，艰难度日。其间竟也收集了不少六朝古佛，苦中作乐，将他的书斋命名为"六朝十佛阁"。1941年，路大荒先生在坊市购得一尊古佛，出于共同的爱好，他请王讷先生共赏。王讷先生乘兴赋词一首以记之：

路子笠生，老友也，于济市坊中得梁普通三年造像一区，嘱余词以记之。时客青岛、济南，辛巳秋日，调寄《解佩令》。

半生琴剑，半生诗酒，把豪华艰苦都尝尽。作客衰年，何处被新愁旧恨。只赢来，雪眉霜鬓。　　汉瓦苔青，秦砖血渍，更搜罗

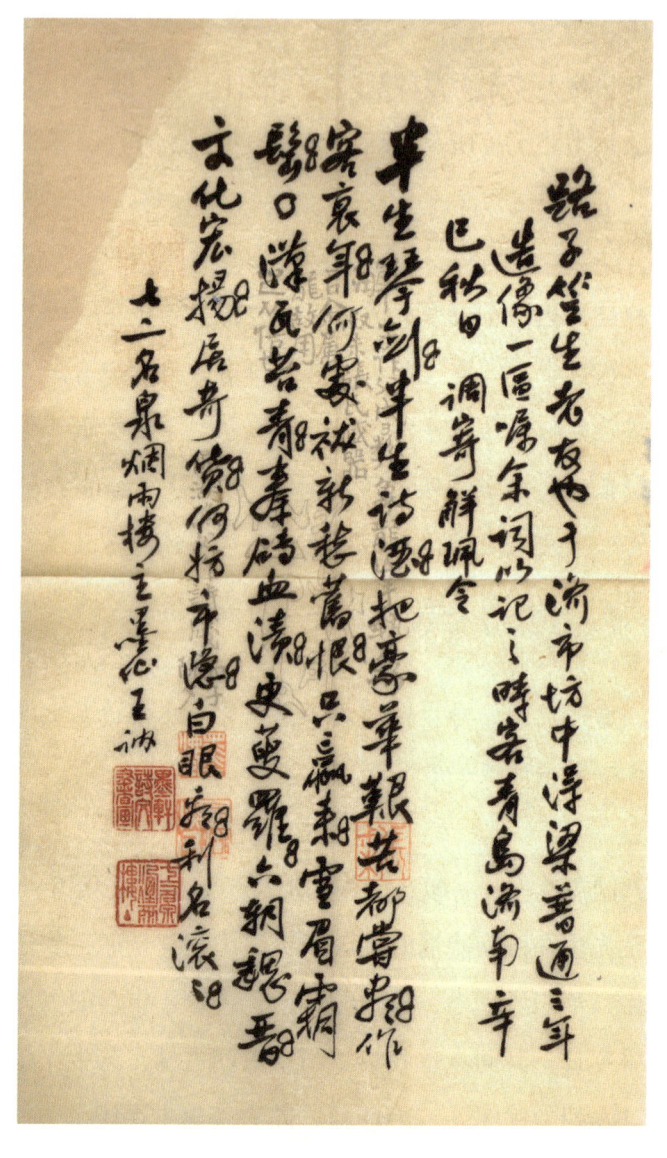

王讷书札（一）

六朝魏晋。文化宏扬，居奇货，何妨市隐？白眼看，利名滚滚。

七十二名泉烟雨楼主墨仙王讷

1947年，溥心畬先生的夫人不幸去世，作为溥先生的好友，大荒先生收到讣告后即刻回信，奉上挽联一悬略致鄙意。在信中，大荒先生特地提到"外王墨仙，公旧友，不见二十年矣，谏诗一首嘱转致"，为王讷先生转致溥先生哀悼之情。

王讷先生与路大荒先生友谊深厚，经常以诗相赠，聊表知己之情。他在《寄怀大荒吟长》中写道：

鲍叔能知我，相如未是贫。九秋甘耐冷，一语便回春。不尽苍茫意，独怜湖海身。好山与好水，风月共芳邻。

入秋以来，益复无聊，鲍叔知我，则相如可疗贫矣！此中大约吾兄揄扬之力不少。日前关心近况，又来问讯，可谓心心相印知己之交矣！适正病卧失迓，欠敬勿怪，诗以报之。又，昨日亦经送到，知注特闻，并乞代转静兄知之。

王讷先生夏日到青岛小住，凉爽的天气使他心旷神怡，特写了小诗一首，寄予路大荒先生，分享他的兴致与惬意：

海天深处漾轻舟，笔墨闻中得小游。一语寄君应羡我，萧瑟风味似初秋。

为此暑天每到午后海风习习，竟似初秋，真岛上特有风味，兴来写此寄上大荒山人。

寄怀大荒吟长

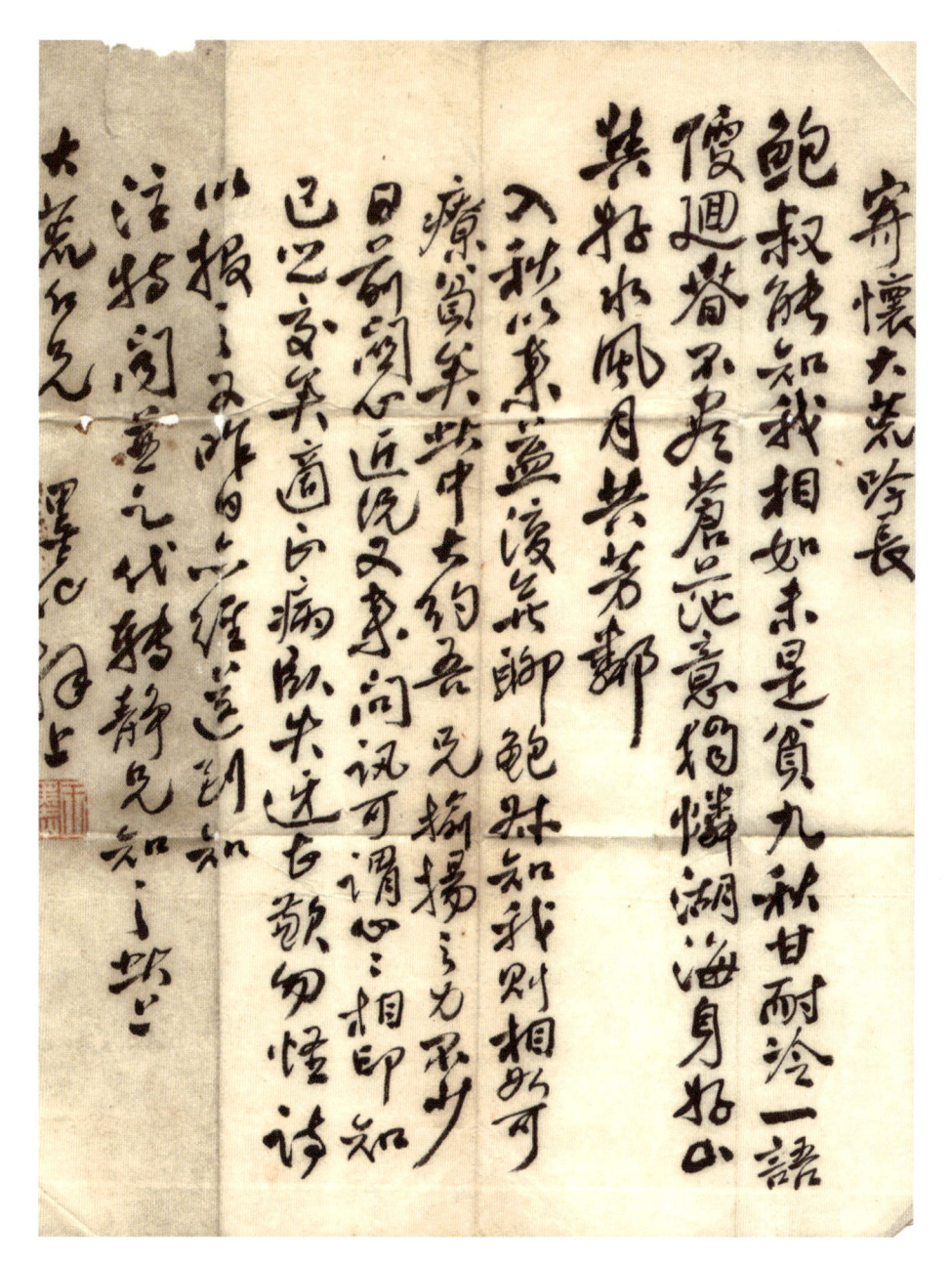

鲍叔能知我相如来是贫九秋甘耐冷一语
傻迴眷不来苍茫此意得怜湖海身犹山
其拟水风月共芳郁
入秋以来蓝淀无聊鲍叔知我则相如可
疗賞矣此中大约吾兄搞扬之力不少
日昔阅心近况又未闻讯可谓心心相印知
己之乐适也病后失迷古歇匆怪诗
以报之以胜自惊遮遣到知
注拈阅童元代射静兄知之些
大荒仁兄　　鼍仇同上

王讷书札（二）

王讷先生亦擅画，以画兰花、梅花为主。曾见到王讷先生赠大荒先生一成扇，墨笔梅花，煞是好看。

王讷画兰花图

王讷先生曾在 1950 年《完白山人晶印歌》一诗中对大荒先生收藏的一方邓完白水晶印章做了详细的评论，体现了王先生在金石玉器鉴赏方面较高的造诣。

完白山人晶印歌

庚寅之岁月在寅，湖滨小步迎朝暾。行行步入路子室，忽明老眼生古芬。路子好古奇癖多，金石书画纷搜罗。钟鼎甲骨盈书笥，

曲水书巢忆往

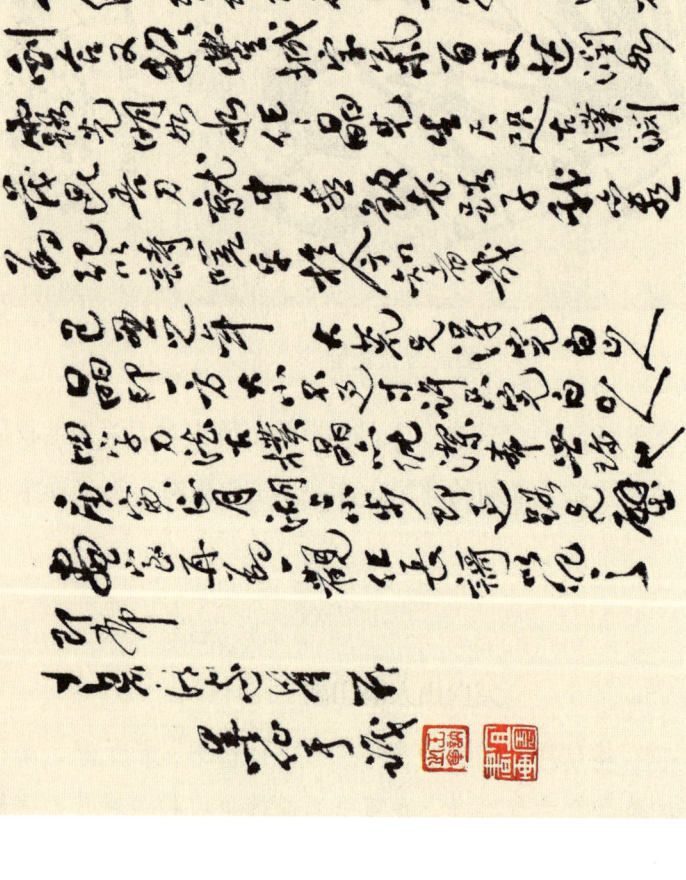

王讷书法

流沙残阙亦琢磨。完白手印兼金侔，沦落草野春复秋。路子巨眼忽得之，此中机括非人谋。刉苔剔藓登诸壁，画堂俪以缥缃纸。砑光我疑孟津神，剑合又疑丰城宝。气百丈芒润各露，光明如水作作晶。先生尺咫，古朴渊茂。昆吾刀就中，喜煞老路子。我亦喜为记以诗，嗟乎于今知者几？

己丑之年大荒兄得完白山人晶印一方，大小不过寸许，只"完白山人"四字刀法古朴，晶亦纯洁，希无珍也！庚寅正月湖上小步，即过路兄壁画室，再为一观，作长歌以记之。

1951年，大荒先生迁居至美丽的曲水亭畔，王讷先生得知后赋诗一首，深表庆贺。诗中写道：

子孙非吾有，委蜕于天地。达观老庄语，真理岂游戏？吾身亦假合，吾生亦如寄。一切身外物，何必求其备？君住湖上廿余年，小楼风光自明媚。轩开延入夕阳红，小窗近接波光翠。今年移居曲水上，小桥流水多诗意。放怀门外皆康庄，吐故纳新足恣肆。得此更觉幽怀宽，好揽前途风云辔。（"窗虚"句误"小窗"）

曲水书巢忆往

赠大荒移居曲水上

子孙非吾有委蜕于天地达观光二庄谅真理岂荐
戏吾身点假合吾生岂寄一切身外物何必求其俦君
住湖上卅余年小楼风光自明媚轩窗近入夕阳红小窗近
搭波光犁今年移居曲水上小桥流水多诗意放襄
门外皆康庄吐故纳新足恣肆游坎窦熟必襄宽
好揽前途风霭霭窗庐句误小窗
楷正
辛卯十月赋上郎兄
百二名泉烟雨寒 王墨仙拜
时行年七十有四岁

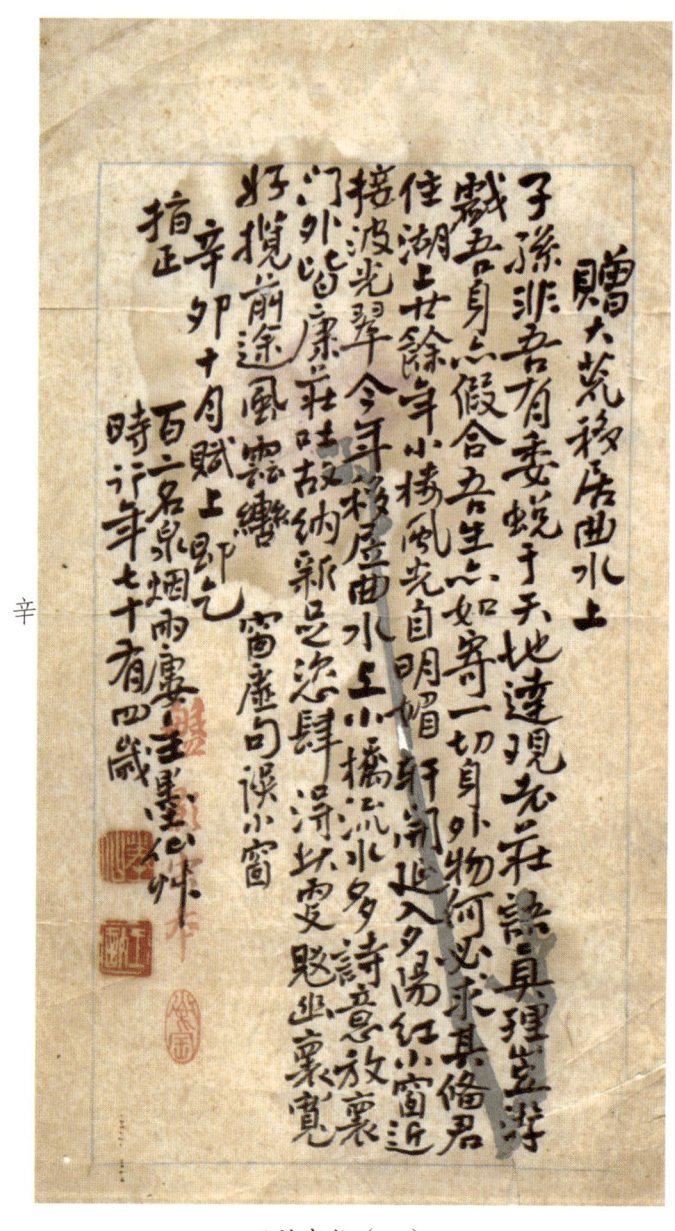

王讷书札（三）

原载 2022 年 3 月 7 日《济南时报·温故》

济南名士多
——一幅李清照画像里的故事

"曲池朝雨浥轻尘,客舍青青柳色新。"在和煦的春日里,我欲拿出家藏的字画欣赏,当打开立轴的那一霎,宋代才女李清照先生跃然纸上。

李清照(1084—1155),号易安居士,齐州章丘(今济南市章丘区)人。宋代女词人,婉约词派代表。其父亲李格非精通经史,长于散文,母亲王氏也知书能文。李清照自幼耳濡目染,受家学熏陶,加之聪慧颖悟,才华过人。少年时代随父亲生活于汴京,优雅的生活环境,特别是京都的繁华景象,激发了李清照的创作热情,她小小年纪便文采出众。除了作诗之外,开始在词坛上崭露头角,写出了为后世广为传诵的著名词作《如梦令》。此词一问世,便轰动了整个京师,"当时文士莫不击节称赏,未有能道之者"。

李清照擅长书、画,通晓金石,而尤通诗词。在同代人中,她的诗歌、散文和词学理论都能高标一帜、卓尔不凡。而她毕生用力最勤、成就最高、影响最大的则是词的创作。她的词作在艺术上达到了炉火纯青的境界,在词坛中独树一帜,形成了自己独特的艺术风格——"易安体"。她将"语尽而意不尽,意尽而情不尽"的婉约风格发展到了顶峰,赢得了婉约词

曲水书巢忆往

《吴天墀摹李清照像》

244

宗的地位。

她的人格像她的作品一样令人崇敬。她既有巾帼之淑贤，更兼须眉之刚毅。她的词作笔力横放、铺叙浑成的豪放风格，对辛弃疾、陆游及后世词人有较大影响。她杰出的艺术成就赢得了后世文人的高度赞扬。后人认为她的词"不徒俯视巾帼，直欲压倒须眉"，她被称为"宋代最伟大的一位女词人"，有"千古第一才女"之美誉。

近年来在许多人物画家的笔下，李清照的形象可谓多彩多姿。大多数的形象是一美丽女子，身穿华服，头戴珠宝金钗，光彩艳丽，但典雅多有不足。有的画作甚至将一代才女画得俗不可耐。那么历史上的第一才女李清照的形象到底是怎样的呢？

据李清照在《金石录后序》中云，李清照、赵明诚夫妇虽系贵家子弟，但因"赵、李族寒，素贫俭"，所以，在太学读书的赵明诚，当初一、十五告假回家与妻子团聚时，常先到当铺典质几件衣物，换一点钱，然后步入热闹的相国寺市场，买回他们所喜爱的碑文和果实，夫妇"相对展玩咀嚼"。后两年，赵明诚进入仕途，虽有了独立的经济来源，但夫妇二人仍然过着非常俭朴的生活，且立下了"穷遐方绝域，尽天下古文奇字之志"。虽然赵家藏书相当丰富，可是对于李清照、赵明诚来说，却远远不够。于是他们便通过亲友故旧，想方设法，把朝廷馆阁收藏的罕见珍本秘籍借来"遂力传写，浸觉有味，不能自已"。遇有名人书画、三代奇器，更不惜"脱衣市易"。新婚后的生活虽贫，但安静和谐，高雅有趣，充满着幸福与欢乐。

我家藏的这幅李清照画像，是山东现当代著名画家吴天墀先生根据赵明诚后人收藏的李清照画像临摹而成，并将此画作赠予他的朋友、我的祖父路大荒先生。在画作的左上方，吴天墀先生写道："大荒道兄嘱仿旧藏李清照小相，愧未能肖。时丁亥夏初，天墀弟陞。"由于是临摹

赵家祖传的画作，所以可以说这幅李清照画像应该是真实还原了这位宋代才女的形象。

在这幅画作中，青年李清照梳妆服饰简朴大方，眉宇间散发着高贵典雅的气质及浓浓的书卷气。她着一身整洁的素衣，站立在一张简洁高雅的案几前，若有所思，又似低声吟词。案几上摆放着一函线装书籍，左后方的圆窗外可见连廊环绕。案几右方放置着一个古色古香的香几，上面放置着一只鸭状的青瓷熏炉，一缕缕熏香从鸭嘴处袅袅升起。好一幅宋代才女吟诗图！

谈到这幅画作的作者，吴天墀（1892—1974），名陞，山东邹城人，著名画家。他兼通中西绘画技法，善工笔翎毛走兽，画虎尤为传神，被誉为"北方虎王"。历任山东省博物馆研究员、绘画组组长，山东省第一、二、三届人大代表，山东省第四届政协委员。1963年被收录《中国美术家人名辞典》。

吴天墀先生抗战前曾在多所院校任教师；抗日战争期间，日伪多次诱惑先生出来任教，但他本着"饿死事小，失节事大"的做人气节，坚决不替日伪教书，毅然闭门家居，以卖画谋生，养家糊口。他卖画是有条件的，在与鸿宝斋、郁文斋、松茂斋等文具商店订立的卖画笔单上写明："只为国人题款，不给外国人作画。"由此可见先生的民族气节。

祖父与吴天墀先生是从何时开始交往的，我已不得而知，但从吴先生抗战期间拒任伪职，"只为国人题款，不给外国人作画"的民族气节来看，与我的祖父同出一辙，真朋友也。

李清照像（局部）

在画作的右上角，有落款为刘之叟的大篇题跋："济南名士多如鲫，女史有谁姓字传。人比黄花瘦也否，易安词句性中天。纪元卅六年秋日，大荒道契持易安居士肖照索题，余以为李清照系吾邑宋赵明诚先生之妻而著有《漱玉词》，卓然为宋代大家，故喜而题之。诸城刘芝叟，时年八十二。"

刘芝叟（1865—1952），原名刘建封（辛亥革命前用名），字桐阶，号石荪、风道人、芝叟等。出生于山东省诸城县临浯乡芝畔村的一个书香门第（现隶属安丘市景芝镇），幼承家学、俊拔颖慧，八岁通《诗经》，少年中秀才。

1911年10月，辛亥革命爆发。时任海龙府代理知府的刘建封率先响应，举行安图起义，成立了第一个独立于清政府的地方性革命政权——"大同共和国"，并通告中外。作为新生的共和政体，它比1912年孙中

山在南京成立的中华民国临时政府早了两个多月。刘建封自己亦改名为刘大同，并给三个孙子分别改名为"平民""平权""平等"。二次革命后，刘大同毅然站到了中华革命党一边，并被孙中山委任为中华革命党首任东三省支部长。

"南有孙中山，北有刘大同"，不仅是说刘大同曾踏查长白山、命名十六峰，参与辛亥革命、二次革命，也指他一生为国家和人民做出的贡献。

刘大同先生民国时期曾在济南百花洲畔居住，写下了《百花洲吟》《历下吟》等诗。

中华人民共和国成立不久，时任中央人民政府副主席的李济深与夫人专程到天津拜访刘大同先生。感慨万千的刘大同先生欣然写道："人人盼共和，徒唤莫奈何。今日新成立，我先击壤歌。"

1952年，88岁的刘大同先生逝世，葬于济南千佛山下。

路大荒先生与刘大同先生的交往应该始于抗战时期，或更早一些。曾见过抗战时期刘大同先生送给我的祖父的《钟馗打鬼图》，浩然正气，威风凛凛。这也体现出两位先生对日寇的憎恶之情吧。

在李清照画作的右下方，还有我国现代著名女作家冯沅君先生的题跋。冯先生在题跋中写道："黄花秀句播才名，谁识游仙气更清。并世诸贤应俯首，评论创作两峥嵘。大荒先生属题。沅君。"

冯沅君（1900—1974），河南省唐河县人，现代著名女作家，中国古典文学史家。自幼学习"四书五经"、古典文学，与著名哲学家冯友兰和地质学家冯景兰为同胞兄妹，丈夫是著名学者陆侃如。冯沅君是继陈衡哲、冰心、庐隐之后，文坛又一引人注目的女作家，她的小说中那种反对封建礼教、争取自由独立的精神足以与在她前后驰名文坛的另外几位作家比肩。她的创作大都集中于自由恋爱和封建包办婚姻的冲突这一主题，即使后期的创作也仍然是爱的主题。1923年开始小说创作，以笔名淦女士在《创造季刊》与《创造周报》上发表《旅行》《隔绝》《隔绝之后》等篇。1926年出版了她的代表作——短篇小说集《卷葹》。她的小说充满了大胆的描写和反抗旧礼教的精神，在当时曾震动过许多读者。冯先生先后在金陵女子大学、复旦大学、中山大学、武汉大学、山东大学任教，并曾任山东大学副校长。

冯先生与路大荒先生的交往可能要晚一些，从现存的资料与照片来看，主要在中华人民共和国成立后冯先生任教于山东大学，路大荒先生编辑整理蒲松龄著作期间。同为蒲松龄著作编辑委员会成员，两位先生肯定有过许多合作与往来，在路先生的书画上题跋也成就了一段佳话。

一幅一代才女李清照的真实画像，引出了古今李清照、吴天墀、刘芝叟、冯沅君、路大荒等诸位济南名人，他们都曾经在济南居住、生活、工作过。"济南名士多"这一千古名句，在这张画作里得到了最完美的诠释。

原载2019年6月14日《济南日报·人文》

《大荒友好》册页的故事

一个冬日的下午，在和煦的暖阳里，我打开了祖父路大荒先生的这本册页。它很小很精致，甚至可以放在宽大的衣袋里。虽然距今已有近七十年的历史，但由于几代人的精心保存，它还是那么完好、精致，花团锦簇的云锦封面上赫然可见四个结体严谨、力透纸背的篆书题款"大荒友好"。这本册页背后有着怎样精彩却不为人知的故事呢？

1948年9月济南解放，随着战争的结束，和平时期欣然而至。1950年，时任中宣部副部长的周扬同志来到山东，在山东省委礼堂作报告中提到山东"前有孔夫子，后有蒲松龄"，给予蒲松龄先生高

《大荒友好》册页

度评价,因而引起大家的普遍重视。1953年冬,周扬同志在济南接见路大荒先生时,对他的工作给予了高度的评价,并鼓励他对蒲氏文集重新整理和继续研究,并嘱咐时任山东省文化局局长的王统照先生要大力支持及帮助他的工作。在党和政府的大力支持下,路大荒先生携他耗费半生心血的蒲松龄著作研究成果,信心满怀地又投入到继续系统挖掘、整理蒲氏著作的工作中去,《蒲松龄集》的编纂有条不紊地进行着。

在搜集、整理和研究蒲氏遗著的过程中,路大荒先生得到了全国各地专家学者的鼎力帮助和支持。他们更是在《蒲松龄集》整理即将完成之际,纷纷给予鼓励和祝贺,祝贺这位年近古稀的老人经过半个世纪孜孜不倦的努力,集腋成裘,终于为他热爱的事业做出了应有的贡献。这就是这本小册页的来历,它记载着路大荒先生的朋友们对他几十年如一日搜集蒲松龄手稿、开路拓荒蒲松龄研究的肯定,更是对他集半个世纪的辛勤劳动,终于将123万字的《蒲松龄集》出版的热烈祝贺。

翻开册页,首先映入眼帘的是许多学者、名人、书画家的题词及绘画。张伯驹、张恨水、张友鸾、舒芜、侯岱麟、崔介、高子元、关友声、魏启后、吴天墀、黄立荪等学者、书法家,或题词、或赋诗,铁画银钩、笔意深远。关友声、黑伯龙、弭菊田、岳翔书、吴天墀、张鹤云、张彦青、赫宝真、魏启后、王小古等画家以诗入画,诗画交融。细细品味,这本小小的册页,涉及的人物虽不全面,但可从中一窥路大荒先生的部分朋友圈,可谓非常有趣,值得娓娓道来。

一、张伯驹先生

张伯驹(1898—1982),号丛碧,别号游春主人、好好先生,河南项城人。爱国民主人士,收藏鉴赏家、书画家、诗词学家、京剧艺术研

究家。中华人民共和国成立前，张伯驹与张葱玉、邓以蛰、张大千、徐悲鸿、沈尹默、吴湖帆、启功等诸先生一起被聘为故宫博物院专门委员，工作任务为"书画审定"，为故宫博物院收购清宫流散书画出谋划策，做了大量工作。张伯驹颇为重视文物精品，曾向马衡院长建言："余并主张宁收一件精品，不收若干普通之品。"

中华人民共和国成立后，张伯驹继续关注故宫博物院事业的发展，而一生所藏文物精华，也大多归于故宫博物院收藏，实现了其"予所收蓄，不必终予身为予有，但使永存吾土，世传有绪"的初衷。故宫博物院共计收藏有张伯驹《丛碧书画录》著录的古代书画22件，几乎件件堪称中国艺术史上的璀璨明珠。许多名人都对张伯驹先生给予了非常高的评价。启功先生说："前无古人，后无来者。天下民间收藏第一人。"刘海粟先生说："丛碧词兄是当代文化高原上的一座峻峰。从他广袤的心胸涌出了四条河流，那便是书画鉴藏、诗词、戏曲和书法。四种姊妹艺术互相沟通，又各具性格。堪称京华老名士，艺苑真学人。"宋振庭先生说："爱国家、爱民族，费尽心血一生为文化，不惜身家性命；重道义、重友谊，冰雪肝胆赍志念一统，豪气万古凌霄。"黄永玉先生说："富不骄，贫能安，临危不惧，见辱不惊……真大忍人也！"

张伯驹先生与路大荒先生何时相识相知，由于年代久远，加之十年浩劫，许多珍贵的书信已经佚失，我无从考证。幸运的是这本册页保留了下来，张伯驹先生在册页中题诗："燃藜照镜事无殊，写尽人间假面狐。千古文章司马笔，传人更待费工夫。"这首诗将蒲松龄先生"写尽人间假面狐"的千古绝笔与路大荒先生殚精竭虑搜集整理蒲氏著作的精神淋漓尽致地表现出来。

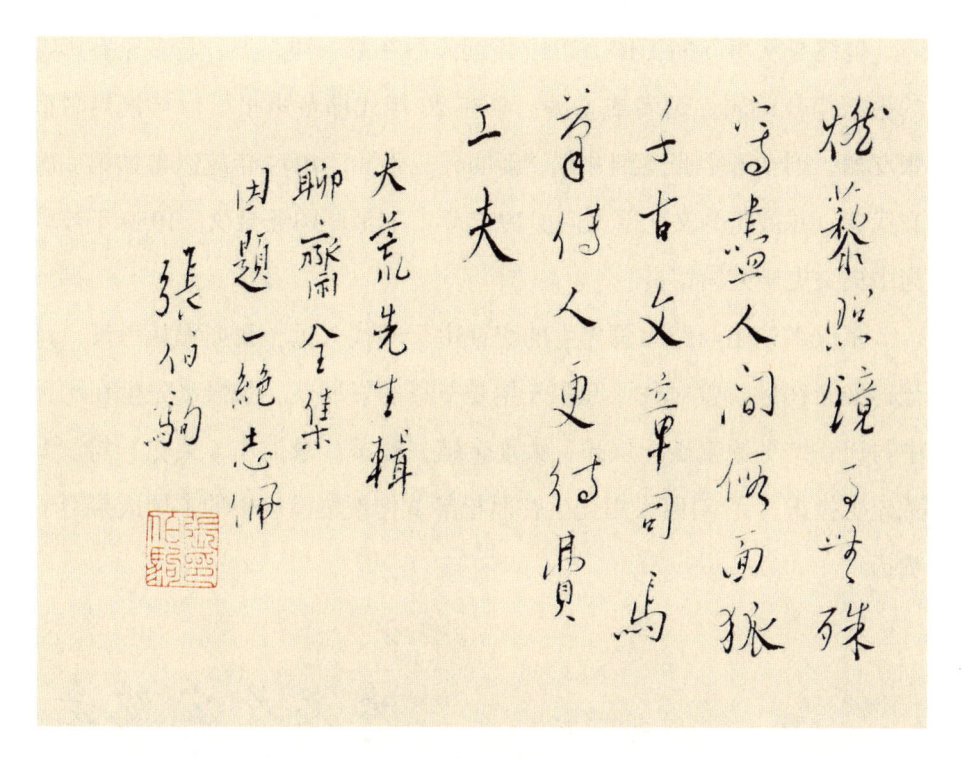

张伯驹题诗

二、张恨水先生

张恨水（1895—1967），原名张心远，安徽安庆潜山人。章回小说家，鸳鸯蝴蝶派代表作家。他自幼酷爱文学，17岁就以"恨水"的笔名投稿。创作高峰期从1924年的《春明外史》起至1939年的《八十一梦》止，15年间写了60部章回小说。早期作品多为鸳鸯蝴蝶派言情之作，到20世纪30年代逐渐增强了社会性，并开始写作以抵御外侮为主旨的抗日小说。在中国现代文学史上，张恨水无疑是最多产的作家之一，在他五十几年的写作生涯中，共完成作品不下三千万言，中长篇小说达110部以上，堪称著作等身。

他终身从事新闻工作。1919年起先后在京、津、沪、渝多家有影响的报纸担任编辑、记者或主编。早在20年代即蜚声报坛，与报界名宿张友鸾、副刊圣手张慧剑并称"新闻界三张"。1949年应邀参加第一次文代会，并被聘为文化部顾问。1957年参加最高国务会议。1959年被聘为中央文史研究馆馆员。

张恨水先生与路大荒先生的交往由于年代久远，我亦无从考证，只记得父亲在世时曾对我谈起张先生是爷爷的好朋友。张恨水先生在册页中写道："平原麦破千层碧，大地金铺一片黄。录拙作《菜花》句，大荒先生指正。"对路大荒先生在蒲松龄著作搜集整理中的丰硕成果给予赞扬。

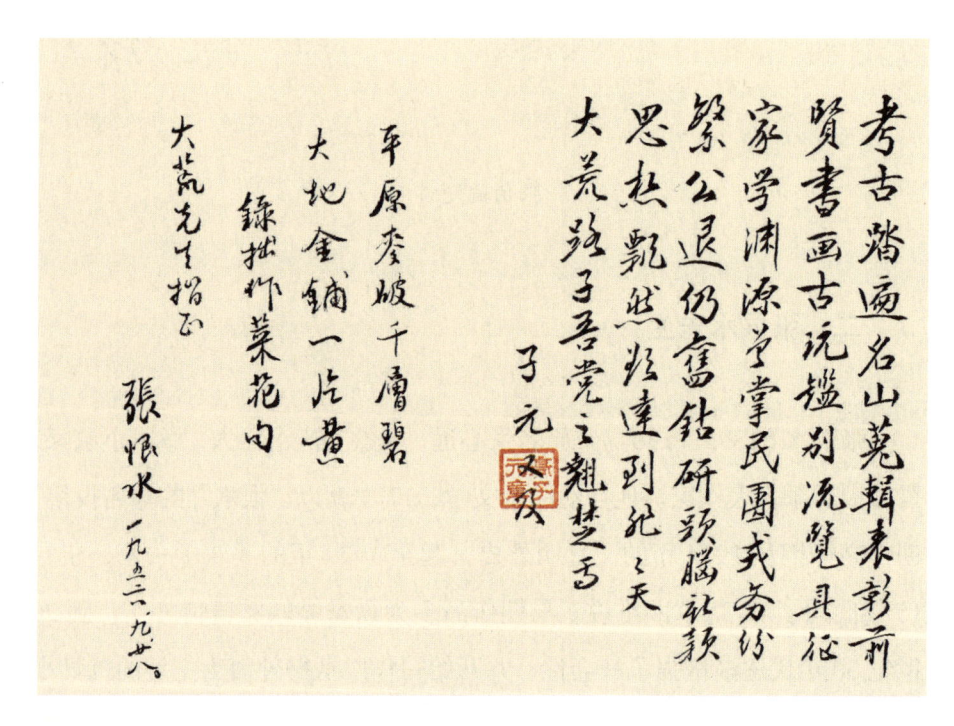

张恨水、高子元题词

三、张友鸾、张友鹤先生

张友鸾（1904—1990），字悠然，笔名悠悠、牛布衣、草厂、傅递，安徽安庆人。中国知名报人。1922年考入北京平民大学新闻系。在校期间曾为邵飘萍所办《京报》主编《文学周刊》。毕业后，于1925年受聘于《世界日报》为总编辑。

抗日战争时期，担任重庆《新民报》主笔。抗日战争胜利后回南京，重新开办《南京人报》，不遗余力地呼吁和平、民主，反对内战、独裁。张友鸾办报坚持"有趣"，抗战时期，一则讽刺国民党官员的新闻，他拟标题为"前方吃紧，后方紧吃"，为人称道。南京解放后，继任《南京人报》总经理。他不仅编出高质量的报纸，而且写了许多脍炙人口的作品，与张恨水、张慧剑、赵超构并称"三张一赵"，名重报界、文坛。

张友鸾在近30年的报界从业经历中，设计标题历来以用心、精致著称。即使一则普通的气象新闻，他所取的标题也别有趣味。一次，南京连日阴雨，张友鸾听完气象预报，提笔写出新闻标题："潇潇雨，犹未歇，说不定，落一月。"令许多人过目难忘。同时代人把他称为"最有风趣的报人"。

1949年前他主持过的报纸，先后有四家被查封，他自己也曾经遭到地方当局驱逐，稿件被扣、报纸"开天窗"也是家常便饭，他却一概"倜傥不拘"。生活处世，张友鸾也有这种风趣。抗战时重庆房价极贵，张友鸾一家近十口人，靠报社周济，才在附近一处空地搭起三间"捆绑房"。墙用竹片编成，和上泥巴，屋顶用茅草覆盖。有人给这三间茅屋取名曰"惨庐"，他也因此被人称作"惨庐主人"。不过，面对如此窘况，张友鸾却"精神高昂乐观"，依然经常吟诵陆游的诗。也正是这种潇洒倜傥的性格，使他能够享有高寿。从他晚年的照片来看，先生"银髯飘飘，

有世外之致"，虽然历尽坎坷，"却总带着睿智而宽容的微笑"。

张友鹤（1907—1971），张友鸾先生的胞弟，亦是中国知名报人。20世纪30年代，两兄弟因为杰出的办报才华，被称作报界的"大先生"和"二先生"。50年代初，张友鸾应人民文学出版社副总编辑聂绀弩之邀，到北京的人民文学出版社担任古典文学编辑室主任，做古典文学的编辑和选注，参与了《水浒》《红楼梦》《三国演义》等的注释工作。不久他又推荐弟弟张友鹤作为特约编辑，参与古典文学的编辑和选注工作，张友鹤校注了《唐宋传奇选》《镜花缘》《官场现形记》《二十年目睹之怪现状》，以及会校会注会评《聊斋志异》。

张友鸾、张友鹤两兄弟与路大荒先生的往来与友谊，我从现有的资料只能查到20世纪50年代初。当时两位先生均在人民文学出版社从事古典文学研究、整理及编著工作。正值路大荒先生《聊斋全集》的再版整理工作已经开始，与两位先生有了较为密切的联系。在仅存的几封张友鹤先生的来信中，他都详细地探讨了路大荒先生著作再版的细节，以及需要解释的地方。他在1957年9月的信中写道："大荒先生左右，前次尊驾来京得亲声，快慰平生……尊编《聊斋全集》业拜读一遍，搜罗丰富，巨细靡遗，用力之勤，至深佩慰。惟蒲氏年谱一篇，铅印本上注云已另编写，而抄本中未见此稿，不知是否尚未整理就绪……"

在随后的日子里，张友鹤先生在另一封信中谈道："春间如果南游，过济时定奉竭尽一日之欢，彼此志同道合，畅谈既是快事，况可游览名胜，能有瓜子果腹即可，因不在哺啜也，一笑……"即使是在普通的通信中，张友鹤先生诙谐幽默的文笔也可见一斑。

张友鸾、张友鹤两位先生在编辑路大荒先生著作的过程中与他的友谊日渐加深。张友鸾先生在册页中赠予大荒先生诗一首："谐狐趣鬼多情思，木魅花妖亦可怀。如此文章如此事，教人怎不拜聊斋。"饶有风趣、妙语连珠的文风跃然纸上。

张友鸾、吴天墀题词

1980年9月2日，路大荒先生逝世八年之后，山东省有关部门在英雄山烈士陵园礼堂召开了隆重的追悼大会。彼时张友鹤先生已经仙逝，张友鸾先生得知后发来唁函："山东省图书馆、路大荒同志治丧小组：'接得通知，敬悉路大荒同志追悼会将于九月二日举行。年迈道远，我不能亲自前来参加，甚以为憾！拜托代为致送花圈，灵前祭奠，聊表哀思！所需费用，请示当即汇奉。此致敬礼！张友鸾。'"

四、舒芜先生

舒芜（1922—2009），安徽桐城人，本名方管，中国现当代作家、文学评论家。1938年向《广西日报》副刊《南方》投稿时始用"舒芜"的笔名。1945年初在胡风主编的《七月》上发表《论主观》一文，成为一场长达五年之久的文艺论争的主要焦点之一。这时期他还创作了不少杂文，结为《挂剑集》。1952年到北京，历任人民文学出版社编辑、编辑室副主任、编审。

有学者认为在学术上舒芜至少在三方面成绩卓著。首先，解放后研究兴趣主要在古典文学方面，人民文学出版社最早出版的一批古籍就是由舒芜参与整理出版的。其次，退休后更多的研究兴趣转向了对"五四"、鲁迅及周作人的研究。最后，作为一个书评家，舒芜先生把一些评论和理论艰涩的文章写得文笔优美，可以作为随笔和散文来读，他与老一辈学人季羡林、金克木等使得自五四以来开创的文体得以延续，形成了一种优美的文风，这在年轻一代中非常少见。

但也有人指出舒芜在"胡风事件"中主动"反戈一击"，永远是其历史的尴尬。1952年，舒芜相继公开发表《从头学习〈在延安文艺座谈会上的讲话〉》和《致路翎的公开信》，率先点了老朋友路翎及吕荧的名字。"胡风事件"中，舒芜因提供胡风给他的信件使势态迅速转向，成为人们眼中的"犹大"而不被人原谅。

抛开"胡风事件"，仅从文学史的角度来评价，舒芜应该是一位比较优秀的现代文学研究者，尤其对鲁迅、周作人的研究成绩显著。但舒芜晚年似乎并没有深刻反省过"胡风事件"这件往事，甚至显得有所回避，给后人留下很大的疑惑和不解。

舒芜先生与路大荒先生的交往应该是在他20世纪50年代到北京人

民文学出版社担任编辑以后。与张友鸾、张友鹤两兄弟一样，在古籍整理出版时与路大荒先生有了交集。他在册页上题道："百花齐放，百家争鸣。"

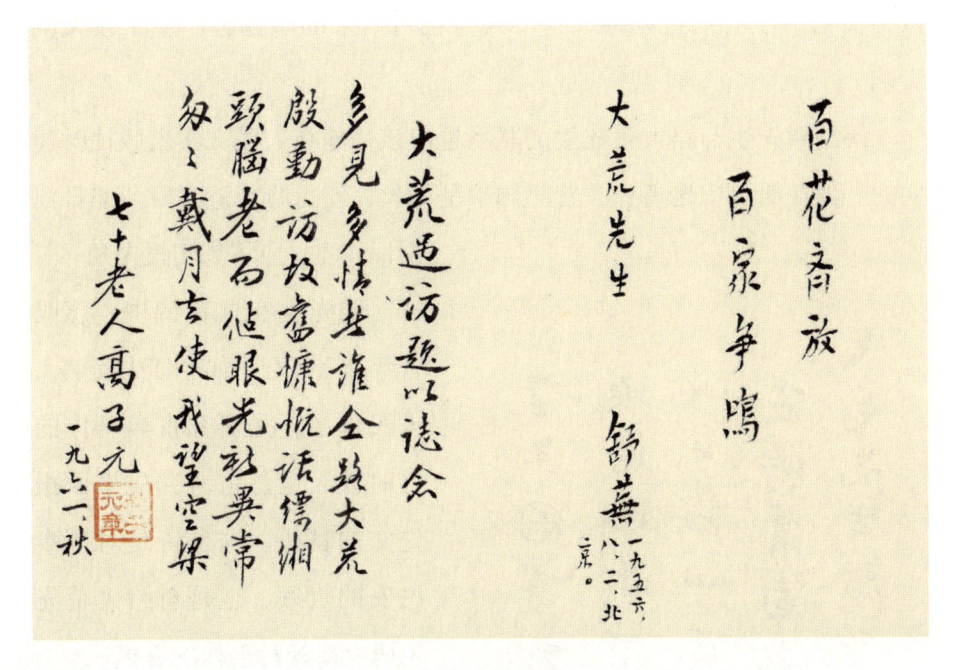

舒芜、高子元题词

1956年毛泽东主席在中共中央政治局扩大会议上正式提出，在科学文化工作中实行"百花齐放，百家争鸣"的方针，即艺术问题上"百花齐放"，学术问题上"百家争鸣"。舒芜先生此时将这句话题赠路大荒先生，既紧跟了党中央的号召，又切合了古典文学研究是"百花齐放"的一部分的题中应有之义，可以说恰如其分、用心良苦。

五、侯岱麟先生

侯岱麟，当代学者。20世纪50年代人民文学出版社编辑，主要

侧重于古典文学、侠文化研究。对蒲松龄及其著作也颇有研究，撰写了《蒲松龄与王士禛》等文章。用客观事实说明自己的观点，言之有据。例如在《蒲松龄没摆过茶摊》中考证了蒲松龄一生的生活经历，认为蒲松龄没有摆过茶摊，这一观点也对后来的研究者产生了较大的影响。

侯岱麟先生与路大荒先生的联系也应该是他在人民文学出版社时建立的。他在册页中题诗："昔年国事乱如丝，安得吟哦遣兴时。此日江山民作主，应将隽句报先知。"

侯先生在这首诗中，感叹昔年战乱不已，如今江山安然、人民作主，是研究古典著作的好时候，也是将研究成果回报先知的良机。这首诗是对国泰民安的赞颂，也是对路大荒先生研究蒲松龄著作的褒扬。

在寻找侯岱麟先生的资料时，我发现网上资料甚少，咨询有关人员，也未发现翔实的资料，只能从其他一些专家学者的回忆文章中，偶尔找到片言只字。曾经在古典文学中研究和耕耘多年的学者，相隔几十年后竟几乎无人知晓，这种现象令我唏嘘不已，他们在文化传承方面的贡献不应该被遗忘。

侯岱麟题诗

六、崔介先生

崔介（1910—1997），河南濮县（今范县）人。1932年3月组织濮县反帝同盟会，为负责人。1933年4月加入中国共产党，任濮县城区党支部书记。

抗日战争初期，崔介先生在沂水等地开展对国民党第三督察专员公署专员张里元的统战工作，积极发动群众，组织抗日武装，任八路军山东人民抗日游击队第四支队三团参谋长。1943年9月，兼滨海专员公署一行署（专署）主任（专员），为滨海区抗日民主政权建设做出了贡献。解放战争时期，任山东省政府秘书处处长。中华人民共和国成立后，任青岛市政府秘书长、常务副市长，市政协副主席。1964年后任山东省劳动厅副厅长、厅长、党组书记，系山东省第五届人大常委会委员。1997年5月因病在济南逝世。

崔介先生在青岛任职时，就与路大荒先生有着比较密切的联系，曾给路大荒先生寄来抄自北京图书馆藏本的《聊斋诗集》。崔介先生也是这本册页中唯一一位党和政府的领导干部。可能与他参加革命以前，有较高的文化水平有关吧。据我所知，祖父生前与山东省的一些领导干部保持着友谊与联系，如山东省分管文教的余修副省长、山东省文联周坚夫书记、山东省文化局蔡放局长等，这些领导干部的共同特点是都拥有较高的文化水平和修养，对琴棋书画有着较高的修为，并且对书画古玩都有一定的鉴赏能力。他们身上这些共有的特质成为与路大荒先生深入交流的基础，也使他们逐渐成为工作外的好朋友，相互题诗赠字也成为他们之间交往的媒介之一。

崔介先生在册页中题诗："济南欣闻辑书成，酷暑忽觉爽气生。夙愿久乘叹落拓，壮志今幸遇清明。岂为前哲始穷搜，惟愿后起能代兴。

预想全集出版日，浮白快读到三更。"

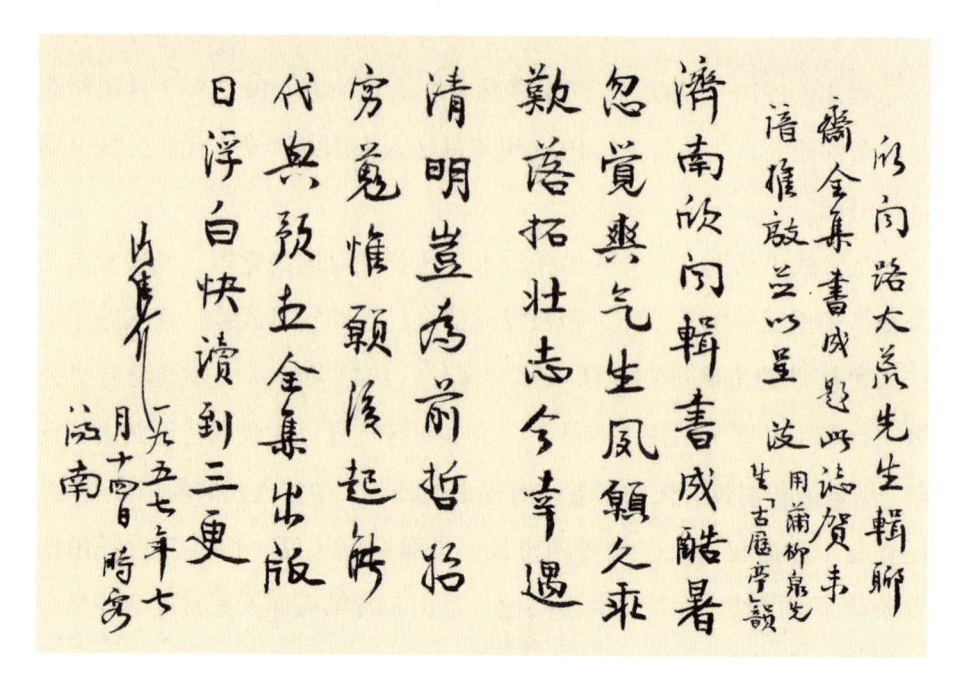

崔介题诗

从这首诗可以看出，崔介先生得知《蒲松龄集》刚刚编著完成，即赋诗祝贺，更希冀先睹为快，表达了一位老友的欣喜之情。

七、高子元先生

作为年长于路大荒先生的老友，他们的交往应该比较频繁。在这本册页中，他是唯一一位题词两首的先生。

高子元先生写道："多见多情者，谁同路大荒。殷勤访故旧，慷慨话缥缃。头脑老而健，眼光新异常。匆匆戴月去，使我望空梁。"

他又题道："考古踏遍名山，搜辑表彰前贤。书画古玩，鉴别流览，具征家学渊源。曾掌民团，戎务纷繁，公退仍旧钻研。头脑新颖，思想飘然，欲达到飞飞天。大荒路子，吾党之翘楚焉。"

高子元先生将路大荒先生钻研书画古玩、殷勤访故旧、考古遍踏名山，以及勤奋钻研的精神惟妙惟肖地展现出来，确是路大荒先生的挚友之一。

八、关友声先生

关友声（1906—1970），原名关际颐，字友声，号嘤园主人，山东省济南市泺口镇人，中国现当代著名书画家，擅长中国画，兼擅书法、诗词、琴棋、京剧。1928年就读于山东大学国学系，1931年与兄长关松坪先生在济南共创国画学社与齐鲁画社，1945年以来先后执教于济南中国艺术专科学校、山东南华学院艺术系、湖南南岳国立师范学院、齐鲁大学、山东艺术专科学校，任中国美术家协会山东分会常务理事、山东省政协委员。

关友声先生是一位诗书画俱佳的艺术家。他的绘画不拘守某一种形式，常常是手随心动，有着多种多样的风格。无论是妩媚的、泼辣的，还是凝重的、飞舞的，在他的笔下都能兼收并蓄，恰当地融合在艺术形象中。在书法上，他真、草、隶、篆无所不能、无所不专，特别是他的章草，已得前贤之神韵，是山东的一绝。另外，他的诗词歌赋也极为出色。他的诗词不矫揉造作，既通俗易懂，又不失雅韵，而且他常以绘画的手法写诗，使诗词中充满了线条和色彩的韵味。

关有声赠路大荒扇面

　　关友声先生与路大荒先生的交往可追溯到20世纪30年代。抗战初期，路大荒先生隐居济南秋柳园，与寓居济南的诸多知名学者、书画家多有来往，关友声、黑伯龙、弭菊田、刘大同、王墨仙等诸位先生均是他秋柳园寓所的座上客。他们读书作画，金石考古，成就了一段佳话。关先生的儿子仍保留着当年路大荒先生为关先生题写的楷书书法。那是在1946年，大荒先生写道："乙酉花朝节临《张迁碑》，俟友声道兄正教　淄川路大荒。"

　　关友声先生在册页上绘山水画一幅，并在左上角题道："华山烟连鹊山烟，吮墨拈毫意在先。路兄大荒索我画，白云飘渺有无间。一九五九年　关友声（红色阳文印章：友声）。"先生又在册页中作诗一首:"豆棚架下雨无殊,继武令升鬼董狐。振古妙文传左马,大荒路子岂凡夫。"

关友声绘鹊华图

第一句"豆棚架下雨无殊"来自清代王士禛给蒲松龄先生《聊斋志异》的题诗:"姑妄言之妄听之,豆棚瓜架雨如丝。料应厌作人间语,爱听秋坟鬼唱时。"关先生在诗中不但对蒲松龄的著作称赞有加,更对路大荒先生搜集整理蒲氏著作大加赞扬。该诗也折射出关友声先生深厚的诗词底蕴。

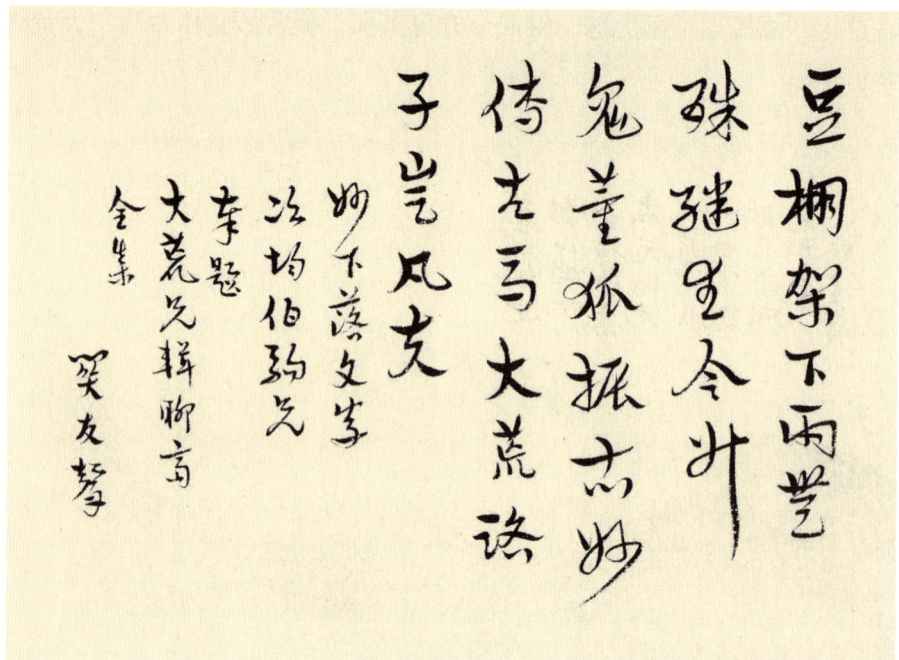

关友声题词

九、黑伯龙先生

黑伯龙（1915—1989），回族，原名黑元吉，临清市前关街人，中国民主同盟盟员。绘画启蒙于赫保真、张茂才。1936年毕业于上海美术专科学校国画系，受黄宾虹、潘天寿、刘海粟等名家指教。1946年在济南创办南华艺体专科学校，曾任该校艺术系主任，兼济南中国艺术专科学校教授。1960年任山东艺术专科学校副教授，后任山东艺术学院教授、中国美术家协会会员、山东美协副主席、中国书法家协会山东分会常务理事、山东画院院长、齐鲁书画研究院院长，山东省政协第五、六届常委，济南市三届人大代表。

嘤鸣友声　志同道合真情在

　　黑伯龙从民国时期起，就以山东"关、黑、弭、岳"四大家之一享誉画坛；中华人民共和国成立后，他为"齐鲁画风"开创了历史先河。他的经典风格与艺术思想为山东绘画的发展奠定了坚实的基础，对拓展、打造"齐鲁画风"起到了重要作用。他开创了山东山水画的崭新面貌，关于黑伯龙先生，李苦禅有评语曰："自有清以来，能融石涛、梅青诸家笔墨而独成一家者，伯龙也。"

　　黑先生晚年善画苍松古柏、顽石劲竹、高山飞瀑、叠嶂烟云。但他不是自然地再现，而是删繁就简、生动洗练地描写物象，以神写形、以形传神。即便在盈尺小幅之中，也具有咫尺千里之势、古拙老辣之妙。他的人物画也功底深厚、别具特色，大笔一挥能刷出人物形体，淡墨几点可托出神态气质。他的书法与其画风相一致，淳朴、浑厚、庄肃、劲健，笔意老辣，颇具古风。

黑伯龙绘迎客松

路大荒先生与黑伯龙先生的友谊甚笃，他们的交往可追溯到20世纪三四十年代。我曾见到1940年夏天黑先生送给我祖父的一幅采莲图。图中题写了唐朝王昌龄的七言绝句《采莲曲》："荷叶罗裙一色裁，芙蓉向脸两边开。乱入池中看不见，闻歌始觉有人来（庚辰之夏，师张大千先生法于稷门，以应大荒先生大雅之属。伯龙）。"那年黑先生才25岁，已在美术界崭露头角。中华人民共和国成立后，他们两人又同为山东省政协委员，共同为山东省国画界的发展壮大献计献策，共同在政协会议上提出提案，建议省政府加强对国画工作者的领导，成立国画院，集中研究国画、书法，发挥为政治、经济服务的作用，使祖国的优秀传统文化得到更大发展。虽然当时受到条件的限制，没有财力立即成立山东省国画院。但20世纪80年代，山东省国画院正式成立，黑先生出任院长，为山东省的国画艺术做出了应有的贡献。

"文革"时期，黑先生与大荒先生在各自的工作岗位上受到了不同程度的冲击。即使这样，他们也是默默地惦记着对方。1972年6月6日，路大荒先生不幸去世，因处于特殊时期，人人自危，几乎没有人前来吊唁。我记得那日傍晚前后，一位奶奶在一个年轻人的陪伴下前来吊唁，我爸爸急忙迎上前去，原来是黑先生的夫人在儿子的陪伴下来看望我奶奶。黑奶奶讲："黑先生不方便来，他说不管怎样，都要让我替他送大荒先生一程。"我记得我奶奶和黑奶奶双手紧握，很长时间说不出话来。这就是"患难见真情"吧！

黑先生在这本册页上挥笔作山水画泰山迎客松，落款为"大荒老兄教正，一九五九年伯龙画（红色阳文印章：黑）"。

嘤鸣友声　志同道合真情在

黑伯龙绘采莲图

十、弭菊田先生

弭菊田为大荒刻章

弭菊田，山东济南人。原名育咸，号秋景斋、梧雨楼、晚号菊翁，著名画家、美术教育家。

1935年弭先生就读于北平美术专科学校，初学西洋绘画，后受教于胡佩衡，专攻山水。1946年被聘为山东南华学院艺术系教授，1948年赴上海举办画展。历任济南国画院院长、一级美术师、中国美术家协会及书法家协会山东分会常务理事、济南市美术家协会主席、济南国画研究会会长、济南画院名誉院长、山东画院艺术顾问。

弭菊田先生一生致力于国画艺术和美术教育事业，声名远播。社会对其评价："人淡如菊，情钟砚田。"他多才多艺，琴诗书画印俱佳，尤长于国画山水，成就斐然。自20世纪40年代始，便被推为济南"关（友声）、黑（伯龙）、弭（菊田）、岳（祥书）"国画四杰之一。进入古稀之年，其山水国画达到了高深精湛的艺术境界，形成意境高远、清雅俊逸、气韵空灵、笔墨酣畅、法度谨严、色彩苍润、雅气冲和的独特风格。对画面空白的利用、画松、画水、画雪，技法高妙。

作为"关黑弭岳"四杰之一，弭先生与路大荒先生早年即相识。弭先生治印颇佳，他曾给路先生治印一方"大荒手校"，边款为"大荒先生方家正篆　菊田刊"。这方印章出现在路大荒先生的许多文稿中。

在这本册页中，弭菊田先生画"岱岳一角"，并在画面左上题"大荒兄法正，一九六零年，菊田写岱岳一角（红色阳文印章：小鞠）"。

弭菊田绘岱岳一角

十一、岳祥书先生

岳祥书（1913—1979），字瑞麟，号祥书、木鱼子，曾用名湘絮、乡蔬、鸿祥、翔舒、松风斋主，别署洗我轩、伴蚕居、槐荫画室、大吉堂、泉韵轩。生于河南省开封市，18岁迁居山东，定居济南，并终老于此。毕生从事美术工作，绘画领域涉猎广博，中、西绘画皆通。

岳祥书先生出生于古都开封的一个书香门第，从小受传统文化熏陶，爱好书画。后家道中落，辍学在家。失学后，为承担赡养家庭的责任，

他便自学人像画。既没有名师指点，也没有系统学习，凭着个人的天资，仅仅两个月后，14岁的岳祥书便无师自通，挂牌营业。勤奋好学的他，人赠别号"大梁稚子"。后受聘于冯玉祥省府做美工，以宣传画推动这位爱国将领提出"破除迷信，解放妇女"之主张，他的写实功夫深得冯将军赏识。

　　清末民初，尤其是五四运动以来，西画与中国画之间的关系发生了根本性的变化。伴随着文化上反封建的革命运动，"美术革命"的思想成为当时美术青年艺术追求的自觉。在一些受西方"科学""民主"思想影响的政治家、学者与艺术家的倡导下，西洋写实绘画备受尊崇。正是在这样的时代大环境中，岳祥书先生深受中西两种文化影响，既有国学渊源和书法功底，又勤于钻研西画的基本功和写实技巧，个人的艺术风格初现端倪。作为济南国画四杰之一，岳祥书先生以花鸟画成名，却不仅精于花鸟绘画。他于山水、人物画也多有涉猎，讲究兼容众家之长，吐纳笔墨气韵，形神兼备。岳先生的作品能够脱颖而出，来源于他敏锐的艺术感受力和表现力。他的作品极具创新意识，又充满了对生活的感悟，更难能可贵的是，他善于融通各家各派，广泛吸收各方面营养。作为一名富有天赋的艺术家，各种技法在他胸中经过自我点化，熔冶于一炉，在随手挥洒间，笔笔都是自出机杼。

　　岳祥书先生的艺术之路，泥泞而坎坷，所幸的是，岳先生的多方面才能使他具有一种很强的社会适应能力，而锲而不舍的求艺决心及探索精神，使他在顺境和逆境中均能扫除外部的种种干扰，回归内心的宁静与镇定，走自己寻找到的艺术道路，终成一代绘画大家。

嘤鸣友声　志同道合真情在

岳祥书绘花鸟

　　岳祥书先生与路大荒先生相识相知于哪一年已无从考证，但从这本册页来看，岳先生是唯一在此册页中留下两幅绘画作品的朋友。一幅花鸟画中两只鹭鸶相依对视，右上角题有"大荒兄教正，庚子春祥书写（红色大篆阴文印章：岳翔书）"。一幅明湖泛舟图中，风景秀丽的明湖水面上两只水鸟正飞离水面，画面右侧题款："大荒兄正，祥书写（红色大篆阴文印章：岳翔书）。"两幅画作展现了岳祥书先生过人的艺术天赋。

岳祥书绘大明湖

十二、魏启后先生

魏启后（1920—2009），生于山东济南，早年就读于北京辅仁大学中文系，课余兼习书法，受教于溥心畬、溥雪斋、启功诸先生，受益良多。后从事金融工作，公余之暇多与书界交游，广结墨缘，以书画自娱。山水竹石法宋元文人画而自有新意。书学二王、初唐及北宋诸家，真书多隶意，草书多章草法，行书近米元章。魏启后先生德艺双馨、蜚声艺苑，书画双绝、名播海右。他是山东当代艺术发展的标志性人物，"华夏艺术网"特邀艺术顾问。出版有《魏启后书法选》《魏启后书画集》等，曾获中国书法"兰亭奖"终身成就奖、首届山东省泰山文艺奖创作奖一等奖、山东省泰山文艺奖突出贡献奖、日本白扇书道会最高特别奖。任中国书协理事、中国书协创作评审委员会委员、山东书协副主席、中国国际友好联络会山东分会理事、济南市政协常委、济南画院顾问、济南诗词协会副会长等职。生前系省书协名誉主席、山东画院顾问。

  魏启后先生在书法、绘画艺术上浸淫七十年，取得了巨大的成就。他的书法一方面取法晋唐宋元的经典艺术语言，具备极其深厚的传统功力。另一方面，他又取法20世纪以来出土的两汉简牍，富有极其浓厚的创新意识。他的行草书创作和章草书创作，在笔法、字法、章法和墨法等各个方面，都突破了前代书法家的樊篱，形成了自己浓厚的个人风格。他将米字行书和两汉简牍书有机糅合而自创新体，是当代书法对书法艺术历史发展的重要贡献。他的真书多具隶意，草书意涉章、简笔法，行书由二王、王珣，尤其是米芾一脉传承而来，得汉简、章草、隶书之神韵风采，气格高迈。他的书法高古不俗，简约、含蓄、流动、飘逸、放纵、婀娜，忘怀楷则，真率天趣。书具简意，而少简的直白，富帖学的风流潇洒，而无帖学的熟媚，尽得晋人萧散闲适之神采。结体筑字大小参差，欹正相生，气脉连贯，于不经意处得见自然之意趣。用笔刚柔相济，正侧间用，撇如鸟啄，点如画沙，劲健律动，疏狂恣肆。提按顿挫，迅疾徐缓，燥润枯湿，浓淡虚实，无不使转自若，对应裕如，出神入化，妙手天成。他广览博取，融会贯通各家笔法，集古之大成于一身，达到了志气平和、心手双畅的地步，不着一点雕琢痕迹，将帖学推向了新的峰巅，无限风光尽收眼底。

  魏启后先生在绘画艺术上兼善花鸟和山水两科，风格简净深远。

  他的绘画秉承了传统文人画的审美理念，具有深邃的文化内涵。所画竹石、花鸟更多地吸收了八大山人的笔墨语言，凝练概括，逸笔草草，画意简净、悠远、疏淡，趣味盎然。

魏启后题诗

  在《大荒友好》册页中,魏启后先生赋诗一首、作画一幅。在诗中魏先生写道:"柳村买酒何处春风,小院烧鱼冷眼来观。风月村姑脱了凡俗,双鬟土语挑水呼人。让路不已我自缓缓,踏花青眼如狐似鬼。"

  魏启后先生的画作是风光秀丽的柳泉故里。画面中,在一片杨柳依依的远方,依稀可见一片民居。画面左下角题有"南田画柳每出新意,以其法写柳泉居里,愧未能学步。奉呈大荒先生教正。启后"。

  路大荒先生年长魏先生20余岁,他们既是忘年交,又是共同经历风雨的挚友。记得20世纪60年代中后期,运动汹涌而来,孩子们早已无学可上。我整天待在家里,院子里也早已失去往日的生机,经常来的几个人中就有魏先生。那时魏先生已经被打倒,造反派对他不感兴趣,他得以经常在爷爷家出现。

  魏先生住在县前街,离曲水亭街不远,隔三差五,他散着步就过来了。"路先生在家吗?"魏先生的话语未落,奶奶就对着院子说道:"启后来了。

快来快来。"爷爷一边步履蹒跚地走着,一边把魏先生迎进门来。天气暖和时,他们二人就在院子里坐下。乘着石榴树伞一样的阴凉,大姑给他们倒上茶,招呼着,"你们一边喝着,一边谈吧"。那情景,暖暖的,就像一家人。

魏启后绘山水

魏先生健谈,他的到来总是给这个小院带来轻松的气氛。他们谈文学、艺术,谈绘画、书法,总是有谈不完的话题。乱世逢知己,也是一种幸运吧。爷爷有时会调侃道:"您的书法大有精进啊,现在泉城路上许多牌匾都出于您手啊。"魏先生总是谦虚地说:"哪里哪里,业余消遣而已。"正是魏先生虚怀若谷的胸怀,成就了他一代书法大家的地位。魏先生在长期从事金融专业以外,一生诗书兼擅,是一位综合修养很高的知识分子,颇有传统意义上的文人士子之风。而在我儿时的心目中,

魏先生永远是那个乐观、健谈，而又平易近人的伯伯。

魏先生的季子魏宝乐先生曾回忆起一件难以忘怀的往事。那是在路大荒先生去世不久的一天下午，一位中年男子来到他家。这位先生就是大荒先生的儿子。他到魏先生家是遵照大荒先生的嘱咐，将大荒先生使用收藏的一方砚台送给魏先生。据魏先生家人考证，这方砚台是清朝康熙年间雪村居士的，它造型古朴，背面刻满了铭文，上面写道："西洞第三层，莙然一片泓。鲸鳌不敢抱，乃为文士得。发硎者其才，抱璞者其得。细腻纹入理，不在声与色。岩流何冷冷，忽响几席侧。供君泼淋漓，是谓刚柔克。癸卯十月既望，雪村居士。"这方砚台一直由魏先生家人珍藏着，它见证着两位先生真挚的友谊。

进入21世纪以来，山东省加大了重点文物保护工作力度。第四批文物保护单位的申报又要开始了。我省名人故居的确立工作也在进行着。路大荒先生秋柳园故居拆迁时，受到了专家学者及媒体的高度关注，这次文化、考古领域的许多专家在各种场合呼吁应该对路大荒先生的曲水亭故居予以保留。魏先生虽然年事已高，但对他的忘年好友故居的保护非常关注。他亲自写信给当时济南市分管文化的王良副市长，恳切希望能够保留路大荒故居。在党和政府的重视下，在魏先生等专家学者的呼吁下，2012年，路大荒先生曲水亭故居入选了山东省第四批文物保护单位，并于2013年10月正式挂牌。魏先生彼时虽然已经仙逝，但如泉下有知，他也会感到欣慰的。

十三、张彦青先生

张彦青（1918—2007），原名焕，字剑进，号抚愠斋主，山东临清人，1943年毕业于北京辅仁大学美术系。1946年又毕业于重庆中央大学艺术系国画专业，先后师从臧克家、陈少梅、溥雪斋、汪慎生、陈缘督、启功、徐悲鸿、黄君璧、傅抱石、谢稚柳诸大师。1948 年 6 月参加革命，任四野十二兵团政治部宣传队文艺组组长，中华人民共和国成立后历任山东省博物馆美术员，山东省艺术专科学校教员、教研室副主任，山东艺术学院副教授、教授。1992 年国务院颁发艺术成就表彰证书，享受国务院政府特殊津贴。兼任中国美术家协会会员，历任中国美术家协会山东分会常务理事、山东省政协委员及政协书画组副组长、山东省文史研究馆馆员、山东老年书画研究会副会长、济南军区老战士书画研究会顾问、中国书画函授大学山东分校教授、山东老年大学教授、齐鲁书画研究院院长。

张彦青先生一生经历曲折坎坷，他的前半生将大部分精力投入到新民主主义革命大潮中，然而他钟情于艺术，痴心不改，在斗争环境和革命工作中无鞭自奋，刻木成舟。他怀着对祖国的热爱，紧紧把握时代脉搏，"洋为中用，古为今用"，为锦绣中华挥毫泼墨，创作了众多现实主义和浪漫主义相结合的作品，为祖国的大好山河立传。他博览群书，行逾万里，把中国传统文化的瑰宝镶嵌在时代的箭镞上，放射出璀璨的光彩。

张先生与路大荒先生的友谊是从 20 世纪 50 年代中期开始的。1956 年的春天，张先生在山东省文管会（省博）任美术员期间，接到上级指示，参加蒲松龄故居的筹建工作。此时蒲松龄故居的土建工作已基本完成，他的任务是协助路大荒先生搜集蒲松龄先生的相关文物，并搞好纪念馆的扩建和展品的陈列布置。在蒲松龄故居筹建的日月里，张彦青先生与路大荒先生组织发动群众收集蒲氏文物、各种抄本、故居内的布置等。在这些繁忙而有意义的工作中，他们逐渐建立起深厚的友谊，这种友谊没有因时间的流逝而减弱，而是继续传递到了下一代。路大荒先生去世后，张先生与我家一直保持着联系，尤其与我父亲非常谈得来。张先生晚年身体欠佳，我父亲作为医生，经常前去看望，他也赠我父亲书画以

表谢意。改革开放以来,张先生带着深厚的感情,写了《忆大荒先生》等一系列的回忆文章,深切怀念路大荒先生。

张彦青绘《大荒先生访岱图》

张彦青先生在这本册页中绘《大荒先生访岱图》一幅,画面是巍峨的泰山碧霞祠,路大荒先生正在陡峭的盘路上执杖前行。彼时路大荒先生也在山东省文管会工作,其间对山东省的重点文物如孔府、泰山、蒲松龄故居等做了大量的调查、修复工作,想必张彦青先生在这幅画中重现了路大荒先生在考察泰山过程中的情景吧。

十四、吴天墀先生

吴天墀(1892—1974),名陛,山东邹城人,出身于书香门第,

1918 年毕业于山东高等师范手工图画专修科。1918 至 1937 年先后在山东省立第一师范、济南师范等校任教。吴天墀先生擅画动物，尤精画虎，亦工山水、花卉。他兼通中西绘画技法，善工笔翎毛走兽，画虎尤为传神，被誉为"北方虎王"。

1946 年吴天墀先生任山东省立图书馆采编部主任。1949 年后历任山东省自然科学教育研究所绘制组组长，山东省博物馆绘画组组长、研究员。历任华东美协理事、山东省文联执行委员、省美协理事、济南市美术研究会副会长。当选为山东省第一、二、三届人大代表，山东省第一、三届政协委员。

吴天墀绘《巫峡息影》

吴天墀先生在册页上题诗："山中何所有，岭上多白云。只可自怡悦，不堪持寄君。"另作画一幅，只见一棵古老沧桑的树上有两只活灵活现

的猿猴。画面左下角题有"巫峡息影，大荒兄法家鉴教。天墀（红色阴文印章：吴陞印；红色阳文印章：天墀之章）"。此画作虽小，但充分显示了吴先生善工笔翎毛走兽的特点，是吴先生一幅不可多得的小精品。

十五、黄立荪先生

黄立荪，名黄莘，号立荪。祖籍陕西大荔，生于济南。幼时随外祖父王官澄学画，后拜松小孟（松年）为师。曾就学于齐白石、于非厂等，10岁即能为亲友写画扇面，20岁在上海《神州吉光集》发表作品。甲子仲春，同乡陈荀禅等人曾为其在《神州吉光集》中定润（山水每平尺2银元）。山水得力于王、恽。其画构思、墨色及技法皆有独到之处。其字结体雄放，真、草、隶、篆功夫均深，尤擅长汉隶，曾为济南千佛山牌坊书"云径禅关"牌匾。对文学尤其诗词亦颇有研究。民国时期在济南书画界就享有盛名，曾当选为济南市政协委员。

我曾见到过20世纪40年代黄先生赠予祖父的书法作品，他们应该相识于民国时期。黄先生在册页中题道："玉函金检觅秦封，渡岭穿云过几重。我亦登临小天下，雨中来上最高峰。一九六零年八月，《雨

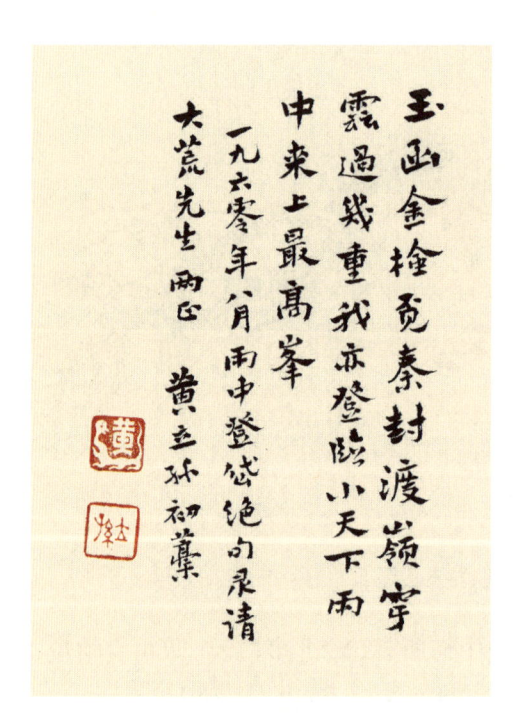

黄立荪题诗

嘤鸣友声　志同道合真情在

毛主席减字木兰花词　大荒同志属正　黄立孙敬书

漫天皆白雪里行军情更迫　头上高山风卷红旗过大关　山行何去赣江风雪迷漫处　命令昨须十万工农下吉安

黄立荪书法

中登岱》绝句,录请大荒先生两正。黄立孙初稿(红色阴文印章:黄;红色阳文印章:立孙)。"

十六、张鹤云先生

张鹤云(1923—2008),河北丰润人,山东省著名书画家、学者、美术教育家。1945年毕业于国立北京艺术专科学校,1952年以来历任山东师范大学讲师、教授、美术系主任等。代表性著述有《山东灵岩寺史迹研究》《论花鸟画的徐黄二体》等。兼任山东省美协、书协常务理事、山东工艺美术协会副会长、山东科普美协会长、山东画院和山东青年美协等单位艺术顾问、山东省文联委员、山东省政协委员等。"张氏画鱼之法"开创了中国画写意画鱼的新纪元。绘画作品被中国美术馆,以及日本、法国、美国、加拿大、约旦等国家收藏。

1942年张鹤云考入国立北平艺专,教授他素描和图案设计课的正是蒋兆和先生。张鹤云因自砥自砺、自珍自爱,画技又胜他人一筹,故而深得蒋先生的器重。1946年夏,徐悲鸿先生来北平执掌国立北平艺专,在中外出版社供职的张鹤云,曾携带自己的画作至徐府讨教。当张鹤云作为进步青年因用画作抨击当局而失业时,蒋先生当即给予帮助,亲自安排他随国立北平艺专高年级学生进修。其间,张鹤云有条件浏览了不少西洋大师的作品,这使他在我们民族传统的优秀遗产的深海中探珠的同时,又能长目飞耳,博撷众美。恩师的提携,画友的切磋,不仅使张鹤云学养日益丰厚,眼光日趋高远,而且深深悟出真善美的不朽内核是诚实。

济南作为历史文化名城,其城区及周边地区有着丰富的文化遗存。灵岩寺、西佛峪、千佛崖等,向来是美术史学家探赜索隐的好去处。

张鹤云几乎耗尽全部业余时间，到这些古文化宝地钩沉稽考。实地考察归来后，他又在书海里徜徉。他从万签插架的文献典籍中条分缕析，从断墨残楮中查考印证实地考察获得的资料。正是靠着这种孜孜不倦的勤奋和一丝不苟的严谨，张鹤云先生的《济南石窟及摩崖造像》《长清灵岩寺古代塑像考》等学术论文才得以问世。

作为路大荒先生的忘年好友，张先生与路大荒先生不仅在中国美术史上，尤其在济南周边文化遗存上有着较深入的交流。在这本册页上他赠予路大荒先生自己精心绘制的一幅水彩画。在这幅画上张先生赋诗一首："昆嵛山前归暮鸦，胜迹犹存四门塔。蔓草荒烟凭吊者，唯有一二考古家。"将路大荒先生四门塔文物考察修复的情景淋漓尽致地表现出来。

张鹤云绘四门塔

十七、赫保真先生

赫保真（1904—1987），字聘卿，潍城区南关人，中国当代著名国画家。历任中国美术家协会会员、中国美术家协会山东分会理事、民盟山东省委顾问。

赫保真先生出生在潍县的一个画艺世家。父亲赫明儒精于木工艺术，凡大型建筑、家具、细小器作、雕刻、油漆、彩绘等技术均为精通。潍县著名的木牌坊建筑，多为其所设计。

赫保真受到家庭的熏陶，自幼即酷爱绘画艺术。1919年后，新文化、新思想传播至潍县，时年15岁的赫保真，受到五四运动的影响，与郭兰村、傅柳坪组织"益社"，研究国画，并出刊《益社画刊》两期，有"少年画家"之誉。1921年参加上海美专的函授学习，拜县内著名画家丁东斋、刘秋东诸位为师，开始全面系统地学习传统绘画。1922年经丁东斋倡导，在益社的基础上扩大范围，吸收国画爱好者参加，成立"同志画社"。他刻苦学习，博采众长，技艺大进。

1924年，赫保真去青岛，先后在青岛一中、教师进修学院、工艺美术学校任教。擅长花卉，兼画人物、山水，笔墨潇洒，设色艳丽，雅俗共赏，典雅大方。他所创作的《牡丹》充分表现其雍容华贵、国色天香的独特艺术风格，被誉为"赫牡丹"，作品参加历次省、市美展和全国美展。他生平最辉煌的传世之作，也是至今为人传诵的佳作，当是于1959年为北京人民大会堂山东厅创作的以牡丹为题的巨幅国画《满堂红》。1982年，中央电视台播出介绍赫保真的专题片《妙笔生花》，更是将他的美名用通俗的形式传播得更远。他以数十年的艺术实践总结了牡丹的"五结合画法"，即"古今结合、中西结合、工写结合、彩墨结合、主客观结合的画法"。在美术教学中他曾编写国画讲义数十种，绘制了《牡丹谱》《菊花谱》《柘斋石谱》等教学资料,为后人留下了一笔宝贵的艺术财富。

吕寰先生在赫保真先生八十大寿时所赋之诗是对他的一生最好的诠释:"八旬寿诞笑声欢,新旧社会话苦甜。安寓清贫风骨硬,敢对磨难志趣坚。丹青含意颂盛世,纸砚有声记华年。既得长虹赠彩笔,当把激情留人间。"

赫保真先生何年与路大荒先生相识已无从考证,但从他的人生经历来看,青少年时代积极拥抱新文化、新思想,与路大荒先生的追求如出一辙。成年后在绘画艺术上博采众长、积极进取,应该是志同道合之人。

赫保真绘《灵岩访古》

赫保真先生在本册页上绘有淡墨山水《灵岩访古》图一幅。灵岩寺位于泰山西北麓的灵岩山脚下,此山原名方山,因山顶平坦,四壁如削而得名。只见在画面中,方形山下面,幽幽山谷深处,一座千年古刹隐约可见。灵岩寺的标志性建筑辟支塔高耸天外,画面近处古松森森,远

处树木葱葱,好一幅古意盎然的深山古刹图。在此画的右上角,题有"灵岩访古,曩游灵岩遇大荒兄,嘱写访古图,匆匆三年未能报命。今祖国山河到处改观,灵岩新貌令人向往,写此奉教,藉志夙缘。六零年三月写于大明湖上 保真(红色阴文印章:保真)"。

十八、王小古先生

王小古(1915—1982),原名崇古,江苏灌南县人,中国当代著名画家。早年毕业于灌云师范学校,1937年考入苏州美专,师从唐鲁臣,初攻仕女,后转花鸟,尤擅牡丹、葡萄等,所作笔法精熟,墨彩交融,意趣隽永,历任临沂地区工艺美术家协会副主席、临沂县政协副主席、中国美协山东分会常务理事、中国美术家协会会员。

王小古一生创作了大量中国画作品,1959年《心花怒放》入选全国美术作品展,同年应邀为北京人民大会堂绘制《百蝶图》《玫瑰图》《牡丹图》,1979年再次应邀为北京人民大会堂绘制《国色天香》,这些作品形神出众,生机盎然,观之令人叫绝,受到中央领导和专家的称赞。1982年夏,中国美术家协会山东分会、山东美术馆在济南为他举办个人画展。他创作的《鸡上架》《扁豆蝈蝈》《墨牡丹》等,曾在日本、西德等地展出。山东美术出版社出版的《王小古画集》收录了他的代表作品。此外,王小古对诗词、书法、治印亦有较高造诣,画作与其浑然一体。近年有人将他的部分诗结集,称为《王小古诗五百首》。

王小古先生长期从事美术教育。1952年起调任山东临沂师范,后又在临沂艺术学校、临沂聋哑学校、临沂教育学院任教,落户沂蒙30年。

提起画家王小古先生,在临沂乃至鲁南、苏北一带几乎家喻户晓。王先生不仅是一位成就卓著的画家,还是一位贡献突出的教育家。在他

67 年的人生路程中，他倾注心血培育的艺术人才遍天下，为祖国培养了一大批出类拔萃的画家。所著《花鸟画技法十三讲》，深入浅出，兼收并蓄，在业界有着较大的影响。

王小古先生与路大荒先生何时相识亦无从考证了，他在此册页上留下一幅绘画作品，只见在柳枝荡漾的春天里，一对燕子在枝头似呢喃对话，画面左上角用隶书题有一首诗："际会风云共一堂，大明湖上写春光。才如江海心尤大，人尚勤劳笔不荒。"

王小古绘花鸟画

翻看着这本精美雅致的册页，那一幅幅书法，似行云流水，若奔雷坠石。书法内容，或引经据典，或真情流露，拨动着人们的心弦。那一幅幅绘画作品，山水、花鸟、走兽、翎毛，或大气磅礴，或艳丽多彩。画面与边款、题词、题诗呼应，相得益彰。欣赏起来，可谓艺术的饕餮盛宴。

在写这篇文章的时候，我认真查找这些书法和绘画的作者。值得欣慰的是，大多数先生还是被我们这些晚辈所铭记的。遗憾的是，有些学者尽管生前在学术界耕耘多年，做了大量的研究工作，但未发现关于其生平的翔实资料，这种现象令我唏嘘不止，这也是我下决心写出这篇文章的动力之一吧。

中华优秀传统文化能够生生不息、发扬光大，与这一代代专家学者孜孜不倦、薪火相传是分不开的，我们不应该忘记他们。谨将这篇文章献给那些在中国传统文化领域辛勤耕耘的前辈们。

原载 2022 年 5 月 6 日"聊斋园"

卧游图

儿时的夜晚,我总是在父亲的陪伴下,在阅读各种读物中入睡,那时我最喜欢的书籍之一是一本虽略显陈旧但装帧精美的世界地图。通过这本书,我了解到地球是圆的,我们居住的地球的另一侧叫美洲……父亲总是翻到地图的每一页,给我讲述那个地方的风土人情、动物植物。父亲说,虽然我们目前不能去这些地方旅游,但通过这本地图,我们就像身临其境了,这种阅读方式叫"卧游"。我期待着每晚与父亲卧游世界。

长大以后,我才了解到卧游是指欣赏山水画、游记、图片等代替游览,"澄怀观道,卧以游之"。

卧游,最早出现在魏晋时期的一些文人和玄学家中。古人因交通工具简陋难以到远处游玩,但又想体悟山水中所蕴含的哲学思想,玄学在当时十分受欢迎,为大多数文人雅士所推崇,慢慢地就出现了通过欣赏山水画来体悟山水的方式。

尽管早在儿时我就以这样的方式接触到卧游,但是当我第一次在父亲那里欣赏到黄宾虹先生的卧游图时,还是情不自禁地被这本精美的册页所惊艳。

这是一本小巧精致的册页，只有巴掌大小，是真正的掌中册。蛋青色锦绫装裱的封皮，经过装在衣袋里日积月累的磨损，书角处已露出纸质，封面上写着："黄宾虹卧游册 丁亥春 寄贻越九载乙未花朝日读记 大荒"。原来这是祖父路大荒先生收藏的一本黄宾虹先生的书画小册页。

翻开这本册页，映入眼帘的是苍劲有力的篆书书法"卧游"二字，落款为"丙戌之夏予向"，并钤有红色阴文印章"黄宾虹"。

《黄宾虹卧游册》封面

黄宾虹题字

嘤鸣友声　志同道合真情在

后面有五幅精美绝伦的黄氏山水画，或远山、或近水，山水中或掩映着茅屋数间，或烟雾飘渺的江面上一只孤帆顺流而下。虽尺幅很小，但将黄氏山水画风独特、笔墨精妙，用笔沉厚凝重，刚健遒劲，自然天成的特色发挥得淋漓尽致。在第三幅画上方，题有"宿雨初收，晓烟未泮，此董思翁得意之处，兹偶拟之。予向"。

卧游图（局部）

山水画后面有黄宾虹先生的亲笔题跋："清溪老人常拟作卧游图数百幅，余见百余本皆江行舟中，所得为多。虹叟。"

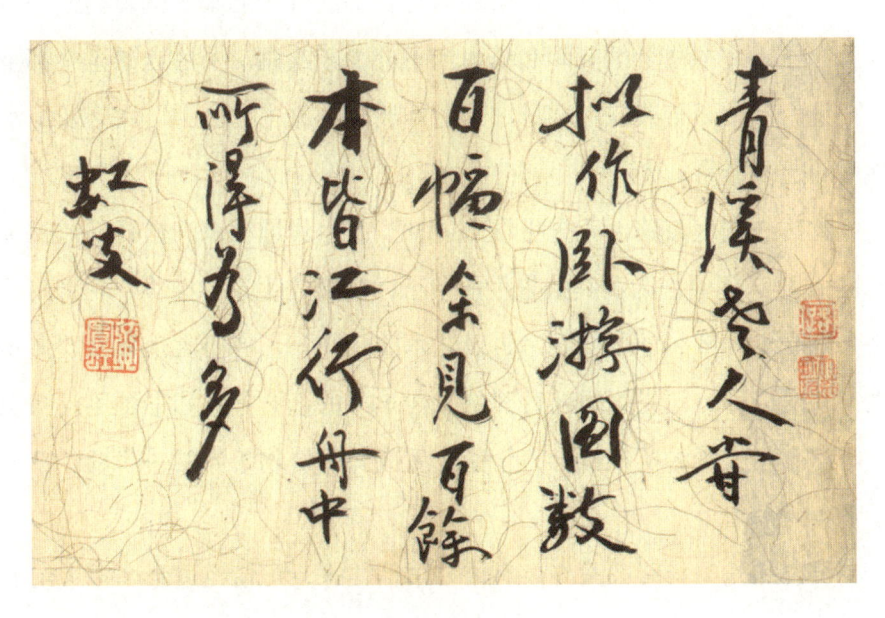

黄宾虹题跋

从封面上祖父路大荒先生的题记得知，他是 1947 年收到黄宾虹先生馈赠的这本册页的，并于 1956 年题记。

黄宾虹（1865—1955），安徽歙县人，初名懋质，后改名质，字朴存，号宾虹，别署予向、虹叟、黄山山中人。近现代著名画家、学者。早年受"新安画派"影响，以干笔淡墨、疏淡清逸为特色，八十岁后以黑密厚重、黑里透亮为特色。黄先生作画重视章法上虚实、繁简、疏密的统一；用笔如作篆籀，遒劲有力，行笔谨严处，有纵横奇峭之趣。所谓"黑、密、厚、重"的画风，正是其显著特色。其画风苍浑华滋，意境深邃，偶作花鸟草虫亦奇崛有致。民国时期与著名画家张大千、溥心畲先生并称为"南张北溥黄一家"。

黄宾虹先生能琴剑，擅诗古文辞治印，他遵循着诗书画印全面修养的传统，强调书画同源；作为古陶文字的垦荒者、古玺印搜集研究者，在金石考古方面亦有着很深的造诣，这些都对他的书法有着重要的影响。他曾对人说起，他的金石考古研究居首，书法胜于绘画。就黄宾虹一生来看，他用在书法上的时间和精力当不会少于绘画。书法自始至终都是黄宾虹生命中不可或缺的部分，通过本册页的篆书"卧游"两字及山水画后的题跋可见一斑。

黄宾虹先生与路大荒先生在 20 世纪 30 年代即相识。据石谷风先生回忆，1940 年他作为黄宾虹先生的弟子，由黄先生亲自推荐，到济南拜路大荒先生为师，学习金石考古及艺术鉴定知识。齐鲁大地素有"文物之都"的美称，石先生跟随黄宾虹先生学习的金石考古和书画鉴定知识在山东有了大量的实践机会，为他今后成长为博物馆界的一代翘楚打下了坚实的基础。

黄宾虹先生与路大荒先生有许多书信往来，可惜经过半个多世纪的沧桑巨变，所剩无几。家里仅存的一张小信札上是黄宾虹先生给路大荒先生拓的印章，并在印章下说明来自战国铜器等，彰显了他深厚的古文字研究和篆刻功底。

1951年，路大荒先生移居曲水亭畔，黄先生欣然命笔，篆书写就"曲水书巢"赠予路大荒先生，这斋号系黄老晚年所题，淋漓尽致地展现了黄宾虹先生书风高古、笔力浑厚浓重的金石气息。

黄宾虹先生20世纪40年代居住于北京，适逢兵荒马乱的年代，加之其画作不愿逢迎当时的风气，销路不太理想。黄先生就托他的好友路大荒先生帮他在济南卖画，以补家用。路大荒先生为朋友多方奔走，在明湖书社寄卖黄宾虹先生的画作，并将黄先生自定润笔费告知，力所能及地帮助老朋友。

1947年，黄宾虹先生托一位经常往来于济南、北京及南方的古玩商方子才先生将卧游图册页捎到济南赠予路大荒先生，以表谢意。此册页虽小，但堪称精品。大荒先生非常珍爱，经常放在枕边，卧床欣赏，此真卧游也。

黄宾虹先生生前曾谈及，他的画作五十年以后才会被人认可。黄先生离开我们已经六十余年了，后人对他的山水画作给予了很高的评价，尊称他为山水画的"一代宗师"。每当欣赏黄宾虹先生的精美画作时，我就会想到路大荒先生与黄先生的真挚友谊。

在卧游图册页首页上有一题跋：

百家争鸣有路家，百花园里新添花。蒲氏信游花丛里，喜你喜我又喜他。

大荒先生研究蒲氏专家，以打油诗相赠，预祝获有新的成绩。

坚夫涂于济

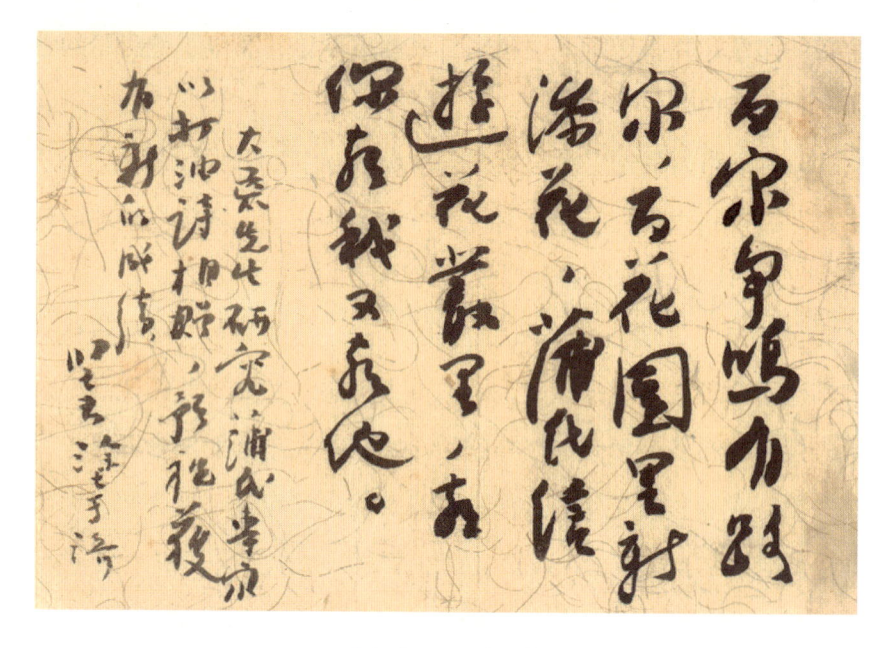

周坚夫题跋（一）

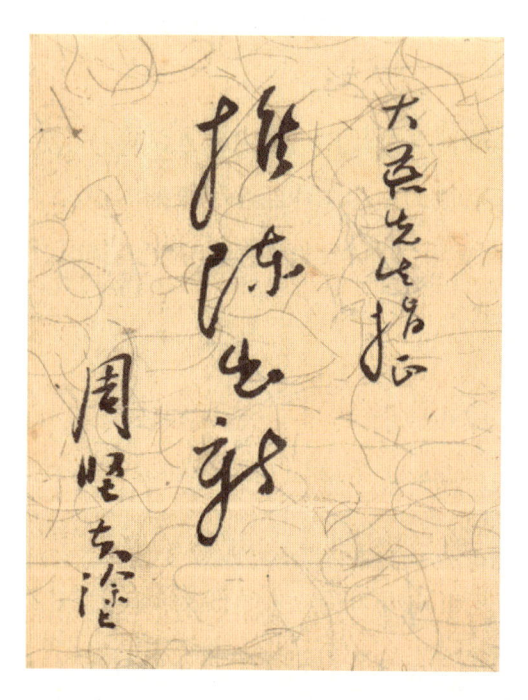

周坚夫题跋（二）

在册页的最后一页，还有一题跋：

大荒先生指正
推陈出新
周坚夫涂

写题跋的是我国当代著名书法家周坚夫先生。周先生1925年生，山东蓬莱人，历任《山东文学》副主编、山东艺术学院副院长、山东文学艺术界联合会党组副书记兼秘书长、中国书法家协会会员、书协山东分会名誉主席、特邀顾问、省文联顾问等职。周先生擅书法，兼长文学创作。作品除参加省、全国书法展外，多次被选送到日本、美国等展出。曾在国外书"龙"大赛中获金奖，也曾赴国外讲学。

　　近几年由于整理祖父的资料，涉足文史界，我与周坚夫先生的儿子、济南市社科联党组书记、济南著名文史作家周长风先生相熟。经长风先生辨认，这两段题跋确为周坚夫先生所题。他感觉家父的两幅字是一次写的，先写后面的"推陈出新"，意犹未尽，又写前面的打油诗。这两段题跋应完成于50年代后期，从"推陈出新"的题词及打油诗欢快轻松的语气来看，应该写在反右运动之前。周坚夫先生彼时在山东省委宣传部文艺处工作，是一位才华横溢的青年人。周长风先生说，当时周坚夫先生在机关应是一般干部，非处长副处长，能得到路大荒先生的邀请撰写题跋，倍感欣喜，两段落款分别为"坚夫涂于济""周坚夫涂"，用"涂"字表示在前辈面前谦虚的态度。这也从另一个侧面反映出路大荒先生当时对周先生这位年轻人才华的欣赏与肯定，以及惜才爱才的心情。

　　在周坚夫先生的题跋后面，是刘乐盦先生的题跋：

　　　　大荒兄：奉文督视修葺蒲柳泉先生故居及墓前碑悬，驻县府内。此得朝夕晤谈。遂出所藏卧游图册见示。其画绝精妙，欣赏无似。时在一九五四年古历中秋节日。古稀叟刘乐盦。

　　民国时期，在济南府文庙附近，向南省府前街、向西西门附近，向南芙蓉街，向东曲水亭街，散落着许多书铺。这些书铺以卖古旧书、线装书为主，有些较大的书铺还经营着印书、卖南纸也就是宣纸的业务。当年中华书局济南分局就坐落在芙蓉街上。这些书铺的经营者大多具有

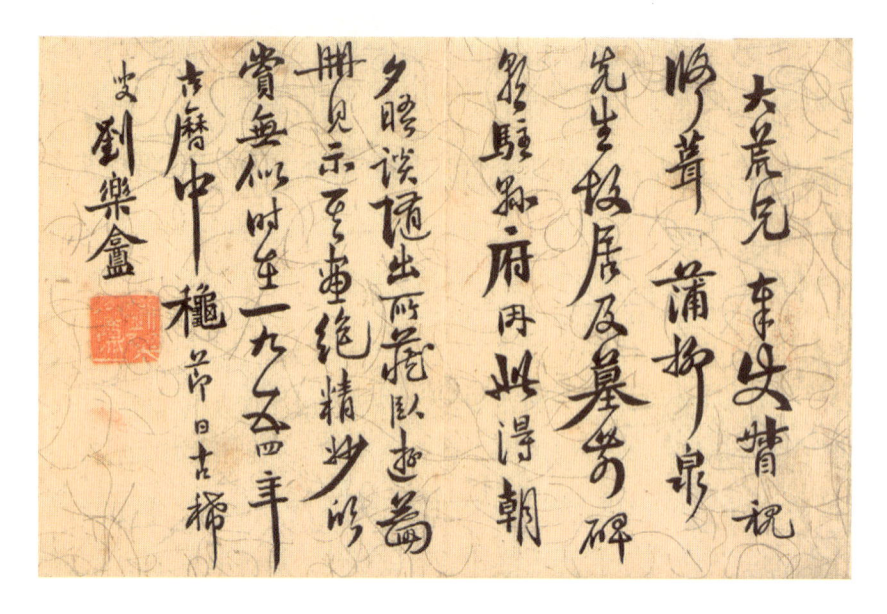

刘乐盦题跋

较高的文化和鉴赏水平,甚至有些人本身就是藏书家。

估计刘乐盦先生就是这样的藏书家。从现有的资料中,已找不到刘先生的学术轨迹,但在各种古籍拍卖活动及旧书网的书籍上,时而可见刘乐盦先生的藏书印"刘乐盦鉴藏印""乐盦刘氏藏书"等。

路大荒先生自年轻时起就酷爱搜书看书,古籍书铺是他经常流连忘返的地方。尤其20世纪30年代后期定居济南之后,他频繁地光顾书铺,搜寻他喜爱的古籍版本,甚至发现了珍稀的蒲松龄手迹。这些书铺经营者中不乏对珍稀版本具有敏锐眼光及渊博知识的,路大荒先生与他们在一起谈学术、论古今,与许多人成为好朋友,刘乐盦先生可能就是其中一位。

从刘乐盦先生的题跋中"奉文督视修葺蒲松龄先生故居及墓前碑悬"一语可以看出,解放后刘先生应该参加了文博部门工作,作为公职人员参加了蒲松龄故居的修复,在与路大荒先生朝夕相处的环境下,得以欣赏卧游图册页,并作题跋。

在这本卧游图册页中,还有一位李季华先生的题跋:

潦倒江南老画师,蜚声艺苑重当时。吉光片羽遗帧在,寄语良朋好护持。时一九五七年秋题

黄宾虹卧游册,应大荒同志老兄雅属。

睢宁李季华

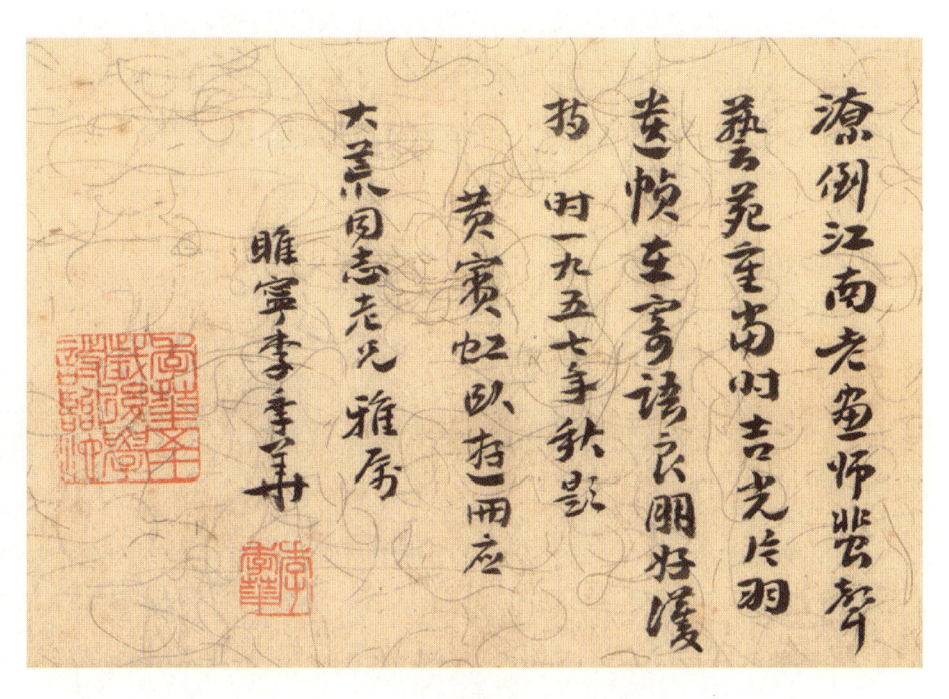

李季华题跋

落款中的睢宁应为今江苏省徐州市睢宁县,最近从《济南时报》徐征老师提供的资料中得知,江苏睢宁中学是一所百年老校,始建于1923年。建校时李季华先生即校教导主任,亦是一位具有进步思想的教师,与校内进步青年创办《睢朝》刊物,传播马列主义,唤起学生觉悟。

1925年3月，孙中山先生病逝，李季华、陈亚峰等进步教师组织了以睢宁中学师生为主体数千人参加的追悼大会，宣讲孙中山先生的革命活动和反帝反封建精神。会后不久，有许多青年赴广东，进入黄埔军校。

路大荒先生与李季华先生何时相识，已无从考证。但李先生才华横溢、饱读诗书，亦对黄宾虹先生推崇有加，这才有了《卧游图》中他这段题跋。

经过几十年的风风雨雨，许许多多像刘乐盦、李季华先生这样曾经为我国传统文化做过贡献的文人，慢慢淡出了人们的视线，在浩瀚的历史长河中渐渐远去。但我们作为晚生后辈，不应该忘记他们曾经做出的贡献，也希望看到此文的朋友们，能够提供新的线索。

2024年3月12日于小曲水书巢

后 记

　　《路大荒传》问世已经有六年之久了，遥想十余年前，受父亲嘱托，加之省内外文博界专家、领导的支持，我以一介外行者的身份，投入到爷爷传记的写作中去。虽然彼时已近耳顺之年，但凭着对祖父的追思之情，以及刚刚迈入文史领域那种"初生牛犊不怕虎"的劲头，在众多亲友和专家的协助下，一气完成了祖父传记的写作，并顺利出版。

　　传记出版后，随着时间的流逝，当我静下心来再仔细审阅它时，才发现还有许许多多的遗憾和遗漏。尤其是传记面世后，我又陆陆续续地收集到涉及爷爷方方面面的资料，且许多资料之前都是鲜为人知的，这些资料应该以什么样的方式公之于众呢？

　　过去的三年，我和全国人民一样，遭遇了前所未有的恐慌、困惑和工作、生活方面的改变。新冠疫情像按了暂停键，让我有相当多的时间回归家庭，这也给我的写作提供了大把的时间。虽然从2018年起我就陆陆续续整理了一些新的资料，并以短篇的形式发表在报刊上，但毋庸置疑，大部分文章还是在2019至2022年间完成并发表的。将这些文章汇集在一起，以一本书的形式出版，是对《路大荒传》的补充，也是经历

疫情后的额外收获吧。

感谢蒲松龄纪念馆,感谢焦伟、裴涛、赵虎等历任馆长的大力支持,王清平主任、孙巍巍主任认真负责的编辑工作亦给我留下了深刻的印象,在这里对蒲松龄纪念馆的领导及同仁致以诚挚的感谢。"前人栽树,后人乘凉",遥想爷爷20世纪50年代初呕心沥血修复蒲松龄故居,现在当我回到蒲松龄纪念馆,回到那间聊斋故居前,在纪念馆工作人员中间,竟生出回到家的感觉。

感谢济南市考古研究院原院长李铭教授一如既往的支持,感谢山东省图书馆李西宁副馆长,感谢《济南时报》钱欢青主任、济南市政协文史委石凯勋处长、《济南日报》逄金一主任、济南电台方言老师、文史专家牛国栋教授、李耀曦教授、淄川区文联李红蕾主席、淄川电视台赵明台长在我写作过程中所给予的真挚帮助。感谢齐鲁书社刘玉林副总编辑在本书出版过程中的积极建议。感谢篆刻专家战志强老师帮忙辨识原稿的诸多草书及古文字。感谢吕文晓、张经伟先生提供的宝贵文史资料。尤其感谢山东大学邹宗良教授、山东省旅游规划设计研究院原院长牛国栋教授在百忙之中为本书作序,为本书的面世增添了厚重的一笔。

感谢王献唐先生的长孙王福来哥哥在写作过程中给予我的多方面帮助。感谢石古风先生的次子石黄海弟弟为我的写作提供的资料及多方面支持。感谢石可先生的次子石仆二哥为我写作提供的资料及帮助。感谢周坚夫先生的长子、著名文史作家周长风先生为我写作提供的资料及支持。感谢王永成大表哥提供了爷爷在秋柳园期间的生活细节。感谢哥哥路方向多年来对我的写作的支持。感谢我的好朋友吴虹在摄影图片上提供的指导。尤其感谢我的家人为我营造了温馨的生活环境,并多年如一日地鼎力支持我的写作。

后 记

感谢我的好同学陈凌云提供他拍摄的曲水亭街故居作为封面照片。《路大荒传》的封面照片为我国著名摄影学家、也是我爷爷的好朋友陈之平先生的作品,而陈凌云正是陈之平先生的长子,这既是巧合,也是一种文化传承吧。

又为热爱聊斋文化、热爱祖国传统文化的人们,也为爷爷做了一点微薄的事情。"回首向来萧瑟处,归去,也无风雨也无晴",能够让读者通过这本书了解到爷爷更多鲜为人知的故事,我甚感欣慰。

路方红

2024 年 8 月于小曲水书巢